末代武士　太平洋上

李乡状◎编著

SHANBENWUSHILIU

山本五十六

胆识过人，才能出众的日本法西斯战将的灵魂。

吉林大学出版社

图书在版编目（CIP）数据

山本五十六 / 李乡状主编. -- 长春：吉林大学出版社，2009.8

ISBN 978-7-5601-4686-7

Ⅰ.①山… Ⅱ.①李… Ⅲ.①山本五十六（1884~1943）-生平事迹 Ⅳ.①K833.135.2

中国版本图书馆 CIP 数据核字（2009）第 149501 号

书　　　名：山本五十六
作　　　者：李乡状
责 任 编 辑：王世林
责 任 校 对：王世林
封 面 设 计：红十月设计室
出 版 发 行：吉林大学出版社
社　　　址：长春市明德路 501 号
邮　　　编：130021
发行部电话：0431-88499826
网　　　址：http：//www.jlup.com.cn
　　E-mail：jlup@ mail.jlu.edu.cn
印　　　刷：永清县晔盛亚胶印有限公司
开　　　本：710×1000 毫米　1/16
印　　　张：25
字　　　数：300 千字
版　　　次：2009 年 8 月　第 1 版　2018 年修订
书　　　号：ISBN 978-7-5601-4686-7
定　　　价：58.00 元

目　录

前　言 …………………………………………………… 1

第一章　复杂的童年 …………………………………… 6

第二章　为梦想奋斗 …………………………………… 25

第三章　航空思想的萌芽 ……………………………… 39

第四章　裁军谈判 ……………………………………… 59

第五章　就任海军次长 ………………………………… 72

第六章　航空路上的魔鬼训练 ………………………… 81

第七章　战争升级愈演愈烈 …………………………… 89

第八章　山本计划 ……………………………………… 107

第九章　秣马厉兵窥伺珍珠港 ………………………… 133

第十章　漫漫征程路 …………………………………… 150

第十一章　偷袭珍珠港 ………………………………… 164

第十二章　南下的"海军之花" ……………………… 180

第十三章　来自东京上空的袭击 ……………………… 199

第十四章　大战珊瑚海 ………………………………… 214

第十五章　　再赌中途岛 ································· 226

第十六章　　走向毁灭之路 ························· 237

第十七章　　南云中途岛受挫 ················· 258

第十八章　　战争的转折点 ····················· 280

第十九章　　大战萨沃岛 ························· 297

第二十章　　大战所罗门 ························· 312

第二十一章　　大战圣克鲁斯 ················· 324

第二十二章　　瓜岛大撤退 ····················· 341

第二十三章　　"海军之花"的凋谢 ············· 358

第二十四章　　日落太平洋 ····················· 379

山本五十六大事年表 ····························· 388

前　言

　　二战期间日本法西斯著名战将——精心策划并亲手点燃了太平洋战火的山本五十六，出生于日本一个旧武士之家，幼年困苦的生活环境和日本武士道思想的熏陶造就了他坚韧顽强的个性。也正是由于他的这种性格，才使得山本五十六能够青云直上，几乎没有受到任何大的阻碍就当上了日本帝国联合舰队司令，同时成为二战期间日本人心目中仅次于天皇和首相的第三号人物。

　　山本五十六生于 1884 年 4 月 4 日，是日本长冈武士高野贞吉的第六个儿子。之所以叫山本五十六，是因为生他这一年，他的父亲正好五十六岁，所以给他取名为"五十六"。后来在他继嗣长冈名门山本家之后，而改姓山本，故名。

　　他从小就受到了武士道精神和军国主义的熏陶，所以在他的身上既有坚强的意志也有争强好胜的进取精神。

　　山本五十六身材矮小，且略显驼背，但却很结实。他身高只有一米五九，与他崇拜的偶像东乡平八郎正好一样高。他外表文质彬彬，神情忧郁，总是显得心事重重，但内心却倔强刚健，胆大心细，深谋远虑，并且富有指挥才能，受到了部下和同僚们的高度尊重和信服。

　　山本的一生和海军结下了不解之缘，可谓是"因海军而荣，

二战人物

1

亦因海军而毁"。他十七岁的时候就考入江田岛海军学校，毕业后担任"日进"号装甲巡洋舰上的少尉见习枪炮官，并参加了日俄战争。在日、俄海军对马海峡海战中，他身负重伤，左手的食指、中指被炸飞，留下了终身残疾。由于他只剩下了八个手指，同僚们给他起了个"八毛钱"的绰号，之后，他进入海军炮术学校学习，经过几年的学习，他以上尉军衔进入海军大学继续深造，之后晋升为少佐。

"百善孝为先"，山本从小就明白这个道理，也一直将这句话铭记于心。他当军官后还经常回乡为高野与山本两家的祖坟扫墓，并大部分薪水也都孝敬母亲，接济哥哥、姐姐，有时还为亲戚和老师的子弟缴纳学费。然而"月上柳梢头，人约黄昏后"的浪漫对于忠心报国、勤俭持家的山本来说几乎是可望而不可及的。直到1918，34岁的山本和故乡的一位挤牛奶姑娘礼子在东京举行了婚礼，并生有两男两女。

1919年，山本奉命到美国学习，学成归来后，担任海军大学的教官。后来山本被调到霞浦航空队担任副队长，正是在这里山本收到了前所未有的挑战，也是自这里他真正的开始在士兵中间树立起他"高大的形象"，经过他的不懈努力，使得他在飞行员中建立了威信。在山本的组织整顿下，原本军纪松散的霞浦航空队军容军纪焕然一新。山本出任日本驻美国大使馆海军武官，他调任赴美的时候，队员们非常惋惜，当他乘坐的"天洋丸"号起航时，一个中队的飞机出现在该船上空，飞行员们驾机俯冲掠过，向他们尊敬的上司道别。

1928年，山本从美国归国，先后在"五十铃"号巡洋舰、赤城号航空母舰上担任舰长。1930年晋升为少将，并出任海军航空部技术处长、第一航空队司令官等职。

1929年到1934年，他两次赴伦敦参加限制海军军备会议。1934年晋升为中将，1935年，就任航空部部长。在此期间，山

2

本最感兴趣的是飞机，当年调到霞浦航空队时第一次接触飞机后，山本即发现飞机对海军将有深刻的影响。他大肆鼓吹"空军本位主义"，"以航空母舰为基地的进攻战"，对日本建造"大和"号战列舰以及对美国开战的战略提出了反对意见。

1939 年 9 月 1 日，在德国入侵波兰的当天，山本出任海军联合舰队兼第一舰队司令官。从这时起，他基本上可以放手按他的设想，把训练重点放在以航空母舰为基地的航空兵方面。

1940 年山本被授予海军大将军衔。1940 年 7 月，日本与德、意签订了轴心国条约。山本知道日本百分之八十的战略物资都要从英、美控制区获得，所以认为该条约不利于日本。他坚决反对日、德、意三国军事同盟，并警告首相近卫文麿，若与英、美开战，前六个月还可以坚持，之后他毫无信心。

在 1940 年的一次春季演习中，当他看到航空兵在训练中取得理想成绩时，对他的参谋长说："训练很成功，我想进攻夏威夷是可能的。"从这个时候开始，山本就着手设想珍珠港之战了。他以东乡平八郎的一举成功的战略思想为基础，认为要与实力雄厚的美、英开战而操胜券，必须突然袭击，先发制人，开战之初就使对方崩溃。偷袭珍珠港大胆设想的出笼，正是山本所为。

袭击珍珠港作战计划的产生与山本的性格特点也是有着密切关系的。西方有人针对袭击珍珠港之战说过，只有赌徒才敢冒那么大的风险。不错，山本就是一个赌徒，一个嗜赌如命的赌徒，山本五十六一生酷爱赌博，无论在哪儿，赌博都是他的主要娱乐活动，他把赌博和碰运气的游戏看得比饮食还重要，玩扑克、打桥牌、下围棋、打赌都称得上是行家里手。

山本出使欧洲时，据传说由于他赌技超群，赢钱太多，摩纳哥的赌场甚至禁止山本入场，他是摩纳哥第二位被禁止的赌客。山本曾说："如果天皇能给我一年的时间去赌博，我可以为日本

赢回一艘航空母舰。"

山本既是一个著名的海军将领，又是一个精明的赌徒，山本的一生以赌为乐，可是在他眼中真正的赌场不在摩纳哥，也不在拉斯维加斯，而是在战场之上，而"偷袭珍珠港"和"奇袭中途岛"就是他一生做大的赌注。只是结果迥异罢了。

1941 年 12 月 7 日凌晨，日本偷袭珍珠港成功，仅仅以微小的代价就使得美军损失惨重，珍珠港事件发生后，日本举国欢庆。山本五十六立即名声鹊起，成为家喻户晓，妇孺皆知的大英雄。由于山本策划和创造了世界海战史上远距离偷袭成功的奇迹，使得他威名大震，显赫一时。山本面对其一生的最得意之作，并没有丧失理智。他清楚的知道，当时美国的生产能力数倍于日本。美国一旦被拉入战争之中，英国等同盟过得成员必定要加入美国一方，那么日军在太平洋上的供给就可能全部被切断，如果这样日本若想获胜势比登天。

然而，山本五十六是一个疯狂的军国主义者，一个赌徒。他的赌博信条是，不是大赢，就是大输。出于赌徒的本性，山本决定再对美国进行一次奇袭，进攻珍珠港西北近一千三百英里的中途岛。但是，这次山本却赌输了。由于美军破译了日军的密码，赢得了作战准备时间，调兵遣将，布下了伏击日军的陷阱，以劣势兵力重创日军，击沉了日本的四艘航空母舰，一艘重巡洋舰，重伤一载重巡洋舰和两艘驱逐舰，击毁日机三百三十二架，数千日军官兵包括许多富有经验的舰载机飞行员丧生。美军仅损失航母一艘、驱逐舰一艘，飞机一百四十七架。这一挫折，沉重打击了山本的自尊心，日本海军也从此开始走下坡路。

1943 年 4 月，美军情报人员再次破译了日军的密码，获悉山本将于 4 月 18 日乘中型轰炸机，由六架战斗机护航，到前线视察的消息。美军立即派出战斗机在空中对山本进行伏击，在布干维尔岛上空击落了山本五十六的座机。儿天后，日军找到了座

机残骸。山本五十六的尸体依然被皮带缚在座椅上，他头部中弹，但仍握着佩刀。此事件被日本军方称为"海军甲事件"。山本五十六是历任联合舰队司令长官中唯一的战死者。其遗体由武藏号战列舰运回日本。

日本方面将山本五十六的死讯封锁了三十四天。5月21日东京电台才公布了"山本壮烈牺牲"的消息。日本当局追授山本大勋位、功一级、正三位和元帅称号。6月5日，在东京日比谷公园举行国葬。

山本无疑是日本法西斯战将的灵魂人物，他胆识过人，才能出众。虽然他在战前也曾预感到日本将置身于一场毫无胜利希望的战争之中，因而反对轻率地对美英开战，但是由于他赌徒的本性和当时日本国内狂妄的战争叫嚣中，他仍然挖空心思，积极为日本天皇效忠，奉行法西斯主意，亲手点燃了太平洋战火，最终永远被钉在了人类历史的耻辱架上。

但是，在世界军事史上山本五十六作为一名旧日本帝国海军军人，直到今日仍被称为杰出的名将，后世对山本也是褒扬有加，评价较高。

二战人物

第一章 复杂的童年

在人生的路上，每个人都会经历童年、少年、青年、老年四个阶段，在这期间，遇到过许多人，也经历过许多事情，且每个阶段都有不同的回忆，也有不同的感觉，当回想起来的时候，最难忘的就是家乡，最开心的时候就是童年。

山本五十六的童年同他的家乡一样，都有着让人说不尽的故事。

日本中西部的新暗县境内，有一条发源于妙高山的小河，叫信浓川。这条小河的水十分清澈，潺潺的流水，在不同的季节给人以不同的感受。尤其在春天，万物一片生机勃勃。河水也像个孩子一样，唱着歌流向远方。最终注入大海。

这个时节，河流两岸的景色也更加迷人。花红柳绿，草长莺飞。美丽的花瓣在风儿的触摸下缓缓坠入河中，形成一道亮丽的风景线。这些景色为美丽的信浓川又添加了几分色彩。此情此景可以与普罗旺斯的花海比上一番，同等浪漫，同样的沁人心脾。

在这样美丽的信浓川中下游，有一个美丽的村镇，叫长冈镇。山本五十六就出生在这个地方。1884 年 4 月 4 日，樱花烂漫，漫天飞舞。在长冈镇长冈街一个僻静的院落中，樱花树下有两个娴静的身影边饮酒边下棋，其中的一个人便是高野贞吉，另

一个则是他的朋友小原老人。伴着美丽的景色，二人仿佛忘记了身旁的一切，眼睛紧紧盯着刚下了一半的围棋。

突然间，一声欢喜的声音从远处传来，高野贞吉的女儿匆匆忙忙地跑来说，她的母亲要临盆了。听到这个好消息，原本十分投入的高野贞吉立即回过神来，将手中的棋子放下便转身离开。离开时脸上还挂着欣喜的笑容。

正午时分，高野贞吉的妻子生了个男孩。这个小男孩就是山本五十六。

都说应天地而生的人出生时都会有不同寻常的现象出现。山本五十六就是这样的一个人。据说，山本五十六初出娘胎时不但一声没哭，而且还带着一副"凝眉思索"的样子，很受高野贞吉的喜爱，因此，在他很小的时候家人就预言说他以后一定会成大器的。不管是巧合也好，事实也好，果然，在后来预言成为了现实。这个山本五十六正是后来为日本法西斯军国主义"屡建奇功"，一手揭开太平洋战争大幕，在二战期间曾令美国人闻风丧胆、赫赫有名的山本五十六。

高野贞吉原名长谷川贞吉，成年以后，他由长谷川家入赘高野家，先后与高野家的两个女儿结婚。山本五十六是他与第二个妻子的孩子。

高野家族世世代代都精于儒家古典，并兼枪术教师之职，与藩主牧野关系非常密切。高野家族最为鼎盛的时候当属高野永贞生时，高野永贞才学高深，在长冈藩声名远播。高野永贞与长冈藩家老山本关系密切。高野永贞之子高野常道更是文武兼备，尤其精通于兵学、历史，因此深得长冈藩主的赏识与信赖。尽管高野家族的身份地位不是很高，但在长冈藩也算得上中上家庭。

在 19 世纪中期，日本处于德川幕府时代。1603 年，德川家康在江户建立幕府，史称德川幕府。掌握大权的德川幕府所实行的苛政，不时激起众多以务农为业的百姓反抗。对外实行锁国政

策，禁止外国传教士、商人与平民进入日本，只有荷兰与中国的商人被允许在原本唯一对外开放的港口长崎继续活动；此外德川幕府亦严禁基督教信仰。

同一时期，在日本一些经济比较发达的地区，开始出现家庭手工业或手工作坊。从此，形成了资本主义的生产体系。在商品经济形态的快速扩展下，商人阶层，特别是金融事业经营者的力量逐渐增强。具有资产阶级色彩的大名藩地诸侯、武士，和要求进行制度改革的商人们组成政治性联盟，与反对幕府的基层农民共同形成"倒幕派"的实力基础。

由下级改革派武士和主张学习西方的地主、商业资本家组成的倒幕派在 1868 年 1 月发动政变，宣布"王政复古"，统治日本两百余年的江户幕府被推翻，天皇专制政府执政。新政府奉行"版籍奉还"、"废藩置县"、"地税改革"等政策，开始了历史上著名的明治维新时期。

这一资产阶级性质的改革运动对整个日本后来的发展产生了巨大的影响，使日本摆脱了殖民危机，建立了近代的民族国家，走上了资本主义道路。

明治维新虽然是日本走向兴盛的转折点，但对于高野家族而言，明治维新则是使其家道走向衰落的转折点。

1868 年初，明治新政权建立后不久，一些不甘心在维新运动失败的旧封建势力在幕府的号召下，重整旗鼓，卷土重来，企图将明治新政权扼杀于摇篮之中，重新夺回统治地位。

战争本来就是倒幕派所希望的夺权手段。新政府军和幕府军在京都南郊的鸟羽、伏见全面接触，戊辰战争由此爆发。

倒幕派军队的主力是日本西南部的萨摩藩和长州藩的部队。长州藩早就进行了军事改革，废除了以往作为藩兵基本编制的八组，建立了一支以奇兵队、集义队、游击队、膺惩队等诸队为主力的新军。

山本五十六

二战人物

9

　　奇兵队是高杉晋作以"聚集有志者，不论藩士、陪臣和轻卒，都同等对待"为口号建立的"平民军队"。熟悉西方近代军事知识的大村益次郎为了加强部队的战斗力，还积极进行了军事武器装备方面的改革。1866年，萨摩藩模仿英国编制，组建了以小铳队、城下队和外城队为主力的新军。和长州军一样，萨摩军也装备了从西方进口的新式枪炮。

　　但是，倒幕派面对的绝不是仅仅装备武士刀的对手，幕府在存亡危机的压力下也进行了军事改革。1862年12月，德川幕府发布了《兵赋令》。《兵赋令》的发布标志着幕府组建新式陆军的开始。

　　由于优势的幕府海军此时已经控制了日本的海运大动脉——濑户内海的制海权。倒幕派只有力争大胜，夺取大阪这个幕府的陆海军基地，才能保障京都乃至整个关西的安全。谁害怕大的决战而逃避主力会战，通常谁就要自食其果"，双方在京畿的战斗，即是戊辰战争的初战，同时也是决战。

　　1月2日下午，幕府军进据京都南十二公里左右的淀城。随即分兵两路，主力东出伏见，由陆军奉行竹中重固指挥，率有幕府军及会津等藩兵及"新选组"等，兵力约八千人，当晚驻伏见奉行所。偏师第二天早晨进鸟羽，陆军奉行大久保主膳正指挥，率幕府军一部及桑名等藩兵和"见回组"，兵力约五千人。

　　幕府军在淀城以北共投入一万三千人。幕府的直属部队装备的是洋枪洋炮，而下属各藩的部队还在使用刀剑甲胄等冷兵器。而倒幕军人数只有五千人，虽然众寡悬殊，但倒幕军的火力和训练都比幕府军要优越。

　　倒幕军在鸟羽布置有一个半月形阵地，从东边的中岛到鸭川西岸的小枝，守军有萨摩兵两千及一部分长州兵。1月3日下午，幕府军要求守军让路并下令强行通过，萨摩守军首先开炮，第一发炮弹就击中幕军纵列顶部的一个炮兵队，随即又是雨点般

的枪击，幕府军顿时大乱。后来幕府军好不容易才组织还击，京都的宪兵警察组织"见回组"还进行了白刃冲锋，但这些精于刀剑的武士立即被枪弹击退。入夜，幕府军无法抵御讨幕派的夜袭，遂连夜逃回淀城。

伏见在鸟羽之东，是京都南约六公里的一个小市镇，西滨贺茂川，东靠桃山。奉行所在它的东南角，由土墙和巨屋所圈围，在当时的火力条件下，算得上是一个牢固的堡垒。同鸟羽方面一样，官军也有一个半月形阵地，占据了桃山制高点，从三面包围着伏见奉行所。守军有长州兵一千八百人、萨摩兵一部和土佐藩的三百人。幕府军多次冲击倒幕派的阵地，曾一度占领桃山，后都被打退。入夜，倒幕派照样进行夜袭，到 4 日黎明，幕军被迫退回淀城。这样，幕军在鸟羽、伏见两个战场都遭受惨败。

山本五十六的祖父高野贞通和祖母都是在长冈之战中战死的。山本五十六的父亲高野贞吉在戊辰战争时任洋枪队的一名小队长，在会津若松城下之战中负伤。战争结束后，高野贞吉返回长冈，先在柏崎县政府任职，后到古志郡村松村小学出任校长，并在此娶妻生子。

经过戊辰战争与明治维新的一系列革新措施，特别是"奉还版籍"、"废藩置县"和废除武士的封建特权及其食禄制度，武士阶层由此走向瓦解。尤其是大量的中下级武士俸禄低微，又缺乏生产与自谋生活的技能，生活非常清苦。

这次战争，也使得高野家族家道更加败落，财产几乎损失殆尽。而山本五十六出生的时候恰巧赶上这青黄不接的时候。

由此可见，山本五十六童年生活是贫苦的。不过，从逆境中走出来的孩子，必然会比顺境中出生的孩子更有毅力，也更坚强。而且他们也会为了自己的理想不停的奋斗。

每个人都有回忆，有的回忆很美好，有的回忆很灰暗，可当你再回首的时候，不管是美好的还是灰暗的记忆，其实都值得一

生依恋。山本五十六也有许多回忆，在他的记忆中，信浓川滔滔的流水给他留下了最为深刻的烙印。

因为家庭条件的限制，每到夏天，当别的孩子无拘无束地纷纷涌向河边游玩的时候，山本五十六还需要照看家里的菜园，不过，爱玩是孩子的天性，他总能找到时间偷偷地来到河边。信浓川对山本五十六童年来说，似乎是美的，也是神秘的。他总想去开发，去创造。河边芦苇荡中的鸟巢、偶尔从密林小道上滑行而过的小蛇、举着两只大螯横行于水陆之间的河蟹，都是他关注和探险的对象。

"穷人家的孩子早立志"，这句话还是蛮有道理的。小小的年纪，他很懂事，已经帮着父母和哥哥、姐姐持家了。当山本五十六稍大一点的时候，便随同哥哥们一起到信浓川捉鱼。兴趣使然，他每次都能满载而归。看到自己的成果他很自豪，还不时的会炫耀一番。可是在后来，山本五十六在捕鱼的过程中曾多次偷偷地参加了长冈的孩子们与信浓川对岸川谷村的孩子们之间的"战争"。

一天，山本五十六和哥哥高野季八捕完鱼后准备回家。山本五十六忽然想到芦苇荡中去看一下他不久前发现的一个鸟巢。于是，他让哥哥先回家，自己一个人前去查看。正当他独自在芦苇荡中找那个鸟巢时，突然听到远处传来了一群孩子们的呐喊声。仔细看，才发现是"长冈兵"与"川谷兵"在决战，事实上他很害怕，可看到打仗的场面时又很兴奋。局势很明显，"长冈兵"被打的朝山本五十六的方向跑来。

在这样的情况下，山本五十六突然间想到了一个主意，就是虚张声势，让敌人不知道自己这边到底有多少人，以此，吓退敌人。

想到这里，他鼓足了勇气，伏下身子悄悄地等待着。等几名溃逃的"长冈兵"从眼前经过、"川谷兵"就要到眼前时，他躲

藏在芦苇荡中突然大喊一声，"冲啊！打死川谷人！"，同时，他拼命地摇动芦苇，制造假象。果然，"川谷兵"上了山本五十六的当，以为他们那边还有预备队，为了减少损失，他们掉头就往回跑。"长冈兵"见势也马上杀了回来，"川谷兵"这回落荒而逃。"长冈兵"在巴顿的急中生智下赢得了这次比赛的胜利。

经此一"战"，山本五十六在长冈的孩子们当中声名远播，他由一个不起眼的"编外人员"，一下变成了一名"正规"的"长冈兵"。

还有一次，山本五十六借芦苇荡设了埋伏，用一小股疑兵佯退，等敌人来追的时候，两面出击将敌人围住。这次，他们的损失比上次更加惨重了，不仅一个小头目受了伤，而且还被抓了两个。"川谷军"的士气从山本五十六加入"长冈兵"的时候开始衰退了。

可是正当山本五十六意气风发的时候，他"参战"的事情终于被他父亲发现了。他的父母不仅没有因为他"打"出来的成绩而高兴，还揍了他。从那天起，父母很少让他去河边打鱼，为此，山本五十六感到很遗憾，因为他知道，自己再作出几回成绩就可以在"长冈兵"中当司令了，可是这一切现在都要变成回忆尘封起来了。不过，从山本五十六童年的游戏中已经显露出了他在军事方面所具备的一些才能。

因为自己的淘气丢掉了心爱的捕鱼工作，为此，山本五十六很难过，可是，这种失落的情绪并没有持续多久。因为他又找到可以发挥自己特长的游戏了。起初，母亲让他看管菜园子，他感觉很烦闷，认为自己失去了自由，只能单纯的从事体力劳动了，偶然间他像发现了新大陆一样，对菜园子的烦感消失了，取而代之便是无尽的欢乐。那个最令他着迷的事情便是葫芦架上的一个大黄蜂窝。

黄蜂又称胡蜂，雌蜂尾端有长而粗的螫针与毒腺相通，螫人

13

后将毒液射入皮肤内，但螫针并不留在皮内。黄蜂是社会性昆虫，它们组成各自的群体并建造共栖的巢穴。多数黄蜂在树上用蜂蜡或干草等材料建造结构复杂的巢穴。这种巢穴非常结实，能够经得住风吹雨淋。

不过这种虫子的毒性很大，黄蜂毒液有致溶血、出血和神经毒作用，能损害心肌、肾小管和肾小球，尤易损害近曲肾小管，也可引起过敏反应。黄蜂螫后受螫皮肤立刻红肿、疼痛，甚至出现瘀点和皮肤坏死；眼睛被螫时疼痛剧烈，流泪，红肿，可以发生角膜溃疡。全身症状有头晕、头痛、呕吐、腹痛、腹泻、烦躁不安、血压升高等，以上症状一般在数小时至数天内消失；严重者可有嗜睡、全身水肿、少尿、昏迷、溶血、心肌炎、肝炎、急性肾功能衰竭和休克。部分对蜂毒过敏者可表现为荨麻疹、过敏性休克等。

这些都是山本五十六对黄蜂的基本认识。自从发现了大黄蜂的秘密后，他每天都会精心观察黄蜂的生活，他先是深深地被黄蜂们建造的独特的"营房"所吸引，然后又被黄蜂们所具有的组织纪律性所震撼。一天，不知道是出于好奇还是不小心，他将马蜂窝捅坏了。刹那间，没等他反应，蜂群便像战斗机一架架从航空母舰上起飞一样，凶猛地扑向山本五十六，杀他个措手不及，被蜂群蜇了个鼻青脸肿。山本五十六被这种阵势吓到了。

"此仇不报非君子"，大黄蜂给他带来的伤害仿佛已经深深的扎在他心中了，他暗自下定决心一定要和他们来个正面交战，让他们知道自己的厉害。于是，一天，他精心准备后，拿着一把木剑和几根剥了皮的细柳条，准备与黄蜂进行一场决战。

本来山本五十六与黄蜂的矛盾已经激化到不可挽回的地步了，后来，因为他父亲的一个故事感动了他。父亲告诉山本五十六，即使他不去招惹那些"伤害"他的黄蜂，他们也已经失去战斗力了，而且很快就会死去，因为，黄蜂的毒刺只能用一次，一旦用过，它们的生命很快便会因此而终结。

　　起初还信誓旦旦的他，有那么一瞬他一句话也没有说，只是静静的站在那里，仿佛在思考什么似的。待反映过来的时候，他告诉爸爸，他懂了，黄蜂不是有意伤害他的，而黄蜂的那种奉献精神值得每个人去学习。见到儿子一脸严肃的样子，他父亲欣慰的笑了。

　　经过这件事情之后，山本五十六知道父亲的知识其实很渊博，而父亲讲的故事每次都能让他达到废寝忘食的地步，于是，只要是一有时间，他便会缠着他父亲给他讲故事。聪明的他，每次都能够从父亲的话语以及眼神中得到启示。有的时候，他还会将自己懂得的知识应用到实践中去。

　　他最喜欢听和最引以为自豪的便是他的家族史，每次听这些故事的时候，都会很着迷，甚至有的时候也将自己安排个角色，跟着故事的情节进退。

　　他的父亲经常给他讲关于那些长得像猴子一样的"野蛮人"的故事：他们驾驶着黑色的船，撞开日本的大门，威逼天皇，破坏日本的风俗习惯，给日本带来了灾难。

　　幼小的山本五十六每回听到这里便恨不得自己一下变成一个身怀绝技的日本武士，去杀尽那些"野蛮人"。而母亲则常常给他讲述当年长冈700武士大战政府军的故事，一讲到这里，他总是要求母亲一遍遍地讲述有关他的祖父高野贞通和祖母以77岁高龄战死的故事，以及父亲高野贞吉参战的情形。这些真实的故事在这个武士之后幼小的心灵中留下了深刻的烙印，同时也使他受到了日本武士道精神的熏陶。

　　除了喜欢听故事外，山本五十六还喜欢看舞蹈表演。每当他想外出看舞蹈的时候，姐姐嘉寿子就成了配角了。在所有的兄弟姐妹中，山本五十六的年龄与姐姐嘉寿子最为相近，因此，很少有代沟，而姐姐也最疼爱他。他们两个人的感情最好。他们常常

15

到附近的村镇去看祭祀神社的舞蹈，那种神秘的舞蹈十分吸引山本五十六。他每次看完后回家，都要模仿一番，手拿两只盘子，上下左右来回旋转，时间一长，居然练出了别具一格的"盆舞"。

他的这种表演，每次都很成功。不管家人当时是欢乐的还是忧愁的，经他的表演后，都能很愉快的笑出声，同时，还能赢得大量夸赞的语言。

同姐姐在一起，感觉许多事情都赋予了不同的意义，而且做起事情来也特别有干劲。就连去教堂都能乐出声。山本五十六家附近有一所教堂，每到星期天姐弟二人都会结伴同行做礼拜，这所教堂里有一名叫纽艾尔的美国传教士。正是从那时起，山本五十六对美国这个遥远的国度产生了浓厚的兴趣。经济、政治、地理、历史、人文等常识，他都愿意花时间去了解，认识。

山本五十六的童年虽然贫苦，可他那颗童真的心却没有被泯灭，依然对任何事情充满了兴趣。就这样，随着时间的推移，山本五十六也同一般孩子一样到上学的年龄了。

他很聪明，而且老实听话，老师很喜欢他。出于孩子的天性，上学之前他很贪玩，可是上学后，他变了许多，尤其在做事的态度上。他能够合理安排时间，将自己每天将要做的事情计划的很好。

从小生活在艰苦环境下的他，知道一切幸福生活来之不易，也知道父母的苦心，因此，他每天都刻苦学习，甚至废寝忘食。他的学习成绩一直很好，在同级生中经常是数一数二的，因而，他每年都能得到学校的奖励。在他小学毕业那年，还得到了学校的优等奖，并获得教育奖励会樱花银质奖牌一枚。父母知道他长大了，也懂事了，看到山本五十六一点一点的成长变化，父母很开心。

通过日复一日的学习，山本五十六以优异的成绩升入到长冈

中学。

　　长冈中学的成立是有背景的。它的前身是长冈洋学校，1872年11月由几名旧长冈藩士倡议成立的。戊辰战争时，随着1853年和1854年美国东印度舰队司令准将率领舰队两度叩关日本，迫使幕府与美国签署了不平等的《日美亲善条约》，德川幕府两百余年的"锁国"政策宣告破产，欧美列强以炮舰为后盾打开了日本的国门，又凭借不平等条约规定的殖民权益，把日本变成了欧美近代大工业的原料供应地和销售市场，日本面临着和同时期其他亚洲国家一样沦为西方列强殖民地、半殖民地的厄运。接下来的十余年间，日本国内"开国"、"尊皇"、"攘夷"、"佐幕"、"倒幕"各种势力进行了激烈的斗争，而腐朽的德川幕府已经无力挽救民族危机，日渐成为日本近代化的障碍。长冈藩作为保幕派参加了对明治新政府的战争，结果一败涂地。

　　激烈的长冈之战，使长冈城被摧毁。长冈藩士和居民的一切财产也因此被烧了个精光，藩主河井继之助及山本带刀以下全藩武士死伤过半。戊辰战争结束后，又因长冈藩是叛逆之藩被政府削藩减地，俸禄由原来的七万四千石减至两万两千石。由此可见，长冈藩明显衰落了。而这时与长冈藩的凋敝形成鲜明对照的是，经过明治维新，整个日本获得了新生，由明治政府发起的资产阶级改革运动正轰轰烈烈地在全国范围内展开。

　　在这种情况下，一些有远见的武士认为，科教才能兴国，也才能改变长冈藩的屈辱地位，振兴长冈。于是，他们从培养人才的宗旨出发，依靠峰冈藩给长冈的救济米，加上柏崎县大参事南部广矛的赞助，建立了长冈洋学校。还特别高薪地聘请了福泽谕吉的高足、长冈藩出身的藤野善藏为校长兼英语老师，年工资破天荒地高达一百二十五日元。

　　1873年5月，柏崎县废，与新暗县合并。新暗县政府根据学校统一管理的方针，将各地学校统统划为新暗分校，尽管长冈

17

洋学校要求独立，但这个愿望最终没有达成。长冈洋学校正式成为新暄学校第一分校。后来由于学校经费发生困难，一些教师为了能够保留长冈学校，连报酬都取消了。到了 1870 年 8 月，长冈中学改为郡立，在山本五十六毕业的前一年，又改为新暄县立。

在校内任教的老师大部分都是旧长冈藩的武士，学生也大都是士族之后，私塾色彩十分浓厚。在这样一所充斥武士精神的学校里，山本五十六所受的武士道教育就变得更加的深厚了。

1875 年长冈校又创建了一个育英事业团体——长冈社，专门用来资助那些有希望进一步升学，可却因为家庭条件念不起书的人。虽然山本五十六的家境还不至于这么差，但生活的也较为辛苦。这样，山本五十六便依靠长冈社的资助上了中学。虽然长冈社资助的金额并不多，可这种帮助却深深感动了山本五十六。

他将帮助过他的人谨记心中，同时也不忘记更加刻苦的学习，他知道这是报答他们最好的办法。山本五十六平时也十分勤俭，五年的时间内，他只穿了一套校服，回到家就马上脱下来，穿上他母亲用土布做的衣服。

直到他成名都没有忘记曾经的那些恩德，他每次一领到工资就立刻归还长冈社的借款，而且还向长冈社高额捐款，一直到其战死为止。在 1935 年长冈社发生经济困难时，他也伸出了援助之手，一直为长冈社募捐。他还使更多的青年学生得以利用长冈社提供的贷款获得上学的机会。

人生，就像一杯美酒，有着品不尽的酸甜苦辣，心境不同，味道自然也各有千秋。虽然山本五十六后来成名了，可是以往辛酸的故事却历历在目。

山本五十六上中学的时候，他侄子高野力的死，对他的影响很大。高野力是五十六大哥的长子，比五十六大十岁，因为是高野家的长孙，所以长期生活在高野家，两个人从小关系就不错。

高野力与五十六的五哥季八学习成绩都非常出色，在阪上小学学习期间，曾多次获奖。

1893年8月，为了给他创造更好的学习条件，高野贞吉将他送往东京求学。高野力十分要强，也不想辜负家人对他的期望，因此，每天都不分日夜的刻苦学习，可是正因为这样，他的身体状况一天比一天糟糕，1897年6月高野力因病返回长冈治疗，但是经过检查才发现，他病情严重的程度已经无法治疗了。很不幸的是，在一个秋风瑟瑟，落叶纷飞的秋天他离开了，离开了这片他们曾经热爱而又充满了回忆的土地，离开了一起玩耍、一起游戏、一起学习的地方，同时也离开了爱他和他爱的亲人们。

对此，山本五十六十分伤心，他欲哭无泪。忙着的时候还好一些，一旦闲暇下来，他就会回忆他们在一起的美好时光。他学会了叹气，也感叹人生的无常。可以说，高野力的死让山本五十六又长大了许多，也变得成熟了，对一些问题的看法也较以前理智了。

这件事情让他认识到：人的一生，要想追求更高的目标，就必须有好的身体作为基础，否则一切都是过眼云烟，雾一场。后来他给哥哥季八写信，并将自己的感悟传达了一下，他要求哥哥在学习的同时，要主意身体，多加强锻炼，一定不要像高野力一样重蹈覆辙。

除此之外，还有一件事情对他影响很大。就是长冈中学组织的合同会。和同会是1875年以加强学生之间的感情交流和道德修养为宗旨，由当时的学生井上园了发起成立的。名字来源是根据孔子论语中的"和而同"一语为名的。

和同会中心思想是发扬长冈藩传统和武士道精神，该精神具有很浓厚的封建色彩。其和同会内部有严格的纪律，在全校学生中强调团结，主张刚毅朴素，反对华而不实。对那些追求浮华轻

浪的人，经过劝告不听之后，可在学生中加以制裁。

这些对山本五十六以后的发展都有很大的帮助。尤其是合同会倡导的务实进取精神，深深的影响了山本五十六。

其实山本五十六是一个很内向的人，总是沉默寡言。不过经过在和同会的锻炼，明显弥补了他口才上的缺憾。他能很好的与多人进行交流，口才表达能力提高了。这与他日后的成功是分不开的。

1906年和同会发生变故，当时提倡教育第一主义的长冈中学校长坂牧，因训斥宝田石油公司头头们的不良子弟，受到以宝田石油公司为后台的金权财阀的大肆攻击，并采取了从长冈交际场所驱赶坂牧校长的手段。但坂牧先生是著名文学家夏目漱石的好友，又是释宗演禅师的高足，对此根本不屑一顾。

正是这一举动深深的惹怒了财阀们。为了达到目的，他们不惜一切手段，甚至唆使那些不良学生排斥坂牧校长。长冈校长根据和同会的纪律对挑起事端的不良学生进行了严厉的惩罚。这件事情也传到了毕业的学生那里，他们也纷纷给予支持和施加压力，坚决捍卫和同会的精神。当时山本五十六为了此事也特意写信给校长，支持他的观点，想要清除学校的这种污点。

可以说，长冈中学是山本五十六事业的转折点，在长冈中学的这段日子里，他不仅领会到了浓烈的武士道精神，而且培养了广泛的兴趣爱好。他再也不是只会学习的书呆子了。通过在和同社的锻炼，他对政治、对军事，以及对身边的许多事情都很感兴趣。而且经过高野力的事情后，他开始将身体作为生命的本钱，每天除了勤奋的学习外，大部分时间都用来锻炼身体，以强健体魄。为此，他每天都会早早的起床，跑步到学校，利用学校的单杠、木马等体操用具进行锻炼。

功夫不负有心人，努力做一件事情总会得到相应的回报。坚持不懈的锻炼让他的体育成绩不断上升，其中体操、棒球、剑术

20

在长冈中学都是数一数二的。只不过另人遗憾的是，原本成绩第一的他，现在却因为锻炼而使文化成绩下降到了十几名。尽管如此，山本五十六并没有因此做出什么强烈的表现。相反，他已经暗中决定了要当一名拓展日本帝国疆土的海军军官的志愿。

任何一位历史人物生活在某个特定的时代当中，其成长过程也必然会受着周围环境的深刻影响。山本五十六并非天生就是战争贩子，这正如一个人并非天生就是英雄一样。山本五十六出生时的日本正处于疯狂地向外侵略扩张的时期。

山本五十六之所以成为世界人民公认的日本法西斯对外侵略扩张的代表人物，这与他所成长的历史时期是分不开的。

十九世纪中叶，资产阶级革命及产业革命在欧美相继完成，为了建立全球性的资本主义体系，夺取商品市场和原料产地，欧美列强开始向全球发动侵略。而这个时候，日本也被牵扯其中，美欧列强用炮舰轰开日本闭关锁国的大门之后，强迫日本签订了一系列不平等的条约。

日本事实上成为欧美列强掠夺原料的对象和倾销商品的市场。日本政要意识到，要避免日本沦为工业化国家的殖民地，迅速完成资本积累，捷径就是向周边扩张。因此，日本政要选择了战争手段来达到这一目的。经济利益的驱动导致了军事上的扩张，使日本不惜一切不断发动战争。明治维新运动就是在这样的历史背景下发动的。

明治维新使日本迅速崛起，通过向西方学习，推翻了落后的封建制度，走上了发展资本主义的道路。同时，日本废除了不平等条约，摆脱了民族危机，成为亚洲唯一能保持民族独立的国家。但明治维新具有不彻底性，在各方面保留了大量封建残余。后来，日本走上了对外侵略的道路，跻身于世界资本主义列强的行列。

继 1874 年侵略台湾和 1875 年制造江华岛事件、侵略朝鲜之

后，日本继续不断利用一切机会对中国、朝鲜大肆进行侵略扩张。尤其对中国的影响很大。1882 年 8 月 15 日，参事院议长山县有朋提出了针对中国扩充军备的意见，要大力发展海军。

山本五十六出生的这一年，日本策划了一场旨在控制朝鲜的宫廷政变，占领了朝鲜王宫，支持朝鲜国王，此即"甲申事变"。

1887 年，日本参谋本部草拟了一份名为《征伐清国策》的战争计划，决定在五年以后对中国发动战争，并计划吞并盖平以南的辽东，以及山东的登州，舟山群岛、澎湖列岛、台湾和长江两岸十里以内的地区。

1890 年 12 月 6 日，日本内阁总理大臣山县有朋公开发表了所谓"保护利益线"的《施政方针》演说，强调一定要保护利益线。这次演说标志着近代日本对外扩张侵略"大陆政策"的最终形成。按照山县有朋的"施政方针"，势必将邻近的中国和朝鲜都纳入日本的"保护"之下。为了达到日本北进扩张的侵略目的，日本便疯狂地进行扩军备战，并于 1894 年对中国发动了蓄谋已久的甲午战争。

随着日本资本主义的形成和对外侵略扩张野心的不断膨胀，日本逐步向帝国主义阶段转化，成为国际帝国主义奴役东方各民族的重要成员。

同年 9 月，日军参谋本部提出了扩张军备的"十年计划"。按照这项计划，日本要在现有的七个师团兵力的基础上再增加七个师团，使平时的兵力达到十五万，战时的兵力达到六十万。同时还要迅速扩充炮兵和骑兵以胜任近代化的战争。

海军则以击败俄国与法国可能联合派到东方的舰队为目标，为此，日海军加紧配备世界先进水平的大型舰队，日本政府也做了大量的宣传，制作大型舰队的决心已定，任何事情都不能动摇，不管有多大的困难都要竭力克服，三餐并两餐也要扩张海

山本五十六

军。而就在这个时候，山本五十六正在长冈中学上学。

19世纪末20世纪初，在日本天皇制政治体制日趋完备和不断发动对外侵略战争的过程中，日本社会思潮越来越趋向军国主义。及至甲午战争爆发以后，由于日本在军事上的胜利，以致社会思潮进一步趋向于民族主义和日本主义。这给日本对外侵略扩张带来了有利的条件。山县有朋对此更是踌躇满志，他从战地向天皇进呈意见书，主张在釜山、京城、义州之间修筑铁路，以便纵贯中国直达印度，称霸于东洋。日本报刊对日本的这些侵略行动也进行了大肆宣扬。

由此可见，日本对邻近国家和民族进行侵略扩张、奴役压迫，以便掌握"东洋霸权"的社会思潮已占据上风。

也正因为在这样的教育背景下，深深的影响了山本五十六的成长，尤其是在山本五十六人生观、价值观、世界观将要形成的时候，日本疯狂地对外侵略扩张及军国主义、民族主义、日本主义社会思潮大泛滥。再加上山本五十六生长的环境中有着传统武士道精神，这种影响更是在他幼小的心灵上留下了深深的烙印。

二战人物

山本五十六

　　童年是人生的起点，童年时代的经历往往会影响到人的整整一生。山本五十六在其戎马生涯中之所以能够青云直上，一路爬到日本海军联合舰队总司令的位置，在一定程度上与他童年时代所养成的坚忍不拔、机智果敢、勇猛好胜的性格是分不开的。

　　山本五十六的童年故事是精彩的，他的人生阅历是值得回味、也值得学习的。从他童年的经历便可以看出这位武士之后未来的人生发展之路。

　　孩童时期，他喜欢在信浓川边捉鱼，喜欢在清清的河水中玩耍、嬉戏，他占领的是一弯水域。长大后，他喜欢在浩瀚的大海中征战、发号施令，他占领的是凶猛的海浪、恶劣的自然环境，以及强大的海上敌人。

　　长冈之战中，他用自己的聪明才智夺得了胜利，偷袭珍珠港冈中他又用赌博的精神赢得了另一种荣耀。父母亲的故事中他能领略侠骨柔情，能读懂一代伟大人的精神世界。或许从那个时候起，他便开始为自己规划、为自己设计、为自己编织一个当英雄的梦想。也或许从那个时候起，他就有了当一名日本帝国海军军官，带领着属于自己的舰队驰骋于滔滔大海之上，保护天皇与日本的安全的宏伟蓝图。

　　因此，在山本五十六上中学期间，整个日本国内都笼罩在加强军备，准备再战的紧张氛围之中，军国主义思想就像涨潮时的海水一样冲刷着整个日本列岛。在这种环境的影响下，在当时的日本青年学生中，军人是最受他们崇拜的对象。再加上山本五十六从小就受武士道精神的熏陶，长大后，想当一名海军军官的梦想就不足为奇了。他将用实际行动证明自己是真正的海上霸主，是真正翱翔于天际的雄鹰。

第二章　为梦想奋斗

　　"梦想"是最无私的。生活中，不管是贫穷、富裕，每个人都有属于自己的梦想，只是梦想的事情不一样，梦想的程度不同而已。要实现美丽的梦想，就必须付出一定的代价，否则，一切只能像个七彩泡泡，或者绚丽的烟火一样，转眼便会消失。山本五十六的梦想就是当一名海军军官，明确了梦想之后，他便向着梦想的方向努力着。

　　在山本五十六中学毕业的前一年，他主动给加藤哲平写了一封信，询问有关江田岛海军学校的情况。加藤哲平是长冈中学的学生，毕业后考入了江田岛日本海军学校。他对山本五十六的情况略有些了解，而且也知道一些关于山本五十六的传奇故事，从信中他深深的体会到了山本五十六的执着，以及对当一名海军军官的热爱。

　　因此，他很愿意帮助这个同他有一样梦想的人。于是，看过信后，他礼貌地回了一封信。在信中加藤哲平介绍了海军学校学员平时的训练、学习及在军事演习方面的情况，并说新睸中学毕业生升入江田岛海军学校的有六人，而长冈中学则只有两人。因此，他非常希望像山本五十六这样的武士之后能报考海军学校。

　　加藤哲平诚恳的将意见反馈给了山本五十六。山本五十六很

25

开心，因为，在实现梦想的路上，除了家人，还有一个他十分佩服的人支持他。这种支持无疑给自己实现梦想增添了一些勇气。在受到加藤哲平的鼓励之后，他对自己能够当一名海军军官更加有信心了。调整好心情之后，他便开始为报考江田岛海军学校准备了。

虽然山本五十六在中学后一阶段专注于锻炼身体而荒废了学业，成绩下降了许多。可是值得庆幸的是，在毕业的时候他的最后成绩却在全班四十名学生中名列前茅，其中品行课得到了全班最高的成绩。

毕业后，他学习更加刻苦了，虽然，还有许多"游戏"让他很留恋，例如，清清的河水。可是，他知道现在自己的目标是要考取海军学校，不能一味的贪玩了。为了可以更加专心的学习，山本五十六专门跑到了姐姐家中，躲在一间小屋里认真地复习功课。

姐姐嘉寿子嫁人之后，一直没有小孩，甚至把自己的弟弟当成自己的孩子一样疼爱。他特意为山本五十六准备了一个房间，专供他复习功课时用。此后的几个月，山本五十六几乎不出屋，把全部的心思都放在学习上。姐姐看到弟弟努力的样子，十分欣慰。

每次，姐姐进他房间的时候，都能看见山本五十六满头大汗的低头学习。让他休息的时候，他便以离考试的时间越来越近为借口而不休息，转而，还会给姐姐个慧心的微笑。调皮的表情，让姐姐不知道该拿他怎么办。

不管有多辛苦，努力总算没有白费。最后，山本五十六如愿以偿，顺利地通过了江田岛海军学校的入学考试。在得到录取通知的那一刻，山本五十六异常兴奋，看到弟弟开心的样子，再看看弟弟明显消瘦的脸庞，姐姐的泪水再也忍不住了，肆无忌惮的顺着脸颊流了下来。慢慢地流进了嘴角，流进了心里。姐姐知道

弟弟这段时间有多辛苦，她看在眼里，记在心中，她为有这样的弟弟而骄傲，而自豪。

1901 年 11 月，山本五十六拿着录取通知书来到了他向往已久的江田岛海军学校。江田岛位于濑户内海的南端，东与日本著名的军港吴军港隔海相望，在行政上属广岛县管辖，距神户大约有一百五十海里。日本海军兵学校是日本军国主义培养海军军官的摇篮，创立于明治初年。

明治维新后不久成立的明治政府，在西方列强日益渗透的压力之下，为了维持民族独立提出了"富国强兵"的口号，并以此为国策，首先进行了全面的兵制改革。待 1868 年 1 月，建立了海陆军务科，主要负责建军和国防事务。之后，将其改为海陆军务科为军防事务局。这期间发生了许多事情，通过这些事情，明治政府认识到，作为岛国的日本，海军的有无和强弱对其生存和发展都有着非常重要的意义，而兴建海军的当务之急，是开设军校培养军官，因此下令军务官等办海军学校。

1869 年 9 月，兵部省为了培养日本海军军官，在东京驻地旧广岛藩邸创建了海军操练所，作为统一的海军教育机构。1870 年 1 月，海军操练所改称为海军兵学寮。1876 年海军兵学寮正式改称海军兵学校。日本在建立近代军队和军事教育体系的过程中，继承了封建武士道的精神传统，向军队灌输绝对尊崇天皇的思想。

在日本海军兵学校，武士道精神被称为"江田岛精神"，得到彻底贯彻。每到重大节日，学校都要组织学生举行升军旗仪式。向天皇的照片行叩拜之礼，每个星期都要朗读、背诵一遍天皇的《军人敕谕》；为了磨炼学生"意志"和适应任何环境的能力，除了正常的军事课程之外，学校经常举行残酷的训练，各种剑术、柔道、相扑更是不可或缺。

这一切都是山本五十六所向往的，因此，对学校的一切事

27

情，他都能很感兴趣的精心学习，认真训练。他在海军兵学校学习的三年，日俄矛盾正日益尖锐。1900 年俄国借出兵镇压中国义和团运动之机，占领了中国东北全境，其中包括几年前日本被迫退出的辽东半岛。对此，日本十分气氛，全国上下一致要求驱逐沙俄，单独霸占中国东北，于是日本政府马上开始了对俄作战准备，日俄之战已势不可免。

这样一来，一心想为天皇建功立勋的山本五十六来说，无疑是个好机会。在山本五十六同年级学生中，后来就有四人升任大将、三人升任中将。他被人称为"顽强的五十六"。到三年级的时候，他是第九分队的队长，在学校进行的黄海海战和攻占旅顺的各次模拟训练中，均获得优异成绩。在海军兵学校的三年，军国主义武士道的江田岛精神在山本五十六身上打上了深深的烙印。就在山本五十六从海军兵学校毕业的那一年，日俄战争爆发了。他便参加了此次战争。这次，他以一名少尉候补生的资格参战，他感到很荣幸，因此，在做起事情来也格外的卖力。

可惜，这次战争带给山本五十六的是炸掉两个手指头的辛酸，但有失必有得，他也因此开始崭露头角了。

日俄战争是一场帝国主义之间不义之战，是交战双方站在对立的立场同时侵略中国、重新划分势力范围、争夺利权的战争。日俄战争爆发后，日本居然要求清政府在东北三省能以外地区严守中立，让出东北地区作战场。腐败至极的清政府无力约束交战双方，屈辱地宣布"局外中立"。

日俄战争期间，中国东北是双方陆上交锋的战场，当地人民生活苦不堪言，生命财产遭到空前的浩劫。甚至旅顺的工厂也被炸毁了。日、俄都强拉中国老百姓为他们运送弹药，服劳役，许多人冤死在两国侵略者的炮火之下。这场战争不仅是对中国领土和主权的粗暴践踏，而且使中国东北人民在战争中遭受了巨大的损失和人身伤亡。

山本五十六

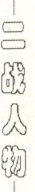

二战人物

山本五十六

1906 年 6 月 7 日，明治天皇敕令在中国东北设立"南满铁道株式会社"，它是一个十分特殊的行业，机构庞大，管理着铁路之外的矿山、港口、行政区域、文化和科研机构及情报组织，表面上是出于经营铁道，实际上暗地里则建立许多设施。日本还把辽东半岛改称"关东州"，把驻扎在东北的日军命名为"关东军"，设立殖民统治机构"关东都督府"，总理军政并监督"满铁业务"，成为对中国东北南部进行殖民统治的"大脑"。日本为长远的目标作了准备。

此外，这次战争很大刺激了中国知识分子，特别是留日知识分子的神经，让他们从中看出专制国俄国永远无法战胜立宪国日本的道理，从而促进了中国的立宪民权运动，客观上加速了清王朝的灭亡。

日本侵略中国，吞并朝鲜，打败俄国是因为当时这三国都是腐朽落后的政权统治者。可是就像拿破仑说的，中国是睡狮，经过甲午战争被惊醒了，俄国人民也是在这次日俄战争失败中被惊醒，看到了沙俄政权的腐朽，这两个国家都在 20 世纪中叶崛起成为世界强国，这也是历史发展的必然结果。

日本的舰队经过中日战争后，以实现"六六舰队"为目标，用十年的时间进行扩张，在远东和太平洋地区建立起足以与俄国太平洋舰队相抗衡的实力。1904 年 1 月，由东乡平八郎中将任联合舰队司令，率六艘战列舰、十艘巡洋舰、七艘炮艇、十九艘驱逐舰、三十艘鱼雷艇云集佐世保。2 月 5 日，日本政府根据御前会议的方针，在宣布同俄国断绝外交的同时，秘密地向联合舰队下达出击作战的命令。

日本海军企图在战争一开始就要让俄国舰队遭受到毁灭性的打击，让俄国舰队彻底瘫痪，以保证日本军队的行动和运输自由，然后再截击从俄国本土开来的其他部队，并将其各个击破。日本军国主义者认识到：日本只有得到制海权，才能取得战争的胜利。经过日本政府的精心策划，海战时机已经成熟，著名的黄海海战就这样爆发了。

浓雾弥漫的黄海海面上，东乡平八郎指挥的日本联合舰队，在大雾的掩映之下，向停泊在中国旅顺口外的俄国舰队慢慢的逼近。那是1904年的2月9日的夜晚，沉睡着的俄国舰队的官兵们，在美梦还没有来得及结尾的时候，便被突然响起的轰轰炮声惊醒了。

日本舰队万炮齐发，炮火将整个夜空照亮。沉睡中的俄国舰队完全没来得及防备，便损失了两艘铁甲舰和一艘巡洋舰，当其他舰船上的官兵们清醒过来的时候，看到的只是这三艘舰艇在炮火中挣扎的惨烈模样了。

不幸的俄国舰队不仅在旅顺口遭到了袭击，在朝鲜仁川港的军舰"瓦利雅格"号和"柯列茨"号也遭到了日军的攻击，日俄战争就这样在俄国人没有任何准备的情况下正式开始了。

战争爆发后，很快俄国又有数艘军舰被日军击毁，在这样的形势下，日军迅速取得了制海权。获得初步成功的日本联合舰队并没有因此而满足，在偷袭得手后，又将侵略的魔手伸向了俄国太平洋舰队。

对于俄国太平洋舰队的攻击，对于日本联合舰队来说是非常重要的一仗。因为，日本陆军想要在朝鲜和辽东半岛登陆，并包抄在南满的俄军主力，那么日本联合舰队就必须消灭俄国太平洋舰队，才能够为他们陆军下一步行动扫清障碍。

日本联合舰队在这次袭击俄国舰队的战争中，想尽了一切办法取得突袭的胜利。从突袭开始，日本联合舰队对俄国舰队进行了一次又一次的攻击。在突袭开始的时候，日本甚至不惜用死亡作为代价来增加胜利的筹码，他们招募敢死队员，采取沉船堵口的办法，企图将俄国军舰封锁在港内。日本军阀的"军神"广濑武夫中佐，就是在第二次沉船堵口的时候被击毙的。

31

山本五十六

很快，日本联合舰队采取的沉船堵口战术便失去了效果，日本人马上改变了战术，开始用水雷进行封锁。令日本人惊喜的是，刚刚上任的俄国太平洋舰队司令，也就是著名的海军将领马卡洛夫海军中将的旗舰被日军的水雷炸沉了，马卡洛夫和舰船上的六百四十九名官兵都葬身在大海里。

中国有句俗话说"擒贼先擒王。"日军将俄太平洋舰队的总司令马卡洛夫击毙，正应证了这句中国古话。一时间，俄国太平洋舰队幸存舰船上的官兵们人心惶惶，没有了头领，对日本人的各种封锁行动也产生了惧怕心理，因此，俄军开始避港不战，黄海的制海权彻底落到了日军的手里。

日本人的好日子并没有持续多长时间，避港不战的俄军很快就决定派波罗地海舰队增援远东战场，与日本人决一死战。日本人得知这个消息之后惶惶不安，因为，俄军派遣的这支舰队若一旦与太平洋舰队会和，那么俄军的总实力将的日本海军的几倍，日本很有可能因此而失去黄海上的制海权，这对日本海军乃至陆军都是个重大的打击。

面对着紧急而又严重的形势，日军是不准备坐以待毙的。于是，日本海军和陆军第三集团军决定联手作战，要在波罗地海舰队感到之前歼灭俄军旅顺口的分舰队，以消除遭受内外夹击的可能性。

日本人深知攻打旅顺口并不是一件简单的事情，经过沙俄十年经营的旅顺口，早已成为沙俄非常坚固的海军要塞，素有"东方第一要塞"之美称。当时沙俄用钢筋水泥修筑的要塞工程。即使是日本炮兵对此也是无可奈何，炮弹命中后马上就被弹出去，根本就起不到任何效果，再加上俄军第一次装备了先进的马克沁姆机枪，可以说是坚不可破。

负责进攻旅顺口的第三集团军的司令官是乃木希典，作为日本陆军中的战将，他对攻打旅顺口的难度当然很了解。于是，为了尽快攻下这一要地，乃木希典完全置广大士兵的生命于不顾，强迫士兵实行"肉弹攻击"。乃木认为，炮弹打不进的，肉弹总能起到作用，于是便下达实施"肉弹攻击"的命令。

1904年8月19日，烈日炙烤下的旅顺口硝烟四起。日本陆军第三集团军司令乃木希典发动了对旅顺口的第一次总攻击，投入兵力五万多人。在俄军猛烈的炮火中，成群的日军士兵冲向俄军的要塞，不幸的是一片又一片的日军士兵接二连三的倒在了血泊中，其场景惨不忍睹。

第一次攻击的伤亡惨重，并没有使乃木停止他的作战计划，相反他又接着组织敢死队发动了第二次、第三次总攻击，使用兵力总计十三万人，费时一百五十五天，最终还是以死伤六万人的代价攻下了要塞。日本士兵的尸体堵住了港内的俄国军舰的出路，使俄军舰腹背受敌，最终全军覆没。

此时的山本五十六错过了日本战争史上惨烈的一丈，乃木希典的"肉弹攻击"成功之后，山本五十六才以少尉候补生资格登舰。俄国在旅顺口、海参崴的太平洋舰队已基本上被消灭。山本虽然错过了这场用人肉换来的胜利战争，但是还有一场规模更大的日本海大海战等待着他。

日本士兵用血肉换来的胜利只是短暂的，山本五十六清楚的知道，此时正在从遥远的欧洲向远东跋涉而来自俄国的波罗的海舰队，随时都有可能将他们的胜利夺走，到那时，所有牺牲的士兵们都将不得瞑目，然而该来的总是会来。

此时日本联合舰队为了自己的存亡，首先要考虑的是将远道而来的俄军舰队消灭在半路上，使其没有接近旅顺港口要塞的机会，只有这样，他们才能够保住用血肉换来的胜利。俄国舰队有战列舰八艘、装甲巡洋舰五艘、防护巡洋舰三艘、巡洋舰四艘，包括其他舰艇共三十八艘，一旦俄军舰队进入了海参崴，那么日本联合舰队很难对付俄军他们强大的阵容，他们前一阶段的战果

就有完全化为泡影的可能，因此，聚歼俄国波罗的海舰队自然而然地就成为了日俄战争最为关键的一次战役。

　　此时的俄军舰队同样考虑到这个问题，如何才能够躲过日军的截击成功的进入海参崴成为了他们不得不考虑的事情。从当时的情况来看，要到达海参崴有三条路线可以选择：一是穿过对马海峡；二是穿过日本本州岛和北海道之间的津轻海峡；三是穿过北海道与库页岛之间的宗谷海峡。三条路线相对来说，穿过对马海峡的第一条路程最近，但同时风险也是最大的。

　　选择哪一条路都有利有弊，经过再三考虑，波罗的海舰队司令罗日杰斯特文斯基海军中将最后还是决定走第一条路线——穿过对马海峡，决定赌上一把。为了迷惑日本海军，俄军派出两艘伪装巡洋舰，到日本东海岸近海一带，装出要走津轻海峡的趋势。

　　日军在没有发现俄军踪迹的情况下，只能密切的监视着这三条航线的动向。他们计算着俄军可能出现的时间，当时按编队平均航速十节进行计算，俄国舰队若取到对马海峡，那么在5月20日便应到达对马海峡，但到了20日后并没有消息。此时日本联合舰队十分担心俄舰队取道津轻海峡，准备北上至津轻海峡堵截。

　　正当日本联合舰队准备出发至津轻海峡堵截之时，突然接到了六艘俄国运输船开到上海的情报，从而获知俄国舰队将要通过对马海峡进入海参崴。27日4时45分，日本联合舰队司令部终于收到了侦察船"信浓丸"发回的电报——"发现敌舰队！"。随后不久又接到了敌舰队航向东水道的报告，进一步证实了俄军舰队的行踪。

　　联合舰队司令东乡平八郎看准你了时机，便立即下令所有军舰一起出击，阻截俄军舰队。在出发之时东乡平八郎向大本营发报："现获知敌舰队之行踪，联合舰队立即出击，将其击灭在日

34

山本五十六

本海的大浪中。"随即第一、第二舰队自镇海湾进入日本海，准备在对马海峡迎击俄国波罗的海舰队。

年轻的山本五十六为能够参加这样有挑战性的战争而激动不已，此时的他正在"日进"号上担任舰长的传令兵。上午十点，"日进"号舰长召集全体人员作最后的战前动员，他站在大日本帝国的太阳旗下，高声说道：

"我们苦苦等待的敌舰队马上就要来到，以国运相赌与之进行的大决战，三小时后就可以见分晓。我们无所顾忌，因为我们既有料敌如神的东乡大将，又有在旅顺方面参加过大大小小许多海战的勇士，况且我们在这以前日夜在镇海湾进行炮击、水雷发射训练，今日实在是显露我们精妙技术的时候，如果对战胜巴尔迪克舰队还有什么要求的话，那就是要沉着冷静。仰望祖国无所畏惧。谨让我们高呼天皇陛下万岁。"全舰士兵也跟着高呼天皇万岁，俨然已经作好为天皇献身的准备了。

日本联合舰队的全体官兵们屏气凝神的等待着日军舰队的出现，下午一点四十分左右，俄国舰队的影子终于出现在他们的视线中。八点五十五分，俄军舰队已经很近了，东乡平八郎在旗舰"三笠"号上升起"Z"字旗，发出了"皇国兴亡在此一战，各员励精努力"的号令，同时舰队大角度转向，与俄国舰队形成"丁字形作战"队形，堵住了俄国舰队的去路，一场厮杀就这样摆开了阵势。

面对日本联合舰队的阻截，俄国舰队欲先发制人，于是，在双方舰队相距八千米时，俄国舰队利用日本舰队转向的有利时机首先开炮，但炮击目标缺乏精度，没有给日本舰队造成损失。相反，日本舰队却采取了稳扎稳打的战术，直到双方相距六千米的时候才向俄国舰队开炮。

经过半个小时的激烈角逐，俄国波罗的海舰队旗舰"苏沃洛夫"号、二号舰"亚历山大三世"号和五号舰"奥斯里亚别

35

亚"号三艘战舰相继起火，逐一脱离战斗行列。到日暮之时，俄国舰队的主力舰几乎全部被击沉或受重伤。这场规模空前浩大的大海战胜负已成定局。当天夜里，日本联合舰队又派出驱逐舰和鱼雷艇进行袭击，又击沉三艘俄国军舰。

山本五十六所在的"日进"号是第一战队的旗舰，理所当然的遭到了俄舰队炮火的集中攻击。担任舰长传令兵的山本五十六当时正站在舰桥上记录，所以他所处的位置十分不隐蔽，导致他在做记录的时候受了伤。就在这一天的天幕即将拉下的时候，"日进"号突然被俄国人的炮弹击中，"日进"号死伤人数近一百名，山本五十六也在伤者的名单之中。

第二天，日本联合舰队乘胜追击，将俄国波罗的海舰队全部歼灭。可怜这支经过一万八千海里远道东征而来的俄国舰队，总计三十八艘军舰中有十九艘被日本联合舰队击沉，五艘被俘，十一艘逃往中国而被解除武装，只有巡洋舰、驱逐舰、运输舰各一艘逃到海参崴。波罗的海舰队司令罗日杰斯特文斯基以及六千人被俘，四千人葬身海底，而日本联合舰队只以损失三艘鱼雷艇的代价，就获得了这次大海战的胜利。

日本海战结束后，美国向日俄两国政府提议媾和。在美国的斡旋下，经过双方一番激烈的讨价还价，在 1905 年的 6 月 9 日，签订了《朴茨茅斯和约》。日本获得了满洲以及韩国的驾驭权，得到了旅大和库页岛南部，又因为击败俄国的海军而自然地拥有强大的海军力量，在太平洋上形成除英国之外任何国家也难以匹敌的优势。日俄战争结束后，日本海军的发展也跃上了一个新的台阶，开始向拥有"八八舰队"的大海军发展。

在大战中负伤的山本五十六却因祸得福，这个刚开始一生战火历程的少尉，赢得了在海军发展中所需要的"资历"，真正的实现了自己多年来为天皇献身的伟大理想。为了表彰山本五十六作战勇敢，1906 年 4 月 10 日，天皇授予他六等功勋旭日章，并

颁发奖金三百五十日元。

这次机会使山本五十六的军人生涯如日中天，连连得到提升。日俄战争两年后，他被升任中尉，又过了两年，升任大尉，并成为训练舰队宗谷分队的指导官，负责来舰上进行远洋实习的少尉候补生的业务指导。

山本五十六思熟虑而且果敢行动的性格得到了他的上司们的一致好评。平常沉默寡言，认真指导候补生，默默地履行分队长的职务。在指导官开会的时候也很少发言，但是只要他一发言，总是一鸣惊人，他的建议经常被舰队采纳。这也就不难看出山本的被提升绝不是因为在日本海大海战中负伤的缘故，更多的还是因为他本身的能力得到了别人的认可。

山本五十六所表现出非凡的才华，他行事的沉稳和在作战与指挥方面思想的成熟，简直令人难以想像他只是一个仅有二十六岁的海军大尉。但是，山本五十六却并不满足于别人的评价，他认为自己该学的东西还有很多。对于知识的渴求，使山本在前进的道路上，具有常人所没有的毅力。他要求自己必须永不停步，而实际上他也的确做到了。

1910年12月1日，山本五十六被海军大学录取为乙种学生。他在通往日本帝国海军权力之巅的道路了又前进了一步。日本帝国海军大学是一所主要培养日本将校级军官的高等学校。学生最初分为甲乙丙三种，甲种主要是大尉，修舰炮、水雷、航海等高等学科，乙种主要是校官或大尉，可选修任意学科，丙种主要是少尉。前两类学生学习期限是一年，后者为半年。

1890年日本海军大学进一步修改条例，将录取学生的种类改为将校科甲种学生、将校科乙种学生、机关科学生和选科学生。将校科甲种学生是有两年以上海上经历，而且身体健康、业务成绩优异、富于敏锐的判断力、将来有充分发展才能，经所属长官推荐的海军大尉。将校科乙种学生是有海上经历一年以上

37

者，主要学习舰炮、水雷和航海。

经过了半年的刻苦学习之后，山本五十六在海军大学乙种选修教程的学习中以优异的成绩毕业了。毕业之后，他并没有满足于自己所取得的成绩，因此，又在1911年5月22日进入海军炮术学校高等科进一步学习舰、炮专业。半年以后，由于他成绩突出，被留任海军炮术学校教官兼分队长，同时还兼任海军经理学校教官。

在执教一年以后，山本五十六出任佐世保预备舰队参谋。1914年5月27日，山本奉命出任横须贺镇守府副官兼参谋。同年12月1日，已经有了两年经验的山本五十六，被海军大学录取为甲种学生。

山本五十六丰富的经历和先后两次进入海军大学学习，为他以后在日本海军中的连连高升奠定了坚实的基础。第一次世界大战爆发后，山本五十六再次参战，由于表现突出，1915年被授予四等瑞宝勋章，并晋升为海军少佐。

1916年12月1日，山本五十六海军大学毕业，出任第二舰队参谋。第二年7月，奔赴海军军务局任职，并兼任海军教育本部部员、海军技术本部技术会议委员等职。在当时的日本海军中，上升最快的就是山本五十六，这让年轻气盛的他特别的春风得意，日本帝国海军一颗未来的将星此时已经开始放射出夺目的光芒了。

第三章　航空思想的萌芽

故乡长冈人渐渐注意到了年轻的山本五十六在日本海军中良好的发展趋势，一些旧封建残余分子也将目光转向了山本五十六，似乎从山本五十六的身上他们看到了振兴长冈藩的希望。于是他们开始筹划山本五十六改姓的活动，因为那样可以让山本五十六继承长冈武士名门山本家的遗业。

山本家族在当时的人们看来德高望重，而且历代任长冈藩的家老，食禄一千三百石，是长冈武士的总头领。然而，高野家的俸禄只有一百二十石，与山本家族比起来相差甚远，但俸禄上的差距并没有影响到他们的关系，长期以来，两个家族一直有着非常密切的交往，尤其是精通古典和汉学的高野家，更为山本家所器重。后来，日本发生了明治维新，开始大力削弱武士阶层的势力，时值山本家族到了山本带刀一代。

一些中下层武士开始同政府抗争。长冈武士与政府军之间也展开了激烈的冲突，戊辰战争就是一个很好的证明。在著名的戊辰战争中，长冈武士终因寡不敌众，最终被政府军攻克长冈城。长冈武士虽然人数不及政府军，然而各个勇猛好战，在战斗中，长冈武士军头领身负重伤。当他无法继续指挥战斗的时候，年轻的山本带刀挺身而出，那时他仅仅二十三岁。

39

山本带刀很快担起了长冈藩武士总司令的职务，他率领全藩武士长途跋涉，转战会津平原与政府军进行周旋。不幸的是，年轻的山本带刀虽然勇猛好战，胆识过人，但毕竟涉世尚浅，经验不足，在若松城南边的饭寺村因为大雾的影响而迷失方向，被政府军包围。山本带刀被政府军抓获。政府军看见山本带刀年轻勇敢，想劝他投降，但山本带刀武士忠勇思想十分浓厚，宁死不降。屡劝未果后，政府军统率无奈，只好命令士兵将山本带刀斩首。那时，山本带刀年仅二十四岁。山本家只剩下妻子和女儿相依为命。

戊辰战争结束后，明治政府为稳定自己的统治，防止旧武士兴风作浪，山本家又是反对新政府的首谋者，于是明治政府下令废止山本家名。迫于压力，藩主牧野忠恭只得将山本带刀的妻子许配给藩士陶山万卫，改姓富士。然而，明治政府的明治维新并不彻底，不仅在人员组成上大部分是旧武士出身，而且在思想上也与旧的封建意识保持着千丝万缕的联系。这就使明治政府本身保留了浓厚的封建残余。

明治政府在稳定了他的统治之后，为了利用旧的封建"忠"、"勇"思想和武士道精神来进一步巩固它的统治，于是对响应藩主号令参加戊辰战争叛乱的各旧藩武士作了宽大处理。明治政府还特地颁布法令准许山本家名再兴。明治政府为了庆祝颁布明治宪法而实行大赦，山本带刀因此被免去叛国罪名，远嫁他乡的山本带刀的长女再度继承家业。

然而，在当时的日本，封建思想依然很盛行，男尊女卑，长兄为大。因此，对于一个家族来说，均是由长子继承家业的，特别是一些大的家族，这种长子继承制更是十分严格。远嫁他乡的山本带刀的长女继承家业，这使得长冈的旧武士心中难以释怀。同时也为了使长冈名门山本家后继有人，发扬长冈武士遗风，以旧藩主牧野忠笃为首的一些旧武士决定在长冈武士的后代中物色

山本五十六

能够不辱山本家族声誉的"继承人"。自此，对山本家族"继承人"的物色开始了。

山本五十六深得武士精神的熏陶，以他顽强、坚毅的个性逐渐走入了"把关人"的视野，得到了牧野忠笃等人的赞赏。山本五十六自入江田岛海军学校和参加日俄战争之后，在海军中显示出了良好的发展势头，这使得牧野忠笃等人信心大增。随着山本五十六少佐即将从海军大学毕业，牧野忠笃等人已经下定决心把山本五十六推到山本家族继承人的位子上。在他们看来，山本五十六无疑是山本家族继承人的最佳人选。牧野忠笃等人还认为，山本五十六除了是一名很有前途的海军军官外，还是与山本家的中兴之祖山本长老于齐结为刎颈之交的高野荣轩的子孙，继承山本衣钵者非他莫属。

由高野改姓山本这是一个很重要的决定，藩主牧野为恳请山本五十六再兴山本家，绞尽了脑汁，藩主牧野动员曾担任高野家长老的田中浪江、山本家的旧臣渡边廉吉等人一同来做高野的工作。由于经过明治维新的冲击，山本家庞大的家产早已被政府没收而消散，可继承的财产只有一套褪了色的破旧麻质武士礼服和位于长冈市稽古町长兴寺的山本家荒凉的墓地。

聪明的山本五十六是一个很有远见，襟胸还算宽阔的人。他并没有计较这些，山本五十六考虑到自古以来高野家和山本家历代的关系，更重要的是，满脑子充斥着武士道思想的山本五十六，早就对自己的前途有了明确的规划。他认识到继承山本遗魂，对自己将来的发展一定会产生不可估量的作用。年轻的山本五十六野心勃勃，他认识到继承山本遗魂符合日本近代天皇制利用封建残余加强统治、对外实行扩张侵略的需要，山本五十六觉得继承长冈第一名门是长冈藩士的天命所在。经过再三考虑，他答应了牧野的请求。

牧野等人很高兴，他们经过精心准备，选择了长冈藩最有纪

41

念意义的长冈城落成纪念日，举行了山本五十六改姓山本的仪式。这件事情对于山本家族来说着实是一件很重要的事情，高野家也对此时非常关注。在山本五十六的五哥高野季八的主持证明下，山本五十六作为山本家的后嗣，正式改名为山本五十六。

在牧野等人的安排下，改名后的山本五十六所做的第一件事是在藩士们的簇拥下，厚祭山本家历代祖先，以此来证明山本五十六已经正式成为山本家的继承人。之后，山本五十六还要对自戊辰战争以来已经荒废了五十多年的山本家墓地进行庄重的清理；接着他又修心静身，用了一个通宵将山本家祖先自庆长以来的各代法号、戒名全部书写了一份，第二天又在长兴寺大作法事道场，以资纪念招魂。

一切改姓活动进行完毕后，山本五十六这个长冈武士的后代无形中又增加了一种荣耀。长冈遗魂中一些旧武士倡导的军国主义色彩极浓的"长冈精神"、"常在战场"的遗训，同样刺激着这位年轻气盛的山本五十六为了不辱山本名门之"声誉"更加竭尽全力，勤学苦练，忠于职守。为了实现自己的理想，山本五十六的青年时代几乎全部都是在艰苦的奋斗过程中度过的。他从考入江田岛海军学校开始便一心只想把自己磨炼成一个"真正的军人"，好"效忠天皇"。

日本经历明治维新后迅速走上了资本主义道路，从而开始了对中国和朝鲜的野蛮侵略。日本通过甲午战争和日俄战争，竟然堂而皇之地加入了世界强国的行列，此后的日本在远东进行侵略扩张的野心更加膨胀。也正是在这个时期，日本开始派出大批精英到美洲、欧洲等发达国家进行学习取经，将许多先进的思想带回了日本。

对于山本五十六来说，机遇犹如雨后春笋般接踵而至，山本五十六少壮气盛，意气勃发，不久后，他被派往美国留学研修，进一步深造。野心勃勃的山本五十六以外交官的身份乘日本邮船

公司的"诹访丸"离开横滨启程前往美国。

白驹过隙，岁月如梭，山本五十六从海军大学毕业后，又在多个不同的岗位上经过了几年的实践磨炼。此时，山本五十六经过几年的雨雪风霜，他的思想和才华在日本海军的年轻军官中应该是出类拔萃了。他的进步让很多关注山本家族发展的人感到欣慰和自豪。

山本五十六在日本训练舰队宗谷分队担任指导官的时候，就深得宗谷舰长铃木贯太郎的青睐。铃木很欣赏山本五十六的才干和品行，还经常向当时日本海军的一些上层人物引荐山本。后来，山本五十六来到了海军省军务局担任参谋，这无疑是山本为前途铺路的良机。借助这个机会，山本五十六得以经常接触海军高级将领。山本五十六表面沉稳，但他遇事果敢、坚忍的性格以及对当时军事和国际形势深刻的洞察力令海军省的官员们刮目相看。他们几乎一致认为年轻有为的山本前途无量。

山本五十六很快就成为了日本海军的一名重点培养对象。日本很重视军事人才的培养，对于山本五十六，日本海军省决定让山本五十六以外交官的身份前往美国哈佛大学深造。"诹访丸"离港起航后，为了度过漫长的海上旅行时间，乘客们自发组织起了文艺表演晚会。晚会一下引起了大家的兴趣，乘客们争先恐后地积极参与，好不热闹。一些美国及欧洲的旅客在晚会上都相当活跃，由于东方民族特有的不抛头露面的传统，虽然在"诹访丸"上的日本乘客并不在少数，但是很少有谁出场献艺，场面未免显得有些尴尬。

就在晚会快要结束的时候，平日寡言少语的山本五十六忽然想打破这个尴尬的局面。他大步出场，在晃动的甲板上给大家做了一个高难度的倒立动作。那是一个难度很大的单手倒立，在乘客的一片欢呼声中，山本五十六兴致勃勃地顺手拿起早晨吃饭用的盘子，跳起了他小时候在神社上学会的"盆舞"。那是山本很

43

喜欢，也是很擅长的"盆舞"。

只见山本五十六两手托盘，呈"十"字形左右摆动着，突然间，双脚起跳，向前翻了一个凌空的筋斗，当他双脚着地时，两只盘子却仍然稳稳地托在他的手掌之中。顿时乘客们一片喝彩。山本的动作就像一个出色的杂技演员，熟练而惊险，乘客们被山本的表演所征服，不约而同地为他热烈地鼓掌。山本的表演不仅为自己赢得了大家的称赞，同时也总算给在场的日本人找了个台阶下。

山本五十六经过长途跋涉终于到达了美国东海岸的波士顿市。早在儿童时代，山本五十六便对美国有着很深刻的印象。山本很小的时候，他的姐姐嘉寿子经常带着他到一个美国传教士开办的教堂去做礼拜。美国传教士给幼小的山本带来了较深的影响，使他得以较早地接触到了西方的一些思想。也正是在那个时候，山本五十六对美国有了一个十分感性的认识。现在，他终于进入了那所他向往已久的举世闻名的哈佛大学。

能够进入到美国哈佛大学学习，令山本五十六兴奋不已。因为那是他只有做梦才会想到的事情，现在却成了现实。进入哈佛大学学习着实是山本五十六没有预料到的事情。他非常珍惜这次学习机会，决定充分利用哈佛大学优越的学习环境和条件多学点东西。，他在哈佛期间的学习十分用功。他认为既然来到美国，就要研究一下美国国情，没有必要只读死书，如果仅仅把自己关在书房死读书本，就没有必要跨洋来到美国了，也就失去了来到哈佛就读的意义。

此时的山本早就改变了幼时的"书虫"形象。他在用功的同时，广交朋友，每天利用散步的时间与美国各阶层人士接触交谈，还经常与美国人外出旅游。由于在美国，身为一个外国人，要用到英语的情况特别多，因此，他必须花很多时间来学习英语，从而可以与美国各个阶层的人士更好地交流。除了学习英

语，他还有一项重要的任务，就是考察美国的国内形势。当时，在哈佛大学学习的日本留学生有七十多名，山本五十六可以说是其中最有远见的一个。

第一次世界大战中，美国利用大战良机，从一开始便与交战各国大做军火生意，不计其数的财富如滚滚洪流涌入美国。加之美国远离欧洲战场，基本上没有遭到任何损失，因此美国成了一个名副其实的战争暴发户。其时，日本同美国一样是战争中的暴发户，但与美国不同的是，日本在战争中受益的程度不及美国多。战争结束后，美国一跃成为世界的金融中心，拥有世界近半的黄金储备，成为二十多个国家的债主，工业品产量在世界上所占的比重也显著增加。

美国广袤的地域和强大的经济实力都给山本五十六留下了极为深刻的印象。在美国生活的几年时间里，山本五十六认识到了日本与美国的差距，在对美国有了一个非常全面的了解之后，山本五十六的内心开始涌出一丝隐隐的恐惧之感。通过对美国国内、国际形势的研究与美国与日本关系的了解，山本五十六考虑到日本与美国在远东地区的矛盾变得越来越尖锐，而当时的日本国力与美国根本无法比较，山本对日美之间力量的差距和日美矛盾的尖锐化的充满了忧虑。

渐渐地，山本五十六改变了思考的重心，他开始思索一个十分现实的问题，那就是如果日美爆发战争，日本要怎样才能战胜强大的美国呢？山本又开始对日本国情进行分析和深入的探索了。同美国相比，日本是一个资源十分缺乏的岛国，尤其是战略物资——石油更为缺乏。日俄战争结束后，日本海军在正朝着"八八舰队"的目标迈进，对石油的需求是显而易见的。如果缺少了石油供给，即使建成了期待中的舰队也只是一堆不能动的钢铁。

山本五十六在美国期间十分注意考察美国的石油工业。他查

45

遍了美国所有有关石油的文献著作，每天阅读四十几种美国的新闻杂志。实地考察了美国大部分油田和炼油厂，写了大量的意见报告，山本五十六在对美国的石油业进行了广泛而深入的实地考察之后，他打算到墨西哥去作进一步的石油考察。这期间求知欲望特别强烈的山本，每天的睡眠时间平均才三小时。

很快，山本五十六以公出名义申请旅费，但他当时的上级以"没有经费"为理由，拒绝了他的申请。倔强的山本五十六是不会轻易改变自己已经下定的决心的。在申请旅费遭到回绝后，他又平静地请示上级，要上级允许他自费赴墨西哥考察。那是一种不容拒绝的坚定的请求，终于，他的请求得到了批准。

为了筹措赴墨西哥的费用，山本五十六在哈佛大学学习期间更加节省了。他有时甚至每天只吃两餐。后来，山本五十六有幸得到了日本驻美大使馆参赞加来美雄的慷慨资助，才使他的墨西哥之旅得以成功。山本五十六在日本驻墨西哥大使馆结交了陆军武官山田健三少佐。山田健三是山本五十六的新潟同乡，与山本五十六的哥哥在日俄战争期间是同期战友，因而两人关系十分密切。在交往中，山本五十六得知山田在驻墨期间沉溺于赌博，输掉了所有的积蓄，几乎连回国的经费也拿不出来了。

山本五十六也是一个非常喜欢赌博的人，也遇到过类似的遭遇，因此，他比一般人更能理解赌博输钱的苦衷。出于对山田健三的同情，他把自己手头上已经不多的旅墨经费拿出很大一部分给了山田。山本五十六在山田最需要帮助的时候慷慨解囊，令山田感激不已。山田得到了山本的资助以后顺利地回到了日本，而山本在墨西哥的旅行却变得更加艰苦了。

资助了山田的山本五十六经常是吃了上顿没下顿。为了节约经费完成考察，山本五十六不得不徒步去参观油田，尽管很累，但是可以省下很多经费在必要时候使用。山本五十六每日只靠面包和墨西哥最便宜的香蕉充饥，这一期间的山本由于休息饮食不

46

好，显得非常憔悴。一路上奔波劳顿，再加上山本想尽快到达目的地，因此为了赶时间，他经常顾不上刮胡子，那时的山本五十六的确像一个流浪汉了。

山本五十六狼狈不堪的样子引起了墨西哥警方的怀疑，墨西哥警方负责人致函日本驻美大使馆查询："一位自称在墨西哥境内旅行参观油田的叫做山本五十六的日本海军中佐，在墨西哥期间专住三流旅馆中条件最差的阁楼，而且从不在旅馆进餐，据了解，他每天只啃点干面包、吃些香蕉果腹，喝生水解渴。我们怀疑他可能是日本逃犯？请贵馆协助对其身份予以查证。"

山本的身份很快得到了日本驻美国大使馆的证实，就这样，山本五十六以坚强的毅力在艰苦的条件下完成了对墨西哥石油业的考察。山本五十六感到很欣慰，尽管历尽了艰辛，但他对于此次考察的结果非常满意。山本五十六给远在故乡的哥哥高野季八写了一封信，他在信中提到了他为考察石油来到墨西哥的坦皮科市。那里的一口油井每天约产原油五百多石，有的油井已连续喷油十三年。山本还提到了油的出口税……

当时的海军战舰的燃料已经由石油逐渐代替了煤炭。而且，日本从 1920 年起已经着手执行"八八舰队"计划。依照此项计划，日本海军将在八年内增加八艘主力舰和八艘巡洋舰。舰队对石油的需求是巨大的，而日本在石油方面一旦离开了进口根本就无法去支撑一只庞大的舰队。如果战争一旦打响，石油的来源一定会成为一个事关战争胜负的重要战略问题。山本五十六对美国和墨西哥石油工业的考察对他以后的作战思想有着非常深刻的影响。

第一次世界大战结束后，战胜国首先在巴黎召开了凡尔赛和会，签订了《凡尔赛和约》。《凡尔赛和约》主要解决了战后欧洲重新瓜分的问题。英国通过瓜分德、土的殖民地，加强了它在中东、地中海和非洲的优势；法国通过宰割德国，确立了称霸欧

47

洲大陆的条件；日本则悄然获得了德国在中国山东的权利与太平洋上赤道以北的岛屿。但是《凡尔赛和约》没有满足战争中最大的暴发户美国的扩张要求，远东和太平洋问题没有得到很好的解决，因此，日本与美国的矛盾日益尖锐化。

由于大战刚刚结束，巨大的军费开支不仅使遭到战争破坏极大的英国难以承受，就连没有遭到战祸的日美也感到财政拮据。为调整东亚势力范围，缓和军备竞赛，美国酝酿同日本、英国进行谈判。山本五十六奉命协助驻美大使币原喜重郎进行预备谈判。这次谈判在山本五十六的军人生涯中又是一次非同寻常的经历。在会议期间，山本五十六屡屡提出一些中肯的意见，而且常常由于紧张地为代表团做一些具体的事务性工作而通宵达旦地忙碌。在最后撰写报告书的时候，精力旺盛的山本竟然连续三天三夜没有睡觉。

山本五十六充沛的精力，工作准备之充分令代表团成员十分吃惊。币原喜重郎曾评价山本五十六是"一个不可思议的人"，因为他不管如何熬夜都毫无倦色，连谈判的对手美国副国务卿戴维斯都称赞他是一个"了不起的家伙"。

1921 年 7 月，美国正式向英、日、中、法、意等国发出邀请，在华盛顿召开讨论限制军备及远东太平洋问题的会议。这一次，日本的准备工作做得十分充分，这其中自然有山本五十六的功劳。虽然山本五十六没有参加会议，但此次会议对一战后日本海军及山本五十六本人的发展密切相关。

1921 年 11 月，海军大臣加藤友三郎作为日本首席全权代表在大陆纪念堂参加了华盛顿会议。大会选举美国首席代表美国务卿休斯为大会主席。休斯致词之后，首先提出了美国关于限制海军军备的方案：首先，停止各国正在建造或计划建造的全部战列舰，而且在未来十年间停止建造主力舰；其次，参照与会各国的现役海军力量，确定各主要国家的主力舰及辅助舰的吨位比例。

在此基础上，休斯进一步建议英美日三国主力舰吨位应该按照五比五比三的比例。日本对此表示反对。

日本政府获悉后密电指示日方代表，令其在会议上讨价还价。同时，日本政府还秘密为日方代表提出了三个方案：第一是争取英美同日本的主力舰比例为十比十比七，如果这一方案行不通，可以稍作让步，提出十比十比六点五的第二方案。如果其他与会代表们坚持十比十比六的决定时，日本则要要求各国保持"维持太平洋防务现状"。这封在日本政府看来绝无闪失的密电，却被美国情报部门破译，从而使美国对日本的企图了如指掌。

当加藤友三郎正式向大会提出十比十比七的要求时，美国代表强烈反对。美国代表表态说，如果日本坚持它的主张，那么日本每造一艘军舰，美国就用造四艘来回答。这无疑是对日本的一种威胁。英国代表贝尔福向日本提出妥协案，贝尔福表示，如果日本接受五比五比三的比例，英国则不在西太平洋建筑和加强海军基地。美国对英国的提议表示赞同。于是会议最终决定了日本与英美的主力舰比例为三比五比五。但对辅助舰的限制问题，华盛顿会议没有达成协议。

山本五十六参加完华盛顿会议的筹备工作后便提前回国了，因此他未能参加正式的华盛顿会议。但由于他最要好的知心朋友堀悌吉是会议代表团的成员，从堀悌吉那里，山本五十六详细地了解了会议的情况。事实上，按照日本七比十比十的要求，其目的就是要建成计划中的"八八舰队"。然而自建造"八八舰队"以来，经济尚不发达的日本已经暴露出自己国力难以承受的迹象。日本政府为实现这一计划，付出的代价十分巨大。仅一年的时间里，政府拨给海军与陆军的费用，就已经增到了日本国家总预算的六成。

根据以上情况，负责谈判的加藤友三郎同内阁协商，不得不下决心放弃他本人所提出并全力实施的"八八舰队建设计划"。

49

这同时意味着放弃把美国作为假想敌国的观点，保持日美亲善关系。

山本五十六在华盛顿会议举行的前夕结束了在美国的学习与考察。回到日本后，山本被任命为军舰"北上"的副舰长，到中国沿海一带活动，后来他又被任命为海军大学教官，教授军政学。山本五十六想利用在海军大学担任教官的时间来消化美国之行的收获。但海军当局给他的时间并不多。不久后，他又奉命考察华盛顿会议后的欧美现状，山本五十六既美国之行后又踏上了前往欧洲的旅途。

山本五十六跟随军事参议官井上谦治大将在九个月的时间里先后到过英、法、德、意、奥、美和摩纳哥等七个国家。当他们在伦敦逗留的时候，山本五十六从来自日本国内的报纸得知，关东地区发生了大地震。对一个日本人来说，这无疑是一个令人惊恐的消息，但是山本却不动声色。山本五十六斩钉截铁地说："日本必会复兴，而且还会建设得比以前更加美好。"同年12月，山本五十六被晋升为海军大佐。

山本五十六此次欧美之行特意到赌城摩纳哥去了一趟，以试自己的身手。同时，山本五十六还想到了山田，那个由于输掉了所有积蓄而无法回日本的朋友。在大赌院里，山本五十六旁若无人，赌技高超，每战必胜，令赌院老板大伤脑筋。无奈之下，赌院老板不得不禁止其入内。据说山本五十六是自蒙特·卡尔罗赌场开设以来第二个因赌技高超而被拒绝入场的人。山本五十六对自己赌博的才能也是非常得意，他曾向井上谦治夸口说："如果给我两年时间游遍欧洲各地，我能赚到建造一艘战舰的费用。"可见，山本五十六对自己的赌技已经相当自信。

早在青年时期，山本就对赌博有着特殊的爱好。山本五十六酷爱日本的将棋，在海军大学学习期间，经常找人搏杀。山本五十六可以说是一个天生无所畏惧的赌徒，只要选择了目标，就有

50

一种不到黄河不死心的劲头。而且，他性格阴沉，眼疾手快，头脑清醒冷静、博闻强记，做事执著、果敢凶狠，这些足以使他在赌院中屡战屡胜。

山本五十六对于赌博有着他一套独有的理论，山本认为，赌博虽然与自己的物质利益有关，但不能与物质利益纠缠不清。如果将赌博与自己的物质利益纠缠在一起，判断就容易产生错误。山本五十六还常说赌博虽靠运气，但还必须进行科学的计算，仅仅热衷于胜负是没有意义的。摩纳哥的赌博，如果用高等数学进行冷静的计算，会清楚地计算出每场必胜的结果。

在许多绅士和小姐陷于狂热的时候，自己要忍受周围人的白眼，冷静地等待经过计算的获胜时间的到来。当然在必胜的结果来到之前，需要长时间的等待和忍耐，这是非常重要的。同时，对于赌博来说，冷静沉着是最为重要的。正确的态度应是出于内而超乎其外。山本五十六从不为物质上的利益而去赌博，因此常常大获全胜。赌博对野心勃勃的山本五十六的思维和行动方式产生了十分重大的影响。山本从他赌博的切身体验中学到了不少可用于战争的东西，如"战争就是赌博。"

赌是山本性格中的突出特点，从某种意义上说，偷袭珍珠港也可以说是一场赌博。山本五十六以国家命运为赌注，以联合舰队为赌注，这种孤注一掷，不计后果的偷袭，虽然取得了胜利，但胜得危险，胜得侥幸。法华津孝太后来曾深有感触地说："如果美国在太平洋战争爆发之前稍留心研究一下联合舰队司令长官山本五十六的性格的话，至少也能估计到他可能对夏威夷发动突然袭击。"

山本五十六一行在考察完欧洲之后来到美国。在美国，山本五十六对美国海军军备情况与得克萨斯油田进行了考察，同时视察了日本投资经营的奥伦治油田。作为一名校级军官，长期的海外生活，拓展了他的生活领域和视野，正是这一经历，使山本更

51

加关注世界军事技术的每一项发展，并使他最终走上了世界海战史上具有划时代意义的航空之路。

多次的欧美考察让山本五十六对欧美海军的发展情况了如指掌。山本认识到无论海军本身的实力还是经济的整体实力，日本都没有办法和英美相抗衡。第一次世界大战后，日本在远东以及太平洋地区的扩张欲望急剧膨胀，从而引起了日美两国之间激烈的角逐，日美矛盾日趋尖锐，山本五十六已经敏锐地感到按这样的形势发展下去终将导致一场激烈的战争。山本每每考虑到这些，就会忧心忡忡：日本的实力是很难支撑与美国这样幅员辽阔、经济雄厚、军事强大的国家进行全面战争的。

山本五十六在欧美考察期间一直密切注视着世界军事技术的发展趋向，决心从中寻找一条能够迅速增强日本海军实力、缩小日美差距的捷径。在一段时间里，山本五十六突然对航空产生了很大的兴趣。山本翻阅了大量的资料，对航空的历史、发展趋势进行了研究：

自美国莱特兄弟发明了飞机之后，1911 年，意土战争中意大利军队皮亚扎上尉驾驶着布莱里奥 XI 型飞机在土耳其阵地上空进行了长达一小时的侦察，加沃蒂少尉驾驶"鸽"式飞机向土军阵地投掷了四颗各重两公斤的榴弹。从而揭开了飞机用于战争的序幕。山本五十六突然之间在内心产生了一种"航空制胜"的思想，山本如获至宝，无法抑制自己内心的兴奋，多年来困扰他的难题似乎在一夜之间完全解决了。

大战爆发后，飞机的应用日益广泛。飞机本身的技术性能有了很大的提高，发动机的功率越来越大，并出现了多发动机飞机。飞机的飞行高度在不断提高，速度在不断加快，航程也在不断加大。飞机技术的发展拓展了飞机的应用范围，陆基飞机刚刚发明后不久，法国人加布里埃尔·瓦赞发明了第一架从水上起飞的飞机。三年之后，美国人格伦·柯蒂斯又发明了一种称为

山本五十六

"潜鸟"的水上飞机。不久，美国海军第一次使用舰载飞机起飞成功，宣告了海上航空母舰的诞生。

到第一次世界大战快要结束的时候，英国海军在军舰的飞行甲板上试验起飞和降落获得成功，在"百眼巨人"号的甲板上，第一次建造了完全没有阻碍的飞行甲板，并装备了起飞弹射器，世界上第一艘真正的航空母舰诞生了。舰载飞机的投入使用，意味着飞机航程的增大及拥有战术发起上的突然性。因此在第一次世界大战结束后，航空母舰获得了长足发展。但在很长一段时间里，航空母舰和海军航空兵还只是被视为一种辅助兵力，设想用它来掩护战列舰、巡洋舰在大海上冲锋陷阵。

飞机在第一次世界大战中的应用，揭示了它广阔的发展前景。一战结束后，一种从战略的高度去认识飞机的军事价值，主张大力发展航空兵以夺取制空权，并进而赢得战争的理论出现了。空军制胜论的出现，影响了一代人的思想，给战后世界军事学术界以强大的冲击。一场激烈的争论在海军系统和空军系统中展开了。飞机与战列舰究竟谁的威力更大成了海空系统争论的焦点。

正在欧美军事界对航空能力争执不下的时候，远在东方的日本建造成了世界上第一艘正式的航空母舰"凤翔"号。尽管如此，日本的航空母舰和海军航空兵毕竟还刚刚起步，而且它也并没有引起日本海军上层的重视。早在第一次世界大战结束后，在美国海军中就已经形成了"在取得制空权的前提下进行舰队决战"的作战思想。山本五十六赴美工作考察期间，在深入考察美国的石油工业和航空界发展动向的基础上，形成了自己的"在未来的海上作战中将主要依靠飞机"的作战思想。从此，这位有名的舰炮专家开始把目光从海面逐渐转向了空中。

1921年7月，山本第一次出使美国回到祖国日本后，曾担任过一段时间的海军大学教官。针对海军大学里的一些比较落后

的思想，山本五十六提出了中肯的改制方法。同时，山本还提出了自己的关于"航空制胜"的想法。但是在当时的海军大学，山本的"航空制胜"思想并没有得到人们的认同。包括他以前的恩师在内的那些资深教官大都对山本五十六的这种新思想不屑一顾，有的甚至称之为"幼稚"。但是山本五十六依然认为：飞机的发展前途将大大超乎现在人们的想像，日本应放眼未来，大力发展海军的航空军备。

在山本五十六的朋友们看来，山本随同井上谦治大将去欧美考察回国后，可能去海军省任副官，也有可能去海上重操他所熟悉的舰炮。然而令人意想不到的是，山本五十六自己选择了他完全陌生的海军航空兵。这其中的缘由也许只有山本自己知道。不久后，山本五十六被调往霞浦海军航空队，正式就任霞浦海军航空队副队长兼教育长。

霞浦航空队以培训海军航空兵为主要任务。山本五十六了解到：当时航空队的司令官是小松直干少将，副队长兼教育长是和田秀穗大佐，战术科长兼内务主任是松永寿雄少佐，副官是大崎都信少佐，个个都是航空专家。没有进入霞浦航空队以前，山本五十六就已经对大崎都信早有耳闻。大崎都信曾参加过第一次世界大战期间日德在中国青岛的空战，而山本在此以前从未接触过飞机。也正因为如此，航空队对山本的到任产生了一种反感情绪。他们认为像这样一个船员出身、从未与飞机打过交道的人，突然跑到航空队来当头目，肯定是别有用心。

航空队安排中尉见习教官三和义勇做山本五十六的副官，但自视甚高的三和义勇执意不肯。三和义勇马上找到山本五十六，不料却被山本五十六的威严所慑服，山本五十六说："我到任的第一个感觉是，航空队的军纪尚待加强。航空队的军纪不好就不可能有优良的军队，要改善军纪，必须从细微小事做起。首先就得从禁止迟到、早退着手。三和副官，那么就从我们两个开始做

起吧！"山本严肃的态度和不容拒绝的口吻使三和不知所措，竟不自觉地答道："好的，我会全力以赴，尽职尽责。"

当全体官兵奉令集合，山本五十六走上讲台，目光扫视着全体官兵时，绝大多数人都认为接下去要说的无非是一大篇冠冕堂皇的训话，加上知道他并非飞行员出身，有的人已露出不屑一听的表情。山本五十六却义正词严地提高嗓门宣布；"各位士官及士兵请注意，凡是蓄长发的人限在一周内全部剃掉，我的报告完毕。"

全体官兵一时愣住了。他们没有想到这位新到任的副队长竟然打破常规，说出了这样一句话。当时，日本海军航空队的飞行员以其精练的飞行技术而桀骜不驯，加之受英国皇家海军航空队的影响，他们留着长发已经有很长时间。而且，航空队的纪律向来就很松弛，这在那些航空兵看来已经是习以为常的事情了。虽然他们对山本五十六的命令感到不满，却找不到山本的人影。因而只好在一周后全部剃成光头。在山本五十六到任后的不到一个月的时间里，霞浦航空队的风气已大为改观，反对他的现象也在无形中消失了。

为了对航空有更深入的认识，也为了回应那些对自己的言行不屑一顾的人，山本到任后，抓紧一切机会学习有关航空的知识。山本五十六阅读了大量航空书籍，每天坚持接受几小时的飞行训练。随着山本五十六对航空知识更详细全面的了解，他的"航空制胜"的观点已经越来越明朗化。山本相信，未来的海军航空兵完全有可能弥补日本海军主力舰与英美之间的差距。

山本五十六在霞浦航空队利用码头和模拟飞行甲板的驳船实行了严格而近乎残酷的训练。山本相信他设想的有针对性的训练计划，能够为日本建立一支航空母舰特混舰队打好基础。航空队的训练标准完全从实战出发，无论是细雨霏霏的白昼，还是伸手不见五指的黑夜，适应各种天候的飞行降落训练夜以继日。稍懂

55

常识的人都会知道，在阴雨天气中进行飞行训练很容易发生飞行事故，结果在训练中发生事故而死亡的事件大幅度增加。

然而，越来越多的死亡事故反而增加了山本五十六要建立一支强大的航空母舰特混舰队的决心。山本五十六认为，不能让那些勇士白白牺牲，他将死亡人的名字记下来，挂在自己的办公室，每当有新学员入队时，都要首先向死亡名单敬礼，以激发队员的好勇斗狠的性格。后来，山本五十六发起创建了霞浦神社。

山本五十六在霞浦航空队任职十五个月后，再度出使美国，任日本驻美大使馆副武官。山本五十六不得不离开霞浦航空队。海军航空队的官兵对山本五十六的离任感到非常惋惜，他们已经习惯了山本的严格训练。航空队通过山本的整顿，已经大大改观。如果说在山本之前霞浦航空队还处于模仿阶段的话，那么山本在其不长的任期内，已经使日本海军航空兵走上了独立发展的道路。因此，山本的离开无疑会让航空队官兵对他依依不舍。

当山本五十六乘"天洋丸"驶出横滨港起程前往美国的时候，令山本感到惊讶的是，航空队的飞行员们驾驶整整一个中队的飞机，出现在"天洋丸"的上空，作出俯冲动作掠过船头同他们的副队长惜别。有关人士给出了这样的评价："以这样隆重的仪式同一个人告别，这在日本海军历史上是前所未有的。"

在第二次赴美期间，山本五十六在第二次赴美期间特别关注美国航空界的发展，通过对美国航空界的了解，山本五十六更加坚定了自己"航空制胜"的思想。山本认为，日本海军应当坚持"航空第一"的作战思想。

二十年代的美国，新式飞机的不断问世，导致航空事业异常兴旺。在美国的两年多时间内，山本五十六和他的助手山本亲雄、三和义勇的主要任务就是搜集美国各方面的军事情况。山本五十六在工作之外总是把自己的目光盯在美国有关飞机的消息上面，他特别叮嘱山本亲雄、三和义勇要注重搜集有关美国航空界

的情报，"要想使情报工作卓有成效，就必须从平时做起，像一个真正的谍报员那样注意一点一滴地积累和搜集有关情况。如果在需要的时候才去搜集情报是根本收不到理想效果的。"

尽管山本五十六对航空界的发展情况很是关注，但是东京经常发来一些电报要求他们搜集情报，没有一项是针对飞机与航空的。山本五十六对于日本国内、特别是海军上层对发展航空力量的淡漠与麻木感到十分担忧和不满。为此，山本五十六总是把三和义勇拿来的电报往边上一扔，连看都不看一眼。在山本五十六的眼里，这种电报根本不值得去重视，与其为之去浪费时间，还不如去同他的赌友"地瓜先生"——美国海军上校去赌上两把。

这一次来美国，山本五十六已经对航空兵在未来战场的作用更加深信不移了。山本五十六在美国的工作也随着他目标的明确变得更加紧张了。他经常工作到深夜一、二点钟，有时为了研究航空知识甚至通宵达旦。那段时间里，山本五十六查阅了大量资料，他的"航空制胜"思想在这一阶段更加趋于成熟。

后来，山本五十六读到了美国人米切尔将军所著的《航空国防》一书，该书的问世在美国的军事评论界引起了极大的反响。同时，它也触动了山本五十六的神经。山本五十六敏锐而深切地感到，发展日本海军航空兵已经是一件非常紧迫的事情。通过对该书的阅读，山本越来越觉得如果日本海军还不能意识到发展航空兵的重要性，那么，日本与美国在未来战争中的实力差距将进一步拉大。这无疑是一件可怕的事情。

在谈到日本国内对发展航空的态度时，山本五十六情绪非常激动，他忍不住把手中那本《航空国防》"啪"地一声甩到桌上。他为日本国内对发展航空态度的淡漠感到无比痛心。此时，山本的"航空制胜"思想已经发展到了"航空第一"的高度。这也使他感到非常的孤独与痛苦。然而，尽管如此，以山本五十六当时的地位，他是根本无法在海军当中推行其发展海军航空兵

二战人物

57

的计划的。这常常令山本五十六郁郁寡欢。他无奈地叹了口气："唉，一想起这种现状，我恨不能现在就回到日本！"但是，日本国内几乎没有人会重视山本的想法，更不要说帮他推行他的计划了。

　　光阴像太阳神的白马一样转瞬即逝，很快，山本五十六结束了在美国的海军武官生涯，回到了日本。这次回国，山本五十六先是出任巡洋舰"五十铃"号舰长，紧接着又调任"赤城"号航空母舰舰长。这一次，上本五十六不想再次错过发展航空计划的机会了，也因为这次回国，他得以按照自己的计划开始精心打造日本海军航空兵。正当山本五十六作为一名舰长指挥他的部下进行严格训练的时候，山本再次受到政府征召，参加国际海军裁军谈判。

山本五十六

第四章　裁军谈判

　　事物发展永无定性，此消彼长、此起彼落已经成为固定的发展模式，二十年代中后期的世界局势也是如此。当时，随着世界帝国主义列强实力对比的变化，由凡尔赛——华盛顿体系确定的对殖民地和势力范围的分割瓜分也遭到了考验，几乎难以维持，欧亚两洲都有国家相继提出了修约的要求——欧洲的德国和意大利成为始作俑者；日本也成为亚洲不断提出修约要求的急先锋。

　　权力是非常可怕的，拥有权力就可以拥有财富、人脉，权力可以决定一个人的生死，权力也可以改变一个国家的决策和命运，长州军阀田中义一就是一个典型的例子。1927 年 4 月，田中义一刚刚上台执政就责备屈从华盛顿会议决议的前一届内阁，并宣布开始对中国实行"铁血"政策。

　　三个月后，为了研究侵略中国的政策，日本内阁又组织了一次"东方会议"，与会人员非常复杂，既有外务省、海军省、陆军省和参谋本部的有关人员，而且日本所有殖民总督、驻中国公使馆各情报站的部分人员也参与了这次会议。会议上上讨论的重点都是围绕中国提出的，例如对把中国东北置于日本统治下这样的侵略政策进行了全面的讨论。

　　经过商议，最后几乎所有的与会人员都达成了一致意见，将

59

满洲从中国分离出来由日本政府统治的想法得到了大家的认同。如果要实现这个目的，日本包括军事政策、外交政策、国内政策在内的所有政策都要协调一致，否则必定会适得其反。会议上侃侃而谈的人不在少数，尤其是田中内阁更是异常积极，甚至提出了一个杀气腾腾的侵略中国计划，一个令关东军总司令武藤信义也感到担心的计划。

会议结束后，根据通过的《东方会议宣言》和秘密决定，田中向日本天皇呈递了《田中奏折》，正是在这份奏折中，田中的野心淋漓尽致地暴露了。在田中看来，征服世界的前提条件是先让中国臣服于日本统治下，而如果要实现征服中国的愿望，征服满蒙势在必行。如果能够掌握满蒙的大权，那么日本必将受益无穷。第一，满蒙可以作为日本的基地，假借贸易之名征服中国；第二，满蒙可以作为日本攫取中国富源的司令塔，进而可以征服印度和南阳群岛，再进一步征服中亚细亚及欧洲，实现征服全世界的梦想。

要实现称霸世界的目标并不是一件简单的事情，首先必须完成两个步骤：第一，使作为日本军国注意向外扩张工具的"帝国海军"能够在舰只建造上与英美进行竞争；第二，将华盛顿会议所定的主力舰五比五比三的不利于日本的限制进行修改。正是在这样的背景下，1930 年和 1934 年在伦敦召开的海军裁军会议日本都出席了。

事实上，对非主力舰加以限制的规定并不是否在华盛顿会议上提出的，华盛顿会议主要讨论的是关于主力舰造舰标准的规定，而限制非主力舰的问题是各国裁减海军军备会议讨论的主要内容。这次会议是华盛顿会议后于 1927 年在日内瓦召开的，由于与会各国代表都心怀鬼胎，最终日内瓦会议无声地落幕了，这次会议对与会者来说没有任何意义。

目的没有达成，有些人当然不会善罢甘休，英国首相麦克唐

纳于 1928 年 9 月奔赴美国，主要目的就是针对非主力舰即巡洋舰以下辅助舰的比例问题与美国总统胡佛进行磋商，为了解决这个问题，二人决定在伦敦召开海军裁军会议，将时间初步定在 1930 年 1 月。消息一传开，想参与会议的各国领导开始纷纷选择参会人选。

日本赴伦敦参加会议的全权代表团于一年后的 11 月正式宣告成立，作为全权代表的共有四人，包括前首相若礼次郎、驻英大使松平恒雄等。跟随代表团前往伦敦的还有若干其他成员，单看随员就有十数人之多：左近司政三中将作为首席随员，山本五十六、丰田贞次郎大佐、中山龟三郎大佐等五人作为海军随员，前田利为大佐和木本兵太郎中佐作为陆军随员，其中山本五十六出发后晋升为少将，丰田贞次郎大佐后来也曾出任任内阁商工大臣和外务大臣。此外，内阁外省也派出了几个人作为此次代表团的随员。

实际上，山本四个月前就已经知道他被选为参加伦敦海军裁军会议日本代表团的随员，这个消息是他在探视皇后的父亲久迩宫时获知的。尽管对日本来说，海军裁军问题是一个很复杂的政治问题，许多日本人对 1922 年华盛顿会议所确定的造舰比例持否定态度，并坚决要求对这一比例进行修改，因为对他们来说，日本在海军方面对美英的劣势地位正是通过这个比例以法律的形式被承认，是日本帝国的耻辱。但是对于身为"条约派"一员的山本来说，日本正是因为这个比例才得到了新的发展。

日本之所以能够在 1922 年以后进行秘密的海军发展计划、建造四艘最新式的航空母舰，主要得益于这个被视为耻辱的条例，正是这个条例降低了日本建造主力舰的经费。敏于思考的军官山本五十六将这些成绩归功于条例是建立在事实基础上的，现在各国正趋之若鹜地建造大型战列舰，但是未来的海战中必定会脱离这种大型战列舰而向新式的航空母舰类倾斜。

就目前全世界的情况来看，日本不管是从建造速度还是武器装备方面，都要胜过西方国家的驱逐舰和战列舰，此外，日本潜艇部队的规模也列居于世界第三位，与美国的差距已经越来越大。而且，山本还根据海军航空兵建设方面的经验意识到更深层次的问题，日本的经济实力无法与雄厚的美国相媲美，因此应该尽可能地减少甚至避免在建造战列舰方面进行耗资巨大的竞争。如果山本能够有权力选择，他会将非正统武器尤其是飞机的发展进行大规模扩张，因为它可以在必要时保证日本进行进攻性的战争。

不过，仅仅身为一名大佐的山本现在还没有这种自由选择的权力，也没有制定谈判政策的权力，他接到的命令就是在这次海军裁军会议上将对美比例争取到七比十，这实在是一个非常艰巨的任务，山本陷入了沉思。

在 11 月的最后一天，日本代表团从横滨启航，从美国取道前往英国伦敦。代表团在华盛顿停留了三个星期，山本的主要任务就是能够动用一切关系在海军裁军会议前先同美国达成一个非正式的协定。在胡佛总统的宴请宴上，山本淋漓尽致地发挥了自己的手段和能力摸清了美国的底牌，这也是山本此行的第一项任务，他用出色的表现为日本赢得了先机条件。

为了能够同华盛顿的上层人物打交道，山本经常与他的老相识艾伦·市坎南上校一起出席各种酒会。艾伦·市坎南是胡佛总统的海军副官，出席的都是上流社会举办的酒会，山本凭借他的魅力和诚恳的语言，从许多美国人口中套出了自己想要的情报：日本将获得一个接近自己要求的比例。

由于山本出色的表现，日本代表团成员怀着满意的心情踏上了前往英国的轮船。精明的山本面对英国的企图怎么会毫无动作呢？根据自己掌握的情报和信息，山本作了精细的分析，作为一名普通的海军军官，虽然山本并没有太多的话语，但是却是字字

63

如珠玑，每一句都精辟简练，让所有人因为他对国际事务透彻的理解而大为吃惊。

日本的冬天此时已经是冰天雪地了，但是人们却忘记了严寒，一心期待伦敦海军裁军会议的正式开幕，这一天正是1930年1月21日。在会议上，日本代表团提出了三大原则：第一，日本巡洋舰与美国的比例是七比十；第二，日本水面辅助舰总吨数要达到美国总吨数的十分之七；第三，潜水艇要保持现有的总吨数。

毫无疑问，经过日本内阁事先批准的这三大原则遭到了英国尤其是美国的强烈反对，美国不仅坚持非主力舰的吨位比例应该按照主力舰的比例，而且还提出了废除潜水艇的建议。十年前华盛顿会议的场景又重演了，美国坚持六比十的比例，日本当然不肯让步，争论又再次上演，火力随时有升级的趋势。

由于日本事先已经摸清了美国的情况，因此据理力争毫不让步，坚决不向美国妥协，会议因为双方争执不下几次都濒临破裂的边缘。此时的英国也偏向美国，持有的意见与美国是基本一致的，虽然表面上出于调停的位置，但是英国首相麦克唐纳已经事先与美国总统胡佛达成了协议，因此日本陷入劣势，会议也因为三国之间复杂的情况变得异常困难。

会议当然不能真的破裂，因为各国都是抱着解决问题的心态前来的，因此日本和美国准备私下调解，经过一系列的幕后交易，终于在三月份达成了一个彼此都能接受的妥协方案。在方案中，美国接受了日本关于海军舰艇总体比例的方案，同时也在辅助舰、巡洋舰、潜艇等方面作了相应比例的调整。

虽然美国已经作出了让步，但是仍然没有达到日本的理想标准，因此作为海军随员的山本对这一方案提出了异议，要求在征得国内同意之前不能签署同意书。正是在山本的坚持下，日本四名全权代表经过协商后向政府提出请示。日本当局接到请示电文

后也是莫衷一是，只看海军部门就分裂出两个阵营：阵营之一的海军省认为应该采取妥协态度，并认为这是迫不得已的决定；另一个阵营军令部却反对海军省的意见，认为一旦签署这个方案将极大程度上限制日本的两大重点巡洋舰和潜水艇，如果日后要对美作战，日本的潜艇要远远超过方案中的要求，否则对美的防御作战根本无法进行。

既然公说公有理、婆说婆有理，日本当局当然应该认真斟酌、任选其一，首相滨口雄幸经过仔细考虑后，最后同意海军省的看法，并于4月的第一天回复了日本代表的电文。4月22日，日本代表在《限制和裁减海军军备的国际条约》上签了字，美国、英国和日本三国代表也可以化干戈为玉帛了。

然而，事情远没有想像的那么简单，因为日本国内掀起了一场攻击政府的浪潮。原来，日本国内军国主义势力对日本代表同意条约的举动非常不满，于是攻击日本政府对英美两国实行外交投降政策，指责政府弃军令部的反对于不顾是侵犯天皇对军队统帅权的的行为。在暗杀海军大臣财部失败后，军令部参谋草对英治少佐剖腹自杀，旨在唤起国内右翼的注意；一个月后，日本天皇也收到了军令部部长加藤宽治的辞呈。虽然条约签字生效了，然而国内却一直因为此事闹得纷纷攘攘，就连首相滨口雄幸也于当年在东京车站被杀害了。

日本国内的形势为法西斯逆流的崛起提供了乳汁，并因此而迅速扩大。山本也非常清楚地看到，海军航空兵的发展并没有因为裁军条约的签订而受到任何限制，这也正是山本极其乐见的现象。

时间如同白驹过隙，一晃眼华盛顿条约即将到期了，虽然距离上次伦敦之行已经过去四年的时间，然而在这四年中日本的形势却发生了翻天覆地的变化，用时过境迁这个成语来形容一点也不为过。1929年至1933年，经济大危机席卷全世界，日本也当

然未能逃脱它的魔爪。

在经济危机的冲击下，日本陷入了空前的危机，本来日本的经济结构就十分脆弱，现在更是有过之而无不及：工厂纷纷倒闭，百业都呈现萧条状态，大批大批的工人失业；平民百姓入不敷出，基本生活都不能保障，阶级矛盾空前尖锐激化。法西斯势力见缝插针，正是利用这个机会大大膨胀起来，在经济危机的高潮中形形色色的法西斯组织纷纷出笼，肆意猖獗。

为了参加伦敦海军裁军会议，日本当局又开始选举能够对政府有用的有志之士，山本于 1934 年 9 月 7 日被任命为日本方面的海军首席代表。此时的日本海军急于扩大侵略，想借此机会彻底打破国际裁军条约的束缚，因此内阁给山本的方针百分之百地接受了海军方面提出的要求，并自己加入了第四条：第一，放弃"比例主义"，反对现行各国军舰按比例限定的方法；第二，军舰总吨数没有国家之间的差别，应该一律平等、一视同仁；第三，在前两个条件的基础上，只规定"不威胁，不侵略"的兵力标准；第四，退出现有条约，摆脱华盛顿条约的限制。

日本统治集团选择山本作为谈判代表，主要目的是利用"顽强的山本"对英美实行愚弄和欺骗，他们期待优秀的山本能够出色地完成任务——日本达到废除条约目的的同时，又能摆脱舆论和道义上的不利压力。殊不知，就在山本被任命为谈判代表的当天，日本内阁就已经决定要废除"华盛顿条约"。与此同时，为了避免"枪打出头鸟"的悲惨命运，日本内阁还呼吁法国和意大利一起行动。

正是带着这样的使命，山本五十六踏上了前往伦敦的行程。出发当天，不论在东京火车站，还是在横滨码头，到处都挤满了为山本送行的人，场面十分壮观，其中不乏许多法西斯分子，因为一些狂热的法西斯也对山本寄予了很高的期望。

为了能像上次一样在美国获得有用的信息，山本再次从美国

取道，在关注美国在此次会议上目的的同时，山本也极力掩饰自己的想法，尤其是避免谈论有关日美之间的话题。曾经有个记者针对日美之间日益紧张的关系对山本提问，山本极力否认这种论点，而且用日语宣称日本从来没将美国当作潜在的敌人，日本的海军计划也永远不会包含日美战争的可能性。

再有人问起有关日美关系的问题，山本就会借口自己不会英语而拒绝回答，哈佛大学的毕业生怎么可能不会说英语呢？这当然是推脱之词，因为当山本乘坐"贝伦加里亚"号邮船到达英国时，他与英国记者进行对话时用的是十分标准的新英格兰口音，这才有了"日本再不能屈从于海军比例的约束，日本政府这次没有任何妥协的可能"这样一条头版新闻。

海军裁军会议于 10 月 25 日正式开始，美国方面派出的代表是戴维斯大使和参谋长史坦德，英方代表则为是首相麦克唐纳、参谋长查特菲尔德、外交大臣西蒙等五人。山本在会议开始后不久就提出了日本决定的新方案，希望三国能够达成协定。美国和英国当然不可能同意日本的方案，少不了又是一番唇枪舌剑。

虽然山本是日本的谈判代表，但是却在谈判桌上受到了明显的轻视，因为身为少将的山本与美国和英国代表的身份悬殊。对山本最为歧视的要数美国代表戴维斯，因为在 1920 年的华盛顿会议上，山本不过是当时日本代表币原喜重郎属下的一名中佐，而戴维斯就已经位居副国务卿的要职。看到今天的日本代表竟然是过去一名小小的中佐，戴维斯当然不把山本放在眼里，言谈举止无不充满对山本的蔑视。

中国有个成语叫作"骄兵必败"，用来形容这些因为自己位高权重而骄傲自满的美国人和英国人真是恰到好处，正是因为他们傲视山本，才忽略了山本的才能，山本在谈判中凭借着赌博时养成的善于观察和估量对手的才能侃侃而谈、据理力争，让在座的外国人很是头疼。

67

首先成为争论焦点的是潜艇的存废问题，由于日本在主力舰方面受到的限制较大，因此将期望寄托在大力发展潜艇上，多美国和英国却主张废除潜艇。在争执不下的情况下，美国代表史坦德对山本提出了质问，因为他们将潜艇划分为攻击性能武器，而日本却将其归入防御性能武器之列，对于这两个迥异的观点，他们希望能够从山本口中听到一个合理的解释。

对于这个问题，山本是有备而来的，他胸有成竹、满脸笑容地回答史坦德的问题，让史坦德哑口无言。史坦德和山本一样，都是海军军人出身，当然不可能不知道潜艇相关的性能，更何况不论是从年龄、还是从经验各方面，史坦德都可以称为是山本的前辈。虽然潜艇的续航力比驱逐舰要大，但是潜艇的构造却不适合船员的生活和粮食的贮存，因此潜艇不适于远离基地深入帝国海域作战，在这一点上驱逐舰要胜过潜艇。正是因为这一点，潜艇才更适合在近海防御敌舰，也是山本将潜艇视为防御性能武器的根本原因。

尽管山本在会谈中施展了各种手段，但还是被英国海军参谋长查特菲尔德海军上将识破了日本的目的。既然知道了日本既想废除条约又不愿意担负破坏会议责任的意图，英国方面开始向美国施压，旨在让美国缓和态度，这样日本代表就没有什么机会施展手段了。但是美国代表却坚决不让步，声称根本不能接受日本舰队总力量与美国完全相等的方案。山本当然不是吃素长大的，面对威逼利诱也毫不动摇地坚持日本与美国完全对等的条件。

整个会议夹杂着争吵和论辩一天天接近尾声，就在会议快要结束的时候，山本终于奉命使出了"杀手锏"——提出取消航空母舰的戏剧性建议。知道山本主张"空海主义"的戴维斯感觉应该抓住这次机会大力反击，一解几天来积攒的怒气，于是对山本当过航空母舰"赤城"号的舰长和航空战队的司令官的事冷嘲热讽，认为但凡有航空经验的人都不应该说出废除航空母舰

这种令人难以置信的话。

相对于戴维斯的激动，山本则显得异常平静，回答起来也是不慌不忙。山本主张废除航空母舰不是因为以后没有长足发展的空间，恰恰相反，飞机威力的强劲已经大有进步，日后也会有迅猛发展的势头，如果航空母舰成为舰队的中心主力，那么舰队的威力是无法想象的。正是因为航空母舰在战斗时致命的攻击力，山本感觉到以后会给人类带来巨大的灾难和不幸，如此这般的理由促使山本主张废除航空母舰，而不完全是为了日本政府的命令。

面对这样一番理由充分的回答，戴维斯自然无言以对，同时他也对山本的能力感到吃惊，这次会议与上次有着天壤之别，上次是美国左右着谈判局势，时至今日，左右谈判局势的却成了山本。英国新闻界对山本五十六在这次会议中出色的表现进行了大肆报道和宣传，因为山本说话时总是面带笑容，因此被称为"钢铁微笑"，只听到这个名字就可以知道山本在会议上是如何令对手屡次碰壁的了。

独断的山本自恃自己敏锐的判断力和观察力，以为自己必定是稳操胜券，能够轻松地赢得谈判，然而不管他的手段如何强硬、狡辩能力如何高强，日本提出的扩张要求的本质却是毋庸置疑的，尤其是美国代表洞悉山本的讹诈后，便打算顺水推舟，表示愿意与日本谈判，其实是想把日本逼到单方面废除华盛顿条约的窘境中。山本是何等聪明的人，不可能不明白美国代表的意图，原想让美国屈服的山本反而被美国将了一军，此时无计可施的他非常为难，不得已的情况下只好电报国内。

接到山本电报的日本政府也本着不达目的不罢休的原则，表示在谈判问题上毫不退缩，国内舆论也再次掀起了"对外强硬"的狂潮。外因内果，日本政府立刻按照预定的部署宣布废除海军限额条约，知道导致了山本这边的裁军预备谈判不欢而散。

69

尽管前往伦敦的目的没有达成，但是山本在裁军预备会议上的表现仍然赢得了国际法西斯势力的喝彩，国内法西斯也打算夹道欢迎山本的归来。密切注视着山本在伦敦活动的除了日本国内的各阶各层外，还包括德国法西斯头几号人物的关注，后来成为纳粹德国外交部长的里宾特洛甫热烈邀请山本在回国途中顺便访问柏林。回到日本后，"凯旋"而归的山本看到了亲自在东京火车站月台上等候的海军大臣大角岑生、外务大臣广田弘毅等地位显赫的大人物。

可以肯定的说，山本之行为急于扩张的日本法西斯带来了自华盛顿会议以来第一次外交上的成功，也是山本在扩张侵略问题上第一次受到国人的狂热推崇。

回国后春风得意的山本也有失意的时候，原来在他赶赴伦敦谈判期间，他的好友堀悌吉被迫退出了现职。堀悌吉与山本在海军军官学校是就是同班同学，为人比较圆滑、稳重，与冒进的山本相比就显得较有长者风范，因此山本非常敬重和信赖堀悌吉。也正是因为堀悌吉的这些优点，升官之路上走得比山本顺畅得多，在山本晋升为中将的前一年就升为中将了。在他人眼中，山本也受到了堀悌吉的熏陶和影响，否则绝不可能这么快就从一个鲁莽的乡间武夫变成一位沉着干练、智勇双全的将军。

由于二人对裁军问题的看法大致相同，因此都属于日本海军中的"条约派"。在日本法西斯运动急剧发展形势的刺激下，以加藤宽治、末次信正为首主张对英、美采取强硬态度的"舰队派"逐渐掌控了日本海军的各个要害部门，"条约派"也因为"舰队派"的排挤打击逐渐失势。

"条约派"的主要人物先后被迫下台后，堀悌吉和山本五十六两人成了"条约派"最后的希望，然而，"舰队派"依然没有手下留情的迹象，又假借侵略中国上海时支援登陆部队行动不力为借口撤去了堀悌吉第三战队司令官的职务。听到消息的山本痛

心疾首，为好友感到悲伤，也为日本海军失去一位有才华的战将感到可惜。

世界不会因为某个人就停止发展，山本也强迫自己从混乱的个人感情中抽身，专心致志地研究世界局势，参与过两次裁军谈判后，山本五十六能够更加清晰地把握世界海军大势的发展和走向。他之所以不同意"舰队派"提出的在主力舰方面与英美平等的主张，是因为他通过美国之行较多地了解了美国工业的潜力。

在山本的意识中，日本将美国作为对手进行毫无节制的造舰计划是错误的，以日本目前的国力和财力根本承受不住这样的负荷，日本耗尽资源只是时间的问题。第一次世界大战的德国就是最鲜明的例证，如果德国能够忍耐，如今他也能够跻身世界强国之列，与欧洲强国相匹敌。中国有句古训叫作"前车覆，后车诫"，日本当局应该总结德国的教训，冷静慎重地充实自己的实力，而不是大肆声张过分地刺激英美两国。如果日本能够看清形势，加速航空兵力的发展，日本胜利的日子不会太远。

二战人物

第五章　就任海军次长

　　山本优秀的表现让许多大人物非常欣赏，也极力举荐山本担任要职，众望所归，1935 年 12 月，山本五十六被任命为海军航空本部部长。其实，海军航空本部是从海军舰政本部独立出来的一个部，按说独立之后，就应该有自己的决策权，但是海军航空本部的情况却非常反常。自从独立以来，海军航空本部的历任部长依然对海军舰政本部唯命是从，也从来都不敢正面阐明自己的意见与计划。

　　服从不代表没有矛盾，舰政本部与航空本部就在飞机的问题上产生了严重分歧。航政本部认为航空本部一味地强调飞机的重要性，但是航空本部的实际情况却并不乐观，飞机到处都需要检修，有时候遇到小雨就不能起飞，这样的飞机如何在大风大浪中作战？航政本部的对未来战争中飞机的地位和作用感到质疑。

　　按照航政本部的观点，航空本部确实存在问题，但是再回头听航空本部也是振振有词。面对航政本部的质疑，航空本部认为正是由军费不足导致的，如果航政本部能够把建造军舰的部分军费作为航空预算，那么日本的航空力量一定会脱离目前的窘境旧貌换新颜，战斗力也能充分显现出来。

　　因为此类问题引起的意见冲突不在少数，但是往往以航空本

部的忍让和迁就而告终。山本上任后，航空本部的其他成员并不看好，但是山本却用自己的行动彻底改变了航空本部的地位，山本上任后不久，他与历任部长的不同之处就显现出来了，他不仅热心积极地工作，而且深得下属的信任，另外，出事大胆自信也是山本的优点，面对航政本部的意见，如果有错误就会毫不犹豫地指出来，这种敢于直言的精神让航政本部的人也十分赞赏和敬佩。

世界局势动荡不安，日本国内的形势也是日益严峻。山本就任航空本部部长一职时，日本法西斯运动正是疯狂发展的时期。自从"九一八"事变后，日本法西斯中的许多极端分子就不断利用侵略中国的战果进行各种煽动性演讲，推动国内法西斯运动的发展。他们为了达到目的，不惜采用各种手段，甚至暗杀政党内阁，企图建立法西斯独裁统治。

在法西斯势力的摧残下，政党内阁于 1932 年"五一五"事件后倒台，随后军内法西斯分子又开始勾心斗角，分裂成了"统制派"和"皇道派"，两派互相厮杀，每天被死亡的阴影笼罩着，人们惶惶不可终日。

在统制派的核心人物水田铁山遭到皇道派的干将湘泽三郎的刺杀后，皇道派又制造了更大的流血事件，这就是震惊全国的"二二六事件"。时间追溯到 1930 年 2 月 26 日的清晨，太阳还躺在天空的摇篮中不肯醒来，街道上几乎没有行人，显得格外空旷。黑暗的街道突然响起了杂乱不堪的脚步声，暴乱的一千几百名官兵开始执行他们"天诛"的使命了。

已经八十一岁高龄的日本理财圣诞老人藏相高桥是清和海军大将斋藤实都悲惨地死去，侍从长铃木贯太郎海军大将因为命大身中三枪后也奄奄一息，在山本五十六的协助下，这位海军大将终于脱离了危险保住了性命，后来当上了首相，正是山本五十六挽救了第二次世界大战时期日本的最后一任首相。

73

叛乱部队展开了一场毛骨悚然的恐怖行动，相继占领了日本的政治和军事中心，其中包括国会大厦、陆军省、参谋本部以及首相官邸。随着日本天皇一道镇压叛乱的圣旨，近四天的血腥杀戮终于结束了，东京重新回复了平静和安宁，然而这些都是表面现象，法西斯统制派借助剪除异己的机会控制了政府，更大的暴风雨将要袭来。

"二二六事件"结束后，政府重新组织了广田内阁，但却是有名无权的组织，其政策实际上由军部掌控着，是名副其实的军部傀儡。陆海军大臣现役武官制的法令由陆军和海军的首脑们一纸恢复，挑选每届内阁陆相和海相的特权就这样轻而易举地"易主"了。想要搞垮内阁是件极其简单的事情，一旦有高级军官对内阁政策感到不满，只要召回陆相和海相就能够达到目的。

为了服从法西斯，广田内阁刚刚上台就加快了对外扩张的脚步，不仅确立了在东亚大陆确保帝国地位的同时向南方发展的根本国策，而且还迈出了与纳粹德国结盟的第一步，从此以后，日本真正踏上了法西斯道路。

作为日本帝国的全权代表正在伦敦参加海军裁军会议的海军大将永野修身，在"二二六事件"平息后，便宣布日本退出会议，随后踏上了回国的行程。后来，原海军大臣大角岑生被永野修身取而代之，在新组建的广田内阁中担任第一任海军达成的职务，同时他也是日本恢复陆海军大臣现役武官制后的第一任海军大臣。

世界格局每天都有新的变化，风雨变幻、云谲波诡，两年的时间呼啸而过，日本也来不开变化。1936 年 12 月，海军面临定期的人事变更，永野修身找到了山本五十六，希望山本能够出任海军次官，这对山本来说是一个对日后晋升有极大帮助的职位。

当时的山本依然担任航空本部部长一职，而且正致力于发展日本海军航空兵的事业中，与海军次官相比，海空本部部长的职

位则更适合山本的需要，而且山本的性情与易冲动、爱自夸的永野修身截然相反，务实、踏实的山本非常鄙夷永野修身的为人。因此，思量再三，山本委婉地拒绝了永野修身的任命。

原以为山本会痛快答应的永野修身感到非常意外，按照常人的理论，遇到这样破格提拔的机会都是求之不得，哪有人会像山本这样拒之千里？意外的同时，永野修身也对山本拒绝出任他的副官而感到大为恼火，但山本是他物色已久的人选，想放弃又觉得不舍，因为山本实在是一个不可多得的人才，有了山本的帮助，永野修身觉得自己以后必定会像如虎添翼一般。

为了让山本同意自己的任命，永野修身决定进一步对山本施压，他面带不满地对山本提起了往事。1934年山本曾赶赴伦敦参加海军裁军预备会议，1935年召开正式会议时，永野修身作为帝国全权代表前往伦敦参加，在临行前曾经邀请山本作为他的随员一起去伦敦，但山本拒绝了。现在山本又一次拒绝了永野修身的任命，让永野修身觉得颜面尽失，以为山本对他有看法，存心不愿意与他配合。

听到永野修身的这一番话，山本一时间有些不知所措，考虑到海军的规矩，他感觉自己不能再推辞了，便同意了永野修身的任命出任海军省次官。1936年12月1日，山本五十六当上了日本法西斯内阁的海军省次官，但此时的形势和背景却十分复杂。表面上看，"二二六事件"已经被平息了，叛徒也已经受到了惩罚，陆军也得到了整饬，一切都显示着危机似乎已经过去了。然而，事实真的是看到的样子吗？眼见就真的为实吗？

实际情况的发展已经失控，陆军干预政治的倾向越来越严重了，一旦政府没有按照陆军的意图处理事务，政府立刻会受到来自陆军的压力，严重时内阁要求陆军推荐陆军大臣的要求甚至都会被拒绝，广田内阁就是最鲜明的例证，它的组成便受到了陆军很大程度上的干预。

正是在这样的背景之下，山本五十六开始了他的海军次官生涯，一共经历了广田、林、近卫和平沼四届内阁。负责与山本进行任务交接的是田结穰，他是前任海军次官长谷川清的首席副官，长谷川清把工作移交的任务交给了这位首席副官。田结穰向山本交代的都是一些事务性的事情，有关于海军省内交错复杂的人事关系以及他们个人在重大问题上所持的观点却只字未提。

不得不说，山本不光有出色的工作能力，而且待人处事也能够一视同仁，在他就任海军省次官后不久，就遇到了这样一件事。当时，青年军官高松宫要来海军省报到，到军令部担任参谋。身为少佐军衔的高松宫宣仁亲王刚刚从海军大学毕业，由于他是天皇的弟弟，因此首席副官近藤在高松宫未来报到之前，就特定通过各种渠道打听到了他到海军省军令部报到的准确日期。

说为了巴结高松宫也好，是为了尊敬天皇也罢，或者两种意思兼有，总之，首席副官近藤打算在高松宫报到的当天召集手下的官兵一齐在海军省门口列队欢迎。这位首席副官尽管与山本共事没多久，但是也深知山本的脾气秉性，这个计划是瞒着山本进行的。就在一切准备工作差不多就绪时，山本无意中从下属口中得知这件事后大动肝火，立刻派人将近藤叫来，从来不无故责备下属的山本毫不客气地将近藤训斥了一顿。

面对近藤，山本严厉地质问："请你告诉我，高松宫是以什么身份来的？他是以亲王的身份来海军省报到，还是作为一个普普通通的海军少佐军官来就任军令部参谋？"

近藤从来没见过山本这么严肃，也知道山本真的生气了，生怕一怒之下丢了饭碗，慌忙说："他当然是以普通少佐的身份前来报到。"

山本就事论事，并没有因为这件事责难近藤："既然他是以少佐的身份来报到，那么就应该以对待别的少佐将军一样的方式来对待他，绝对不能因为家世就高人一等！起码在我山本任职期

76

内，海军中不允许有高低贵贱的区别！"

近藤策划的迎接计划就这样被山本取消了，高松宫前来军令部报到时没有受到任何人的列队欢迎。但是，高松宫报到后，山本以个人的身份，亲自到高松宫的住处用对待亲王殿下的礼节进行了拜访。

一滴水就可以折射出大海的光泽，一朵浪花就可以诠释出江河的生气，从平常的一件小事就可以映衬出一个人的德行，山本在治军方面的与众不同就这样展现地淋漓尽致。山本不仅对待下属不偏不倚，对待上司也是如此，尽管他极不情愿在永野修身手下当次官，但是在实际工作中依然积极配合永野修身，没有丝毫怠慢的意思。

冬去春来，充满活力的春天迈着矫健的步伐走来了，却被政友会和民政党对军部的指责吓缩了头。1937年初，军部对政治的干预引起了政友会和民政党激烈的批判，政友会的滨田国松还在国会大会上发表了一篇措辞尖锐的演讲，字里行间都是对军部的讨伐。

的确，从"二二六事件"以后，军部的独裁政治思想变本加厉，俨然成为日本的救世主一般，更甚者，这种思想已经慢慢渗透到了军队底层，这种颠倒文武关系被政党和国会看成破坏帝国安邦之本、治国之道的倒行逆施，招来了许多鄙弃的眼神和看法。

被政党责骂的陆军不仅没有悔改之意，态度反而更加强硬，身担陆相一职的寺内寿一甚至要求政党反省自己的过错，并主张内阁召开会议解散国会。身为海军大臣的永野修身需要在是否解散国会的问题上发表意见，但是始终左右摇摆不定的永野修身并没有采取山本反对解散国会的建议。

冬天还没有完全退去，却传来了一个让人心更加冰冷的消息——广田内阁于1月23日垮台了。尽管国会并没有真的解散，

但是陆军表态拒绝再与政府合作，这正是导致内阁垮台的真正原因。奉命筹组新内阁的宇垣一成向陆军提出合作的请求，却因为陆军的再次拒绝宣告流产。

大约十天后，林铣十郎大将出面组阁成功，在山本的极力斡旋争取下，永野修身被日本联合舰队司令米内光政取而代之，相反的，永野修身毛遂自荐接任了米内联合舰队司令长官的职务，两个人来了一次角色互换。尽管林铣十郎内阁从组阁后就备受煎熬，然而，海军省米内——山本体制时代从此开始了。

历时不足四个月的林铣十郎内阁之后，总理大臣是近卫文麿组阁成功，在近卫内阁执政期间，山本和米内光政依然在海军省担任原来的职务，没有发生任何变动。

山本和米内光政之所以如此投机，主要是因为米内政光非常信任山本，参加内阁会议回来的米内每次都把内容毫不保留地详细告诉山本，山本也坦率地指出米内的缺点，两个人根本不是上下级关系，而是非常要好的朋友。两个人能够如此合作无间，主要还要归功于两人过去共同生活和工作的经验。山本和米内早在海军炮术学校时就是知己，不仅闲暇时经常在一起锻炼，就连吃住也在一起，从那时起就建立了深厚的友谊。

在山本和米内的交往中，山本公私分明，尤其是在公共场合，非常注意对米内身份的尊重，总是恭敬地站在米内面前，笔直地聆听米内的训示，有时候米内也感到不好意思。但是抛开公事，山本在米内面前表现得就非常随意，相处起来也很自然，丝毫没有因为大臣和次官的身份而感到有压力，这让米内也很舒心惬意。

许多人都对山本和米内之间的关系深有感触，也在一定程度上让人对山本的了解更进了一步。松永敬介少佐作为副官兼大臣秘书，经常与山本接触，他对山本也有很高的评价。他认为山本有一种独特的敏锐性，对每一个部下的情况都了如指掌，也能看透每个人的内心所想，作为他的部属都会有一种威迫感，拥有这样非凡洞察力的人绝不是一个普通的人物。

遇到这样像刀剑一样锋利敏锐的上级，下级会有什么感觉呢？山本给下属的感觉就是遇到事情也能明察秋毫，从不苛责别人，他能够融洽自然地融入人群，给然一种平易近人的感觉，但凡与山本交往过的人感觉到丝毫的压抑和等级差异。除了对待自己的政敌和陆军中的极端分子始终冷酷无情外，山本给任何人的感觉都是和蔼可亲的。夏天的惊雷刚刚炸响，突然一道惊天霹雳将山本五十六惊呆了——他的哥哥高野季八在老家长冈去世了。得知哥哥病逝，山本顾不上手边的工作立即赶回了长冈。山本的父母于二十四年前就去世了，现在季八也死了，山本老家唯一的血亲就剩下他的姐姐嘉寿子了。跪坐在哥哥高野季八的棺木旁，山本默默地放了一枝又一枝野花，是季八生前最喜欢的野花。回忆起小时候与哥哥一起在信浓川边捕鱼的情景，笑声仿佛还在耳边回荡，然而此时两人已是阴阳相隔了。守在灵前的山本禁不住悲从中来，失声痛哭起来。

本想在家中多待几天的山本却接到了一道十万火急的电报，尽管哥哥去世才仅仅两天，山本便于6月27日匆匆赶回了东京。此时日本已经蠢蠢欲动，不到十天，日本侵略中国的"卢沟桥事变"爆发了，日本本酝酿已久的全面侵略中国的战争从此爆发。

得知"卢沟桥事变"爆发的山本陷入了焦急的状态，他内心十分担心日本帝国的处境。山本不主张扩大对中国的侵略战争，并不是因为他对中国人民有着什么热爱之情，主要是当时日美之间的关系已经僵化，两国之间的矛盾也越来越尖锐，两国之间的战争也是箭在弦上、一触即发。山本最担心日本深陷侵略中国的泥潭中不能自拔，一旦日美之间战争爆发，势必会影响到对美作战。

79

　　既然战争已经爆发，再有什么想法也是为时已晚，现在唯一的希望就是尽快把中国击垮，然后将兵力全部集中，准备参加随时都可能爆发的日美战争。因此，在全面侵略中国战争爆发后，山本五十六转而主张大力增兵，以最快的速度结束在中国的战斗。

　　此时的日本政府几乎已经沦为法西斯主义的"天下"，尽管反对派的力量也很强大，但是法西斯主义仍然占据上风。陆相向天皇保证三个月就解决中国事变，希望天皇能够增加兵力部署。得到天皇的允许后，陆相杉山元于7月9日正式向内阁提出了派兵案，第二天，参谋本部就决定大力增兵，其中有三个师团和航空兵团来自日本国内，两个旅团来自关东军，还有两个师团来自朝鲜军。

　　中国四大名著《三国演义》中有"万事俱备，只欠东风"这样一句话，用来形容此时日本的形势再恰当不过了。现在目标有了，兵力有了，就只差作战方案了。7月12日，一份由海军军令部制定的秘密作战方案出炉了：战争分为第一和第二两个阶段，在第一阶段中海军将配合陆军进行华北作战，第二阶段中则在陆军配合下由海军进行海上作战，将战争扩大到华中和华南地区。

　　一个月后，淞沪会战于8月13日下午爆发了。山本作为海军次长时刻关注着中国战局的发展，抛开他对陆军的反感和偏见，在战争波及上海后，山本一改以往对陆军扩大中国侵略战争的反对态度，进而开始主张一举击垮中国。可以说，日本能够顺利增兵也有很大一部分功劳要归于山本，尤其是他调动的海军航空兵，在战争的头八个月中，担负了许多使命和任务，不仅为陆军提供了大力支援，而且还在战争第一线进行轰炸，另外还负责对中国内陆城市进行远距离战略轰炸。

第六章　航空路上的魔鬼训练

　　本来就主张重视航空的山本在经历了两次伦敦之行后，更加坚定了自己"航空第一"的思想，同时也事必躬亲。1930年，山本第一次从伦敦谈判回国后，就出任海军航空本部技术处长，利用职务之便，山本不仅非常积极地改进日本海军的鱼雷攻击机和远程轰炸机，而且还把生产快速战斗机提到日程上来。可以说，山本在日本军事航空事业上功不可没，日本法西斯发动和参加第二次世界大战中所运用的战斗飞机中，大部分都是山本积极运作的结果，其中最著名的要数零式战斗机。

　　回顾日本历史，在三十年代以前，日本根本无法独立制造飞机，主要原因是由于日本的工业制造技术基础非常薄弱。以前日本制造的飞机都是模仿其他国家的模式制造的，尤其是在第一次世界大战以前，数量本来就不多的飞机中大部分都是仿效英国和法国制造的；到了一战后，模仿对象由英法变成了德国。

　　那时，日本采用的办法很简单：只要外国生产出一种较为先进的新式飞机，日本就会小数量引进，随后由本国的科研人员拆卸后进行反复研究。等原理等都清楚后，就在新式飞机的基础上加以改装，符合标准后便定型进行大批量生产。

　　要实现"航空第一"的思想，山本面对的主要障碍就是如

何解决日本飞机制造的落后情况，尤其是海军飞机比陆军飞机的技术性能还要差一大截。由于航空母舰上搭载的飞机主要有两种，一种是带有轮胎的舰载机，另一种是带有浮筒的水上飞机，由于飞机的活动范围较小，因此只能完成一些简单的类似侦察和搜索等任务，负担轰炸任务的时候极少，因此在人们心中，飞机只是海军舰队的辅助力量而不能充当主要兵力。

不只是日本的海军对海军航空兵的发展没有抱有很大的期望，就连国际上也有关于飞机和舰艇的激烈争论，美国海军当局和比利·米切尔就是最好的例证。但是山本并没有因为反对的声音而放弃自己的想法，他凭借自己敏感的判断力认为只要经过进一步技术改造，更为先进的飞机最终会成为海军的主要武器，成为未来战争的主宰力量，未来战争中海战的成与败要取决于飞机的战斗力量。山本始终坚信，飞机在未来的五年、十年中会有惊人的发展，海空军时代终究要被取而代之，空海军时代不会太远。

有人为了反驳山本的观点，特地用潜水艇作为例子，认为飞机可能会与潜水艇有相同的命运。当时，潜水艇刚刚出现，这种新兵器的威力也非比寻常，令世界各国都闻风丧胆，甚至有人提出应该废除主力舰的论点，因为主力舰因为潜水艇的出现已经彻底丧失了威力。德国的 U 型潜水艇声名大噪，而且在第一次世界大战时活动非常活跃，但是随着反潜武器的出现，潜水艇立刻失去了作用。

面对质疑，山本并没有不知所措，反而有理有据地反驳了这种消极的观点。山本认为，飞机之所以不会像潜艇一样，主要取决于速度，1927 年林德伯格横渡大西洋靠的就是速度。军舰一天的行程，飞机往往半小时或者一个小时就完成了，因此海军面对飞机根本无能为力，因此空海军一定会取代海空军。

刚刚就任航空本部技术部长的山本，不顾周围此起彼伏的反

对声，提出大力进行飞机技术改造的想法，希望能够制造有耐久力的全金属高性能飞机，并期待不久的将来能够实现国产化。为此，山本特地提出了"一切国产化"、"支持国产品，实现日本航空的独立和发展"的口号，并于1931年新增第十四基地航空队，第二年又成立了飞机维修和制造一体化的综合试验机构，对飞机进行大力地开发和研究。

为了使日本海军的力量在将来对美作战中处于优势地位，就必须想法设法削弱美国海军海军的优势地位，山本希望能够依靠一种新型飞机来达到这个目的，生产大型化的远程路基机的想法赫然跃入脑海中。按照山本的设想，一旦美国海军舰队横渡太平洋进击日本，日本可以使用这种飞机迎击美军，如此一来，美国舰队的力量在还未到达近海时就已经被削弱到几乎与日本海军等同的程度，日本取胜也不再是不可能的妄想了。不仅如此，如果使用这种陆基远程轰炸机，就可以充分利用被日本占领的南太平洋各群岛，能够更快更有效地实现日本的战略意图。

这种按照山本设想研制的大型陆基远程轰炸机终于在1933年成功完成了，因为是昭和八年，因此被命名为"八试特种侦察机"，经过进一步改造和研发，第二年又完成了"九试中型陆基轰炸机"。这种飞机最终投入批量生产是在1936年，而且被重新命名为"九六式陆基轰炸机"，由三菱工业公司负责设计和制造。

这种九六式陆基轰炸机是日本海军装备的第一批国产的双引擎活动式起落架飞机，是三菱公司在吸收世界各飞机制造厂如德国容克公司的造机技术后，结合自己的创新思想生产的。这种飞机与世界最先进的飞机不相上下，一洗过去技术落后的耻辱，是日本飞机技术一跃居于世界前端。在以后的战争中，九六式轰炸机也充分体现出优势，整个世界对日本的海军航空兵装备和训练水平都大感吃惊，想象不到为何有如此的飞跃。

　　追根究底，这份功劳当然少不了山本，海军航空兵的装备和训练中凝聚了他无数的心血，尽管现在他已经不再是海军航空本部技术处长，他仍然为九六式陆基轰炸机的诞生感到自豪。1933年10月，担任技术部部长三年有余的山本转任第一航空战队司令官，第二次登上了航空母舰"赤城"号。

　　此时的山本心急如焚，装备的问题已经付诸实施了，但是对于提高日本落后的海军航空力量来说只是九牛一毛，日本与世界强国相比仍然有很大的差距，要赶上世界飞速发展的航空技术还有许多工作要做，接下来就是如何加强驾驶人员的培训。出任第一航空战队司令后，山本做的第一件事就是采取"魔鬼训练法"培养驾驶人员。

　　其实训练方法也不复杂，山本坚信"天道酬勤"，因此把舰载机驾驶员分出了若干组，不管刮风下雨气候如何都轮流驾驶飞机昼夜不停地训练。由于飞机本身性能不健全，加上驾驶员的飞行技术还有待提高，在高强度的训练中伤亡事故屡见不鲜，驾驶员每天都过着提心吊胆的生活。

　　这样的情况让人不堪忍受，在众多驾驶员的联名请求下，舰队司令部恳求山本能够放宽训练要求。一向脾气温和的山本对司令部这种态度非常愤怒，反问司令部这是命令还是建议。在山本看来，如果是命令，作为一名军人他只能服从；但如果只是建议，他依然会按照自己的想法行事，要想成为一流的空军，在已经比欧美国家起步晚的情况下必须坚持严格训练。

　　当然，山本也不能置官兵的怨言于不顾，长时间对官兵的情绪置之不理也会产生反抗行为，于是山本将各级军官召集到"赤城"舰上，打算对他们晓之以情、动之以理。

　　虽然此时的山本脸色非常阴郁，但是他极力克制着自己的情绪，努力让自己平心静气地为这些官兵分析当前的国情，告诉他们承受这种紧张训练也是迫不得已的，因为日本舰队在航空方面

与其他国家相比的确比较落后，要弥补差距就必须付出加倍的努力。

事实上，山本内心的焦急和痛苦没有人能够理解，他的心情非常复杂，海军航空兵时间短任务重让他焦急，训练中官兵遇难又让他感到痛心，但是他必须坚持执行这种高强度的训练，不能因为官兵的一些埋怨和愤恨就改变自己的初衷和立场，一时的心软可能会酿成一世的苦果，日后日本海军航空兵将毫无出路。

这样想着，山本纷乱的思绪慢慢平静了，他环视着默不作声的官兵继续说："我们任何人都无法预测战争来临的日子，我同样也不能断言，但是每个人都可以感觉到时间已经越来越紧迫了，整个世界的格局每天发生着翻天覆地的变化，我们必须时刻警惕。如果今天我们放松了，那么明天的战场上我们可能就会永远告别这个世界！"

此时此刻，山本也非常激动，他稍作停顿，甲板上顿时鸦雀无声，山本仿佛听到了官兵们咚咚的心跳声，每个人的心脏都强有力地跳动着，山本突然漾起了一阵感动，说不清来自何方。山本感觉自己的眼角已经微微有些湿润了，他默默地将视线从面前官兵的身上移开，望着广袤无际的大海，心中升腾起一股豪气。

"今天的训练中我们少牺牲一位战友，明天的战场上我们就会失去十位弟兄！为了自己的性命，为了国家，我们一定要坚持按照既定的方针加强训练，在训练中牺牲的飞行员就是在战场上牺牲的烈士，他们不仅会得到荣誉，他们的家属也会获得高额的抚恤金。"山本豪情万丈，语气也极其坚定。话音刚落，舰上突然爆发出一阵雷鸣般的掌声，山本表情先是一怔，因为他没想到第一航空战队官兵们的立场转变地如此迅速。

在担任第一航空战队司令的这段时期内，山本没有一天对他的"魔鬼训练"放松过半点，但是这并不说明山本冷血无情，他把所有在训练中牺牲的飞行员名单贴在了墙上，每到夜深人静

85

时，他总是默默地发呆，常常因为这些殉职人员泣不成声。

在山本以及全体官兵的不懈努力下，第一航空战队的战斗力有了很大提高，飞行员的驾驶技术也有了明显进步，战斗机可以在空中灵活地做各种高难度动作，可以急速爬升，也可以全速俯冲，飞机敏捷地在空中上下翻转，将飞行员精湛的技术展现地淋漓尽致。

后来因为海军裁军会议山本第二次前往伦敦谈判，只能将训练工作移交给其他人负责。等到山本回国后，堀悌吉于此时已被免职，海军中的要害地位也被"舰队派"垄断了，山本不由得心灰意冷，曾经一度想辞职退出海军。然而，想到刚刚起步的航空之路，山本又把隐退的心收了起来，准备随时蓄势待发。

等到山本被任命为海军航空本部部长一职时，时间已经跨到了1935年12月，整个世界都呈现出动荡不安的局势，日本也正在逐步扩大在中国的侵略，同时也陷入与英美的矛盾激化中。为了支持日本法西斯的侵略扩张，有"长冈武士"之称的山本五十六决定大展身手，将日本海军航空兵建设成一只足以称霸世界的强大队伍。

日本将主要矛头对准了美国，打算向南方海洋扩张发展，《国策基准》中也要求大力发展日本的海军和航空事业。《国策基准》是广田内阁上台后服从法西斯意志，为了加快对外扩张步伐而制定的。山本因此有了大显身手的机会，他针对海军航空兵经费和物资缺乏的情况，向海军大臣大角岑生提出了建议，要求召开航空队司令官会议，希望在会议上可以解决油料、器材不足等问题。

没有什么事情是一帆风顺的，要想看到彩虹定要经历风雨，披荆斩棘后才是康庄大道，山本要想成功，就必须从根本上解决对飞机的态度问题，这也是山本遇到的最强大的阻力，因为在当时，占居日本海军主流地位的是大炮巨舰主义，排水量大、火炮威力猛的战列舰仍然是公认的海战中的决胜武器。

这样一来，力主"航空第一"的山本遇到了日本大炮巨舰主义这个强劲的对手。大炮巨舰主义战略最早开始于日俄战争中的日本海海战，装备了巨炮的战列舰大显神威，一举击沉多艘敌舰。真正将大炮巨舰主义推向高潮的是第一次世界大战中的日德兰海战。尽管海军首脑仍然顽固地拒绝接受山本的思想，但是大炮巨舰主义已经开始动摇，航空母舰和航空兵的诞生使大炮巨舰主义受到严峻挑战。山本已经对这一趋势有了实质性认识，能够建设与美国相抗衡的日本海军也是他的最终目标。

一战结束后，日本、美国和英国这三大海军强国逐渐形成了越来越公开化的海上军备竞赛，日本海军当局仍然坚持传统的大炮巨舰主义战略，并于1934年10月由海军军令部确立了"帝国海军第三次造舰补充计划"，火炮口径达到十八英寸、总吨位超过七万吨的巨型战舰"大和"号和"武藏"号被列入建造计划中。

由于华盛顿条约中对主力舰最高吨位的限制数是三万五千吨，因此英国和美国对建造超过这个数字以上的军舰没有一点经验，就连有造舰大国之称的英国要建造一艘五万吨的军舰都极其困难。可想而知，日本在同样缺乏经验的基础上，要建造七万吨的军舰似乎比登天还难，不难想象，日本制定这样不可思议的计划，需要对扩军备战有多大的信心才能实现！

这并不是日本平白无故的妄想，之所以要建造如此吨位的军舰，日本主要有两个目的：第一，要对抗在数量占优势的美国海军，依靠已有的"陆奥"、"长门"舰上的主炮是不可能完成的，必须装备破坏力和威力更加强大的大口径舰炮，这也正是将火炮口径确定为十八英寸的原因；第二，如果美国企图与日本竞争建造同样的巨型舰只，必须考虑到环境因素，因为七万吨的战列舰根本无法通过巴拿马运河，这时美国必须在太平洋和大西洋海域

87

同时建造，这就意味着美国需要装备两只这样的舰只，对美国来说是个极大的困难和挑战，任何国家都没有足够的财力负担两艘这样的战列舰。

不得不承认，日本海军军令部的如意算盘的确高明，舰政本部也在内部征求最后的意见决定是否建造这种新型战舰，担任航空本部部长的山本坚决反对这项计划。山本的话题永远离不开飞机，他认为未来作战中飞机才是主要的攻击力，战舰建造得再巨大也抵挡不住飞机的轮番攻击，只要战舰还能浮在海面上，飞机就可以持续攻击；虽然战舰可以反击，但是飞机体型小，机动性和灵活性也都很高，巨型战舰无法跟上飞机的步伐，造价昂贵的战列舰最终也只是一堆没用的废铁。

舰政本部分裂成了两个阵营，一边是支持山本的，建议将建造巨舰的巨额费用发展海军航空兵才是明智之举，日本海军的力量不是凭借两艘巨舰就可以改观的；另一边是以舰政本部部长中村良三大将为首的，他们对山本提出的航空力量在未来海战中起决定性作用这一观点表现出极端否定的态度，他认为航空母舰和飞机不可能从舰队的辅助性武器一跃成为主要力量，决战时飞机可以用来侦察敌情、实施鱼雷攻击，最后胜负的关键还要依靠主力战舰，而且在海战史上迄今为止还没有战列舰被飞机击沉的历史。

反对的声音遮盖了山本无言以对的面孔，很显然，他的意见未能奏效。尽管意见被忽视后山本非常恼怒，但是倔强的他仍然坚定不移地为日本帝国扩张出谋划策，他抱着在其位谋其政的观点，在自己的职权范围内想方设法加强日本海军飞机的研制和改进。此外，山本还经常利用闲暇时间访问三菱和中岛两大飞机制造厂，一旦了解到生产过程中有任何困难或情况，山本就会及时帮助解决，从不推脱。

第七章　战争升级愈演愈烈

　　整个天空一片蔚蓝，天上只有一朵云彩，似乎是在飘动，似乎是在消散，没有风，天气暖和。此刻欧洲战局又有了新的发展。

　　德国在 1940 年春天进攻挪威占领了丹麦，随后击败英法援军。大约一个月后，比利时、荷兰、卢森堡，被德军大举入侵，他们绕过马奇诺防线，由比利时直捣法国首都巴黎。六周内荷兰、比利时、法国相继败北，6 月底法国贝当政府正式投降。英军几乎全部被赶出欧洲大陆，本土受到德国空军大规模袭击。日本南进的欲望因为德国的胜利受到了强烈的刺激。

　　广田内阁早在 1936 年 8 月初，就把"向南方海洋发展"确定为"基本国策"的一个重要方面。三年后的春天，日本迈出了武装南进的第一步，他们侵占中国海南岛，而且吞并了南沙群岛。

　　随后，日本进一步确定了"北守南进"的政策，他们在 1940 年春夏之交的时候，把南方作为侵略主要方向。因为日本战略物资依靠美国进口，但美国于 1939 年夏季通知日本，六个月后废除日美通商航海条约，又于第二年夏季宣布对武器、军需物资和飞机零件等实行输出许可制，使日本战争经济受到严重威

89

胁；日本陷入侵略中国战争泥沼，企图通过"南进"切断滇越、滇缅等外国援蒋交通线，迫使国民党政府投降。日本迫切希望夺取南洋富源，实现经济自给；最后，欧洲战局急变，日本以为英国危在旦夕，德国必胜，应乘机"南进"，夺取英、法、荷在东南亚的殖民地；日军在上述张鼓峰和诺门槛对苏武装挑衅失败后，"北进"计划受到沉重打击，而苏德又于1939年8月底签订互不侵犯条约，日本无力单独对苏作战。

日本向南扩张主要指向荷印和法属印度支那两个方面。田八郎是日本的外务大臣，1940年4月中旬他发表声明，宣称日本与东亚诸国和南洋地区"相依相援"、"共存共荣"，日本政府"随着欧洲战争的激化，对招致荷印现状的任何改变的事态，具有深切的关心"。

日本在5月期间，派遣专为南进新编的第四舰队开赴靠近印尼的帛琉群岛，进行武装示威。在印度支那半岛，日本与泰国又在第二个月签订所谓"友好"条约，规定两国"就有共同利害关系的问题交换情报，并为达成协议相互保持友好接触"，把泰国作为向东南亚扩张的桥头堡。同时向荷印当局勒索石油、锡、橡胶等十三种物资。

与此同时，日本胁迫法属印度支那当局禁止经当地向中国运送军需物资。并且，日本西原少将率领军事代表团到河内，监督封闭中越边界交通运输线。与此同时，日本还要求英国撤退上海驻军，封锁滇缅公路和香港边界。

近卫文麿1940年7月下旬再次组阁，并决定"为将位于东亚及其邻接岛屿的英、法、荷、葡殖民地包括在东亚新秩序的范围内而采取积极行动"。

近卫文麿曾三次出任日本首相，每一次都处在发动侵略战争的决定性分歧路口：1937年6月他首次登上首相宝座，一个月后日本便发动了全面侵略中国战争，他还发布建设"东亚新秩

序宣言"，联合希特勒、墨索里尼组成德意日反共轴心，还发动对苏联哈桑湖地区的武装进攻，即臭名昭著的张鼓峰事件；1941年他第三次出任首相后进一步扩大了侵略中国的战争，并指使日军入侵印度支那半岛。

日本投降后，近卫这个侵略中国祸首已经下野，因而以民主人士姿态重又出现在日本政治舞台，担任了东久迩内阁的副总理级国务大臣。他还极力同美国人拉关系，企图逃脱他的战争罪行。但是，盟军总部迫于国际舆论，特别是中国要求引渡近卫到中国审判，才于1945年11月份发布了对近卫的逮捕令，近卫自感应负扩大侵略中国战争的责任，中国人民肯定不能轻饶他，便挥笔写下了一篇类似遗书的文字：

"自日中战争爆发以来，我犯了许多政治上的错误。对此，我感到责任重大，但是，作为所谓战犯在美国的法庭上接受审判，我难以忍受。"

写完遗书的近卫文麿服毒自杀了，在临死前，他穿上了一身雪白的衣服，这样结束了他罪恶的一生。

军部提出的《适应世界形势演变处理时局纲要》，在近卫第二次上台后不到一周就通过了，作为在世界新形势下指导对外侵略扩张的基本纲领。外务大臣松冈洋右在8月初发表了讲话，宣称"我们当前外交政策的直接宗旨是，根据皇道的崇高精神，建设以日满华集团为链环之一的大东亚共荣圈"。

这个"大东亚共荣圈"口号，表明了日帝的欲壑是要建立一个囊括印度、缅甸，甚至澳大利亚、新西兰的大殖民帝国，而不是已限于侵占中国大陆。

日本在"大东亚共荣圈"的鼓噪声中，步步进逼。8月初，松冈强硬要求法驻日大使亨利，容许日军进入法属印度支那境内和使用当地机场。已向德国投降的法国维希政权，被迫于本月月底与松冈就日军进驻中南半岛北部问题换文。一个月以后，日军

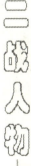

91

铁蹄踏上中南半岛北部。在此以前还任命商工大臣小林一三为对荷印谈判特派大使。

小林一三和荷印选在9月进行会谈，与日本缔结协定，从而在经济、政治和军事各方面控制荷印，并企图使"荷印迅速断绝与欧洲的联系，成为东亚共荣圈的一员"。可是因为受到荷印抵制，小林碰壁而回。

日本法西斯为了重新分割世界，他们急需在世界上寻求盟友，臭味相投的德、意、日三个法西斯国家在侵略扩张问题上一拍即合，于是便加紧进行勾结，狼狈为奸。

德国为日本1937年全面侵略中国所鼓舞，他们急于走向大规模的扩张之路。年底，法西斯德国召开会议，确定了一个大规模扩张计划和发动战争的时间表，通过了《霍斯巴赫备忘录》。同时，日本全力进攻了中国最大城市上海。

此时非常希望与日本缔结一个针对英法美的同盟希特勒，改变1936年签订的反共产国际协定中不承担军事义务的状况，以使日本在遥远的东方牵制德国的仇敌。

日本驻德国使馆副武官大岛浩1938年元旦，向里宾特洛甫拜年，于是前往奥得河畔松讷贝格别墅。两人一见面，深表感激的里宾特洛甫就对大岛浩说，德国和日本应该签订一个使两国关系更加亲善密切的条约。

就这样两人的关系越来越近，随后，大岛浩和里宾特洛甫围绕着两国缔约一事不断进行秘密接触。

为了赢得日本的好感，一个月之后，希特勒决定改变对中国的援助政策，并且将国防军首脑集团更换了，牛赖特的外交部长职务被罢免了，任命里宾特洛甫继任外长；而后又撤回了派驻在中国给蒋介石充当军事顾问的代表团，正式承认伪满洲国，公开支持日本。

日本政府得知德国的这一举动感到非常满意，他们决定正式

二战人物

加强与德国的合作，而且要建立军事同盟。就在德国撤回在中国军事顾问后不久，三国同盟的谈判为了得以顺利进行，日本还进行了人事上的变动。

驻德大使东乡茂德调任驻苏大使非常反对三国同盟的谈判，而此时大岛浩晋升为驻德大使，直接负责与德国的谈判。不久他们又任命另一位主张与轴心国缔结全面条约的白鸟为驻意大使。

海军与陆军在与德意结盟问题上，再次发生矛盾。海军虽然同意加强日、德、意合作，可是他们不同意陆相板垣征四郎主张的"里宾特洛甫方案"。因为按里宾特洛甫方案的原则，日德缔结的条约，将不仅是针对苏联而且是广泛针对英、法、美的坚强的军事同盟。他们认为在日本扩大侵略中国战争后，军事力量陷入中国战场，日本在外交上日趋孤立，不宜再与西方国家为敌，以免失去外交上的回旋余地和断绝对英美的贸易；与德国缔结的条约只应是反共产国际协定的继续，而不应有其他的内容。

反对与德国结盟的主要人物是山本五十六与海军大臣米内光政。从海军的立场出发，山本认为美国是日本的主要敌人，此时日本与德国结盟是得不到任何好处的，这是因为日本对美战争准备远远不够充分。在这种形势下，日本海军应该极力避免以美国为敌、同美国作战，应该集中全力解决中国事变。

陆军狂热分子极力主张与德国结盟，促使山本忧心忡忡，他认为：照这样下去，日本势必被卷入战争，而且是以美国为对手。

随着永野修身日本海军大臣的辞职，山本五十六和米内光政的人控制着海军省，而过去强硬的舰队派人员大都集中于军令部或在舰队中任职，在这里他们执行着比较稳定、务实的政策。

在海军炮术学校任教时，山本与米内光政曾是同事，他们经常在一起吃饭、练剑，关系比较融洽，因此二人在观点上也比较一致，皆倾向于条约派。对于永野的辞职，在内阁中山本为了同

94

陆军相抗衡，极力说服永野推荐米内作为他的继任者。就这样，米内才担任了海军大臣。

在米内和山本主持下的海军省，在对美国的战争准备上，比陆军更理智，考虑得更深远一些。山本曾经在 1937 年发生的"珀内"号事件上，采取了低调抚慰美国的政策。这是在日本攻克上海正向南京发展的时候，美国炮艇"珀内"号载着美国使馆的最后一批人员和一群西方记者，拖着美孚石油公司的三艘驳船正撤离烈焰四起的南京城。

中午的时候，日本海军航空兵奥山上尉率领一个中队的轰炸机向"珀内"号扑来，尽管美国国旗炮艇上可以清楚的看到，但已被战火烧狂了的法西斯分子，还是欣喜若狂地向炮艇冲来。

"他们在丢炸弹，隐蔽！"主舵手大声喊道。

舰长进入操舵室，几秒钟后操舵室就被炸弹"轰"的一声掀开。甲板上，新闻记者诺曼·艾利本能地抓起摄影机拍摄。使他吃惊的是，日本人明明看得见美国国旗，还是不停地轰炸。大约半个小时，两条驳船中弹起火，"珀内"号则在长江的浊流中下沉。这时，副舰长阿瑟·安德斯代替受伤的舰长指挥。安德斯由于喉部受伤而不能讲话，只得在一片被血染红了的纸上潦潦草草地写上"弃舰"二字。

江边芦苇荡里，舰上的最后一批人在此隐藏起来，一艘日本汽艇溯江而上，用机枪向那艘正在下沉的军舰和两边江岸猛烈扫射。几名幸存者目前正面临着严峻的考验，因为他们还得在日本人追赶的情况下坚持两天才能到中国军队前沿。

美国人得知"珀内"号被击沉了的消息，感到非常的愤恨。这个消息也使山本出了一身冷汗。因为熟知美国历史的山本十分清楚，本世纪初美国参加的三场有名的帝国主义战争之——美西战争，就是因"梅因"号被西班牙击沉而爆发的。山本十分害怕此时与美国发生纠葛，因而在日本外相照会美国大使馆"深

二战人物

95

表歉意"并愿意赔偿一切损失的同时，山本也发表声明："这次事件的责任全在日本方面，海军应该诚恳认错。"并将事件的直接责任者海军第二联合航空队司令三并贞三少将免职查办。

不想马上与日本交战的美国，也急于使这场危机冷却下来，所以只简单地相信了日本说的日机弄错了"珀内"号的国籍的解释，在日本向美国交了一张两亿两千一百四十万零七百三十六美元的赔款支票后，整个事件就算了结。这总算了结了悬在山本心头上的一桩心事。

事过不久，陆军就要与德国缔结针对美国的条约，这自然不能为山本所同意。本来与德国结盟的意图在于压迫苏联，以有利于日本尽快结束在中国的战争，而现在又要同英、法、美为敌。在内阁会议中，山本基于这一理由，支持海军大臣米内光政持强硬态度。可是陆军也决不相让。到了11月初德国正式提出条约草案。

首、陆、海、外、藏五相11月份举行了会议，在会上新外相有田八郎就与德国结盟问题作了谅解性的说明，强调"本协定主要是针对'苏联'，但英法等国一旦加入苏联方面则即成为对象，英法等国本身并不是对象。"由此会议才通过了促进早日缔结日、德、意三国协定，并决定参考德国方案，迅速制定日本方案。但大岛浩与陆军坚持接受德国方案，不同意只把苏联作为对象。

此时近卫内阁已经走投无路，在不得的情况下，只有在1938年的新年刚过，便提出辞职。年初，枢密院议长平沼骐一郎出面组阁。在新组建的内阁中，海军大臣米内、陆军大臣板垣和外务大臣有田等主要阁臣皆未变动。刚刚成立的平沼内阁碰到的主要问题仍是三国同盟问题。

三国同盟方案，德国向日本与意大利重新提出，内容与之前提出的方案完全一样。这一次打算在很大程度上满足德国愿望的

平沼内阁，没有走得像陆军所要求的那么远，只是答应可扩大到苏联以外的"第三国"，但如德国直接攻击苏联以外的第三国。

　　陆军中的右翼分子对于这一妥协不为满足是预料之中的。大岛浩是刚升任驻德的大使，白鸟是驻意大利的大使，他们二人完全要接受德国的方案，同时，他们在和纳粹外长里宾特洛甫谈判时，还以欺骗的手段，对于德国的要求，自作主张、完全答应了。对于这件事情，天皇也有所察觉，特意训令平沼首相，如果驻外机构不服从国内训令时应召回或作适当处理。为此内阁迫不得已，改变了过去以电报发出训令的办法，而采取派遣由外务、陆军和海军组成特使团的办法，直接到国外去传达国内的指令。

　　特使团于 2 月下旬前往德国和意大利，向大岛和白鸟两位大使传达国内关于缔结三国同盟条约的指示。然而，可笑的是这两位大使不仅不服从政府的指示，反而向外务省提出要按照德国的要求，以苏联以外的第三国为对象，包括武力援助在内。由于两位大使在外拒不执行国内政府的命令，并分别答应里宾特洛甫和齐亚诺说，在德、意与英法开战时，日本将负有参战的义务。这是明目张胆地无视国内指令，超越权限的独断专行。海军大臣米内光政在山本五十六的支持下，坚持要将大岛和白鸟召回国内，但遭到陆军的反对而未果。

　　到了 5 月，德国外交部条约局局长高斯提出了妥协案。这个妥协案虽然在表面上作了若干让步，但实质上却和过去的德国方案没有什么区别。

　　事后没过几天，五相会议研究了高斯方案。陆相和首相主张立即接受，但海相米内坚决反对。为讨论三国同盟问题，平沼先后召集了七十多次五相会议，每次都毫无结果，一直到 8 月下旬，平沼辞职。

　　德国等得不耐烦了，到了 5 月下旬，他们先和意大利缔结了"钢铁盟约"。在这一形势下，日本国内法西斯分子掀起狂热的

反英运动，海军首当其冲成为他们攻击的目标，尤其是山本五十六更成为他们所痛恨的对象。由于海军大臣米内光政一向寡言少语，看起来十分木讷、柔弱，在社会上有"金鱼大臣——装饰"之称，因此对海军的非难主要集中在了果断坚决、爱出风头的山本身上。

社会上到处传言，米内的真正后台老板是山本，而且还指责山本是阻止签订三国同盟的"绊脚石"和幕后策划者，是"亲英美分子"。就连他参加了一次英国大使馆的电影晚会也受到大肆攻击。其实事情远不是如此简单。

日本海军很早就已经确定美国为其假想敌国，而且在为最后与美国决战做着严格而精心的准备。早在1936年夏季，海军即任命了预备役海军大将小林跻造为台湾总督，把长期以来一直由文官担任的台湾总督一职改由海军武官担任。接着又在1938年4月，在总督府内新设了一个专门负责筹划南进政策的海军武官府，为最后实施南进做准备。

帝国海军在1939年2月完成了对海南岛的占领，第二个月他们又占领了南中国海战略地位十分重要的中国南沙群岛。海军的目标是确保日本国家的战略资源，只要日本海军一旦可以——哪怕是短暂的在太平洋上占据优势，它就可以夺取马来亚的橡胶和婆罗洲、荷属东印度的石油而免于从西方进口。那时，也只有那时，它才可以向西方国家挑战，同他们公开较量。

如何寻找最有利的时机和最佳方案，从而确保日本立于不败之地，是山本等人和陆军的不同之处。显而易见，山本所代表的势力，和陆军的无谋相比，更加阴险狡诈。

尽管山本五十六是如何从日本帝国扩张的利益出发，坚决反对日本与德、意结盟，但当时日本国内的极右势力并不理解山本的这一片苦心。

在是否结盟的大争论中，以山本为首的反对派明显地处于少

数地位，因而经常受到攻击也就并不奇怪了。极右分子甚至采取恐吓、暗杀手段来企图迫使山本等反对结盟者放弃立场。

z，只要有人到海军省闹事，山本就会事先躲起来。大部分时间是穿上便装乘出租车躲到他的部属家中。星期六和星期天，山本也从不回家，都躲在朋友家里打麻将、玩花牌。

从这种形势来看，山本越来越需要贴身警卫了，可是日本海军没有宪兵队，如果要配警卫，只有接受陆军的宪兵。为此，山本才很后悔，因为海军没有自己的宪兵队，只能依赖于陆军，这是海军的欠缺。

山本此时最反对接受陆军的宪兵，因为陆军常常借为海军配备宪兵之际，安插密探，探察海军的内部情报。不得已，海军省只好找警察署，要求警察暗中保护山本的安全，并在次官官邸周围安排了专门负责其安全的警察巡逻人员。山本外出时，还随身携带着一管特制的催泪剂防护器，以备有人袭击时用来自卫。

在这样一种形势下，山本虽然表面上若无其事，甚至谈笑风生地与人拿自己的脑袋开玩笑，说自己的脑袋值十万日元，但内心却充满了焦虑和不安。

自从 1939 年 5 月以后，山本就似乎做好了随时遇难身死的准备。他每天像蚂蚁搬家一样，把办公室里的私人东西都拿回家了。不久，在他的办公室里，已几乎没有他私人的东西了。每天差不多他都要换上新的兜裆布。

这个月末，他甚至预先写好了遗书。这份遗书，是后来他在太平洋战争中战死后，于海军省次官办公室的保险柜里发现的，全文写道：

"述志：

一死报君国，自古为军人之至高夙愿。战死于疆场抑或捐躯于后方，有何异哉？奋战沙场光荣而亡，易；排众议为己志而毙，难。皇恩浩荡，国家长久。吾朝夕所思者乃君国之百年大计，个人之生死、荣辱何足论哉！《论语》曰：'丹可磨而不可夺其色，兰可燔而不可灭其香。'吾身可灭，而吾志不可夺也。

昭和 14 年（1939）5 月 31 日

于海军省次官官邸

山本五十六题"

到了 1939 年夏天，因为内部意见的不统一和山本的极力反对，对于日本与德国结盟问题始终没有得到解决。与此同时，德国对同日本结盟的打算也因为正与苏联打得火热而冷淡。

八月下旬的一天里，秋意已经袭来，对于一直以来对立、争吵不停的苏联和德国，他们突然缔结了互不侵犯条约。对于这件事，德、苏两国的缔约活动一直瞒着日本。与此同时，德国在断定这时把正在进行的苏德谈判通告它的东方盟友已不会有什么风险之后，才将这一消息告诉了大岛浩。大岛对纳粹政权最为倾倒的就是它作出决定的迅速和果断，现在他有充分的机会来欣赏这一点了。

那天晚上里宾特洛甫打电话通知了大岛浩，当时里宾特洛甫正准备动身前往莫斯科，在他上飞机以前，已没有时间看到他的狼狈不堪的日本朋友了。惊恐交加的大岛半夜里求见魏茨泽克，那位德国官员后来告诉里宾特洛甫，日本大使像往常一样显得谈吐自若。但同时，他却发现日本大使的某种不安情绪随着谈话的进行而不断增长。

东京的街头上到处传播这条爆炸性的消息，日本政府对这件事情感到十分恼火，这是因为这件事情发生之前，他们没有得到及时的通知，因而茫然不知所措，上下一片混乱。

先前德国与日本签订的防共协定与德国和苏联互不侵犯条约是根本矛盾的，这不仅意味着日本被它所一直依靠的德国盟友出卖了，还意味着日本原先为牵制苏联而加强防共协定的目的已经彻底告吹。

平沼骐一郎在这个月的最后一天，召集了最后一次五相会议，决定停止三国同盟条约的交涉。遂后便以"欧洲发生了复

山本五十六

杂离奇的新形势"为借口，全体辞职。

随着日本加强"南进"政策和德国在欧洲的胜利，从1940年以后，英、美等国已成为德、日的共同敌人。于是陆、海军和外务三省事务当局，在7月份协议提出《加强日德意合作方案》。在这样的背景下成立的近卫内阁，从一开始就制定了"强化日德意轴心"、"东西方互相策应"的政策，并同德国进行各方面的接触。

日本政府四相会议9月份决定了关于加强日德意轴心和缔结军事同盟的各项文件。中旬，德国特使斯塔玛抵东京与松冈会谈，双方就订立军事同盟取得一致意见。月底，德、意、日三国在柏林签订了三国同盟条约。

三国同盟条约签订后，日本更加紧向南方扩张，并将"南进"与德国在欧洲的战争相配合，使其具有切断英国在远东的生命线和威胁印度的战略意义。日本对印度支那北部实行军事占领之后，又在泰国和法印当局之间故意制造领土纠纷，挑起武装冲突。然后以调停人的身份出现，企图通过调停双方冲突，确立其在法印和泰国的霸权。为此，日本还勾结德国，迫使法印接受日本的调停，并多次就进攻英国在东南亚的重要基地新加坡的问题进行磋商。

大本营政府联席会议1941年2月初通过《对德意苏交涉方案纲要》，以巩固三国同盟，"调整日苏邦交"，加强"日本对大东亚共荣圈占有政治指导者的地位和担负维持秩序的责任"。为此松冈赴欧，在三四月份期间，同希特勒、里宾特洛甫会谈。德国一再要求日本进攻新加坡，希特勒还保证："如果日本与美国发生冲突，德国方面将立刻采取必要的步骤。"

松冈同意日本应尽快占领新加坡。4月中旬，松冈在莫斯科同苏联签订《日苏中立条约》。该条约规定："如果缔约一方成为第三者的一国或几国的战争对象时，缔约另一方在整个冲突过

101

程中将保持中立。"

同时，日本军部通过了《对南方施策纲要》，决定要确立日本"与法印、泰国间在军事、政治、经济上的紧密关系"，以及"与荷印间的紧密经济关系"，并准备在美、英、荷、中加强对日禁运和包围的情况下，为"自存自卫而使用武力"。日本加强了同德、意法西斯的合作，又通过《日苏中立条约》减轻了北方的后顾之忧，于是进一步对印度支那南部实行武装占领的时日愈益迫近了。

日本大举"南进"和三国军事同盟的建立，使日本同东南亚拥有殖民地的美、英、法、荷之间的矛盾空前尖锐起来。此时，法国政府已向德国屈膝投降，荷兰被占领，英国也一败涂地、无力东顾；唯有美国尚未直接参战，而且经济实力雄厚，拥有强大的太平洋舰队。因此，美国就成为日本的主要劲敌。

可以说太平洋战争乃是日本向南扩张和日美矛盾激化的必然结果。日美矛盾集中表现在以下四个方面：

一是美国在东南亚占领菲律宾为殖民地，十分重视南洋地区的丰富资源。日本"南进"，严重威胁美国的利益。美国政府除外交上不断向日本表示"关注"和提出抗议外，并在经济和军事上作出反应。1940 年 5 月，美宣布正在夏威夷海面作例行演习的海军舰队将不定期留驻该地，以充当对日本的"遏制物"；接着在第二个月大量增加了海军的拨款，准备将当时拥有一百二十五万吨位的海军力量扩充一倍以上。1941 年 1 月 15 日美国务卿赫尔发表讲话，指出日本向南扩张是"关系到无论位于何处的每一个其他国家"，公开表示美国不能坐视不顾。

二是日本发动全面侵略中国战争，妄图独占中国，使美国的在中国权益和财产遭到侵犯和破坏。到 1939 年 11 月为止，美国官方就有关事件向日本提出的抗议书已达三百八十二份。在占领区，日本垄断中国经济，把持海关，提高税率，管制外汇，贬低

美元币值，封锁长江航运，限制和打击美国的对中国经济活动。另一方面，美国拒不承认日本扶植的汪伪政权，并逐步增加对蒋介石的援助。这就激起日本的不满。

三是为了维护自身的利益和约束日本在中国和东南亚的肆意侵略，美国逐步限制对日出口，向日本施加经济压力。从1939年12月起，到1941年上半年，美国先后数次宣布对武器、军事器材和铝、镁、铜、锌、钾、铅、铁、高级石油制品等一系列重要战略物资和设备实行输出许可制。日本对美国的"禁运"措施不断提出抗议，扬言这是"反对日本的，从而是不友好的行为"。

四是日本与德、意签订三国军事同盟，矛头针对美国，并准备配合德国占领新加坡，置美国的盟友英国于死地。美总统罗斯福在1940年底的演说中指出，三国同盟是"要联合起来对美国采取最后的行动"。至于日本进攻新加坡的计划，美、英都有所察觉。赫尔承认，日军占领新加坡"对英国在欧洲的防务所造成的损失，或许将比除德国越过英法海峡外的任何其他步骤更为严重"。

愈演愈烈的日美矛盾，到了1941年初，日本开始考虑偷袭美太平洋主要海军基地珍珠港的作战计划。美驻日大使格鲁获知后，即电告国务院。从这年的1月底到4月份，美国与英、加、澳、新西兰的军事代表在华盛顿召开联合参谋会议，共同研究对德、意、日的作战方案。接着，美英又吸收荷印代表在新加坡开会，专门研究太平洋地区对日联合作战计划。

然而，由于美国推行欧洲第一、亚洲第二的战略，不愿意也没有足够的兵力在大西洋和太平洋同时与德日作战；又由于日本希望由美促使蒋介石议和投降，以及从美输入军需原料，而且同美作战尚"无把握"，日美双方从1940年年底，直到太平洋战争爆发，在矛盾极端尖锐的情况下又进行了长达一年之久的秘密

103

谈判。

日美谈判的前一阶段，由所谓"民间代表"先后在东京、华盛顿进行。双方首先抛出了一个所谓《日美谅解方案》作为两国政府进一步谈判的基础。这个方案妄想扑灭中国人民抗日战争的烈火，把中国东北出卖给日本，通过蒋汪合流建立起由日美把持的傀儡政权，让日本在"共同防共和经济合作"的幌子下从军事和经济上控制中国，是一个货真价实的远东慕尼黑协定。

日美谈判进一步在政府间由美国务卿赫尔和日驻美大使野村吉三郎秘密进行。但双方都不想全盘接受《日美谅解方案》，展开了激烈的讨价还价。最后不但没有达成协议，反而加深了双方的矛盾。中国人民坚持抗战和对东方慕尼黑阴谋的有力揭露是日美谈判未能达成出卖中国的交易的一个重要原因。

德国在 1941 年 6 月下旬，对苏联发动进攻。一个星期左右，日本御前会议通过了《适应形势演变帝国国策纲要》，决定暂不撕毁日苏中立条约和进军西伯利亚，要"继续向南方扩展"，"为达成此项目的而不惜对英美一战"。同时应秘密进行对苏作战的准备，等到"德苏战争的发展对帝国有利时，即使用武力解决北方问题"。

随后日本在半个月以后向法国发出通牒，索取印度支那南部八个机场并要求使用西贡、金兰湾海军基地。同时日本关东军在中国东北举行大演习，窥伺进攻苏联的时机。为使内部步调更加一致，近卫内阁于 10 月中旬辞职，没过几天在第三次组阁，改由丰田贞次郎任外交大臣。月底，日与法属印度支那当局签订进驻印度支那南部的细目协定。

日军进入印度支那南部。针对日本这一行动，美国宣布中断日美谈判的决定，在月底冻结日在美的全部资产；8 月初又进一步禁止除粮食和棉花外一切物资的对日出口。英、印、缅、荷印也相继冻结日本资产，废除通商条约。

经济禁运，特别是石油来源的断绝，使日本的战争活动有陷于瘫痪的危险，日本必须在战争、谈判和坐以待毙之间迅速作出抉择。为摆脱困境和掩护备战，近卫于8月间向罗斯福建议举行首脑会议，美国为"获得更多的时间以准备我们的防务"，罗斯福同意召开最高级会议。于是日美谈判从9月起重新开始。

鉴于日美之战无可避免的形势，日本在谈判的同时积极备战。1941年9月6日御前会议通过了《帝国国策施行要点》，进一步决定：一、"拟以十月下旬为目标，完成作战准备"；二、"在外交谈判到十月上旬尚未达到我方要求的情况下，立即下决心对美开战"。会后，军部加紧备战，修订南方作战计划。海军命令全军完成战争编制，增征四十万吨船只，并召开了海军参谋会议。

陆军也于9月中旬下令随时做好战争准备，将驻在中国东北的陆军调往华南、台湾和印度支那北部待命。

从9月初重新开始的日美谈判，由于双方根本利益冲突而长期拖延下去，毫无达成协议的希望；而一个星期后的御前会议确定的"决心对美开战"的时限日益逼近。近卫主张继续谈判，而以东条英机为代表的陆军法西斯势力，则认为御前会议的决定不容更动。

为了适应战争需要，近卫10月中旬辞职，由东条英机组阁。东条历任关东军宪兵司令官和参谋长，在近卫内阁中任陆军大臣，是"武装南进"侵略政策的积极推行者。东条于18日完成组阁工作，以现役军人的身份担任首相、陆军大臣和内务大臣三要职，并被提升为陆军大将。

上任第一天，东条英机就宣布："完成中国事变，确定大东亚共荣圈……为帝国既定之国策。"决心把全面侵略中国战争进行到底，并准备吞并整个东南亚。从10月底到11月初，东条内阁和大本营连续召开紧急联席会议，重新审查"国策"，到了11

105

月初的一天凌晨，作出了《帝国国策要领》的决定。

此外，还通过一个《对美谈判要点》作为附件。这个附件分为甲、乙两方案，乙案要等甲案未被美方接受时再提出。这个《帝国国策要领》是9月6日的《帝国国策施行要点》的进一步贯彻，是日本发动太平洋战争的动员令。

《帝国国策要点》确定之后，日本各级战争机构便火速进行战争部署。11月中旬，大本营和政府联席议会通过了《促进结束对美英荷蒋战争的内部方案》，作为太平洋战争的战争指导计划。它规定整个战争的战略方针是："迅速摧毁美英荷在远东的根据地，确立帝国自存自卫的地位；同时以积极措施促进蒋政权投降，与德意合作，首先达到使英国屈服，并使美国丧失继续战斗的意志。"至于具体作战计划，日本陆海军统帅部已于10月各自完成了最后的修订工作，并联合制定了专为南方作战的陆海军中央协定。其作战方案总的来说，是陆海军紧密配合，发动突然袭击，出动飞机轰炸美、英航空基地以取得制空权。

一方面在南洋地区由登陆马来半岛和空袭菲律宾开始战争；另一方面以海空精锐组成机动部队，由北方航线偷袭美国太平洋舰队的主要基地珍珠港，沉重打击美国海军主力。然后迅速进攻马来亚和菲律宾，同时占领香港、关岛、英属婆罗洲，再乘胜袭击荷印和缅甸。日本的整个作战计划是建筑在发动突然袭击取胜的侥幸心理和对战争各方力量的错误估计之上的。同时，他们盲目迷信德国法西斯的叫嚣，相信"已经确保乌克兰宝库的德国，今后将掌握高加索油田，进一步攻略近东、苏伊士运河，从而称霸欧洲大陆"；而且过高估计自己力量，以为能在东方"确立战略优势，同时确保重要资源地区和主要交通线，造成长期自给自足的态势"。东条英机上台后，太平洋地区处于风雨飘摇之中，一场腥风血雨的大战即将拉开帷幕……

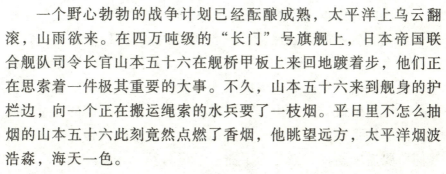

第八章　山本计划

　　一个野心勃勃的战争计划已经酝酿成熟，太平洋上乌云翻滚，山雨欲来。在四万吨级的"长门"号旗舰上，日本帝国联合舰队司令长官山本五十六在舰桥甲板上来回地踱着步，他们正在思索着一件极其重要的大事。不久，山本五十六来到舰身的护栏边，向一个正在搬运绳索的水兵要了一枝烟。平日里不怎么抽烟的山本五十六此刻竟然点燃了香烟，他眺望远方，太平洋烟波浩淼，海天一色。

　　紧锁双眉的山本五十六深深地吸了一口烟，在他的眉宇之间透出一股阴森森的杀气。山本聚精会神的望着远方，不知过了多久，他眉头渐渐舒展开来，好像想到了什么似的。山本猛地把香烟抛向大海，向舰队司令官指挥舱走去，口中不断的叨念着："我意已定，我意已定"。

　　山本五十六来到桌子旁边，迅速地开始奋笔疾书。大约过了半个小时，一封致海军大臣及川古志郎的《关于战备的意见书》便写成了。

　　后来的战争形势证明了，山本五十六写得这封书信，揭开了酝酿已久的太平洋战争的序幕，就是著名的"山本上书"。

　　由此可见，山本五十六是挑起太平洋战争的第一人。可是，

107

大量的史实证明，起初山本五十六是反对同美国开战的主要代表人物。他既然反对同美国开战，但同时又是第一个挑起了与美国的战争，山本五十六这种自相矛盾的做法确实让人有些费解。但这种矛盾却与山本的性格非常吻合。

山本第一次在日驻美大使馆供职期间，对美国工业情况考察后，就日本是否应同美国交战一事讲过如下一段话："仅看看美国的汽车城——底特律发达的汽车工业和一望无际的得克萨斯油田，便不难得出这样的结论：凭日本的国力，根本不能与美国为敌，同其抗衡"。

早在1940年秋天，就日本政府已经开始酝酿对美战争，感到十分忧虑的山本五十六，曾经多次同一些政府官员就此发生激烈的争论。他还向政府递交了一份正式的意见书。在意见书中，山本五十六写道："日美间发生战争，对我们日本帝国来说，意味着为自己树立新的更强大的敌人，使帝国陷入新的危机。如果苏俄和德国乘机扩张势力，又有哪个国家能够有足够的力量去阻止他们的扩张行动呢？……同美开战，我国必然大伤元气，难道我们所要追求的目标就是为了图一个虚名？"

山本五十六也曾多次提出，反对日本计划同德、意法西斯结盟的意见。而且他还在日本与德意结盟前夕，找到了海军大臣及川古志郎。

"请大臣看看这些资料！"山本把一叠文件"啪"地扔到及川的桌子上，一脸阴沉。及川古志郎还从来没见过山本的情绪如此激动过。

"直到去年八月，也就是我任次官时，从计划院的物资供应计划看，有百分之八十的物资都来源于英美的势力范围。如果日本与德、意缔结了同盟条约，势必要失去这一来源。那么，我们用什么方法来弥补这一损失呢？"

及川面对山本五十六的火气，也不好说什么，只能安慰地说

道："山本君，在三国结盟一事上，你我都左右不了，政府和天皇已做出了决定，我们只能执行命令了。"

此后不久，山本在给日海军驻中国舰队司令官岛田繁太郎的信中写道："从日德意军事同盟条约缔结前后所发生的一系列事情及后来的物力动员计划情况来看，政府在很多问题的处理上，都是前后矛盾的。"

山本心中对于日本天皇和政府短视的做法是很不屑的，但是，他身上流淌着的是一个日本武士的血液，"效忠思想"在山本的内心深处是根深蒂固的。在日本与德意签订同盟条约后不久，山本前往拜见了近卫文麿首相，他满腹忧虑地说："如果日美非打不可的话，在开战的半年或一年中，日本海军可以奋战一番，并有信心争取打胜，如果战争持续下去，以至拖到两年三年，那我就毫无把握了。"

此时山本对政府的不满情绪已经烟消云散了，他无奈地继续对首相说，"三国同盟条约已经缔结，联合舰队也只有破釜沉舟背水一战了。尽管如此，我还是恳切希望政府能设法回避同美交战。"

山本五十六的"反战"绝对不是由于他对和平的爱好，而是出于他对战争形势老奸巨猾的分析，其目的是为了更加有效地服务于日本法西斯的侵略战争全局。山本"反对同美国开战"是想避免树立"新的更强大的敌人"，使日本的侵略扩张政策半途而废。由此可见，山本的确是日本战争狂人中比较清醒、比较狡猾的一个。

虽然山本从日本的侵略扩张目的出发一再反对同美国开战，但是随着形势的发展，山本也越来越明白，日美之间战争已是不可避免的、迟早要发生的事了。

自从第一次世界大战后，美日矛盾就不断激化。之前，日本发动了全面侵略中国战争，严重损害了英美在中国的政治、经济

109

利益。随后，德、意、日签订三国轴心同盟。美国随即宣布1940 年 1 月底到期的《日美通商航海条约》将不再续约。

美国总统罗斯福命令结束年度例行演习的太平洋舰队不返回美国西海岸，而是进驻珍珠港，实施威慑。第二年 7 月底，日军在印支南部登陆。美国立即中断同日本的秘密谈判，并宣布中止美日贸易，冻结日本在美国的所有资产。

美国在 8 月初又宣布对日本实施全面石油禁运。这对于资源极为缺乏的日本而言，无疑是致命的。而且，日本早就视美国为其南下战略的最大障碍。为了获得荷属东印度的年产量八百万吨石油的油田，为了获得南洋占世界年产量百分之七十八的橡胶，占世界年产量百分之六十七的锡，以及铁、铝、大米等，日本必须要首先搬掉美国这块绊脚石。

日、德、意三国 1940 年 9 月签订《柏林公约》，日军大本营的战争贩子们即开始酝酿对美作战的计划。在这种形势下，反对与美开战的山本五十六不得不"顺应潮流"，从而摇身一变成为日本法西斯发动太平洋战争的急先锋。山本那双秃鹫般锐利的眼睛一下便盯上了美国太平洋舰队的大本营——珍珠港。

珍珠港位于太平洋中北部夏威夷群岛中的瓦胡岛，东距美国西海岸约三千八百公里，距日本约六千公里，距菲律宾约七千公里，战略地位十分重要，素有"太平洋心脏"之称。据说，此地从前盛产带珍珠的蚌，因而得名。夏威夷群岛是太平洋上的交通要冲，原为王国，于 1898 年被美国从西班牙手中夺取，并在珍珠港修建了舰艇修理厂、干船坞、燃料供应站、码头和必要的海军设施。其后，又在 1919 年和 1922 年在那里设立了潜艇基地和航空站。

珍珠港地处瓦胡岛南岸的科劳山脉和怀阿奈山脉之间平原的最低处，与唯一的深水港火奴鲁鲁港相邻，是美国海军的基地和造船基地，也是北太平洋岛屿中最大最好的安全停泊港口之一，一般的民用船舶及外国舰船无美国海军部特殊许可是不得进入的。介于西湾和中湾之间的怀皮奥半岛南端，有一座乳白色呈八角形的水塔，水塔顶部还设有一个红灯，是一个显著的进港导航标志，而且港口的入口角东侧的岸上还设有一座金鹰信号塔也可以助航。

港口的进口，只有一个疏浚水道。珍珠港特殊的地理位置，是美国确立在太平洋上的军事兵力部署的一个十分重要的依据。珍珠港港区水域面积约三十二平方公里，平均水深十二米，可停泊各种舰艇五百艘，港内各项设施完备，并有大型造船厂和油库。珍珠港是美国在太平洋上主要海军基地和重要后勤基地，它作为基地的建设起始于 1909 年，开始修建舰艇的修理厂、干船坞、燃料供应站、码头和必要的海军设施。

随着 1919 年干船坞的竣工，配备了舰艇，又添建了潜艇驻泊工程和训练设施，设立了潜艇基地。随后，又修建了机场和海军飞机起降的各种设施，1922 年又设立了航空站。同年，在华盛顿海军裁军会议中还特别决定，虽然太平洋地区的基地规模基本维持原状不再扩充，但夏威夷地区不在这一限制之内，同时也决定日本本土也不在此限制之内。但珍珠港真正被引起重视，得以全面建设、完善和利用，是在 1933 年以后，当时日本退出国际联盟，并宣布废除华盛顿条约。

这样，为了对付迅速崛起的日本海军力量，遏制其在太平洋上的行动，美国也积极着手扩充军备，并从 1939 年开始，把常驻本土西海岸的舰队调往夏威夷，进驻珍珠港，指望这支舰队会威胁日本，使他们不敢进攻西方在亚洲的殖民地。自 1941 年 5 月起，美国太平洋舰队的绝大部分军舰都停泊在珍珠港，其常驻兵力猛增到水面舰艇一百多艘，潜艇二十七艘，作战飞机三百四十九架。由此珍珠港便成为日军南进的最大障碍。

其实，山本五十六早在海军大学学习期间，该学院就设有袭

击珍珠港的兵棋演习课目。当时，美国的"加利福尼亚"号和"亚利桑纳"号战列舰刚刚服役。日本海军大学的教员们认为，如果未来一旦发生日美海军大战，日海军若能对美太平洋海军基地珍珠港进行出其不意的攻击，将会使日本处于有利地位。

驻泊在珍珠港的美海军舰艇，将是日本打击的好目标。海军大学教员当时还曾在课堂上向学员们讲解了袭击珍珠港的一些战法。但演习用的舰炮射击单元尚未计算，教员让学员们去算，谁也不举手。此时，山本五十六站起来说："如果没人干的话，让我来干好了。"他用了整整一个暑假的时间，完成了这一计算任务。而美太平洋海军基地珍珠港也从此在他的头脑中留下了深深的烙印。

一位名叫赫克托·C·拜沃特的英国记者写的《太平洋海上霸权》一书，1921 年在美国出版。1925 年，这本书的主要内容被扩写成《伟大的太平洋战争》一部小说，内容是：一支日本舰队偷袭了美国停泊在珍珠港的亚洲舰队的舰艇，同时还偷袭了关岛、菲律宾。据说，日本海军军令部曾翻译了此书，在高级军官中发行。

山本 1926 年在任驻美海军武官时，读到了拜沃特的《伟大的太平洋战争》，书中记述了以舰载机袭击珍珠港内锚泊军舰的情节，虽然只是想像中的情节，却给了山本以深刻启示。以至于在担任联合舰队司令后，山本五十六规定该书的日译本为海军军官的必读书。

更有意思的是，在 1932 年 1 月，美海军上将哈里·亚纳尔指挥美海军举行了袭击珍珠港的演习，目的在于检验太平洋的海军基地防卫能力。在演习中，集结于东海岸的两百余艘舰艇隐蔽向珍珠港进发，途中实行无线电静默，以达成突然性。2 月初，星期天，一百五十二架舰载机从"克列星敦"号等航母起飞，去执行偷袭任务。

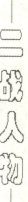

当机群钻出云层后，未受到任何拦阻，珍珠港内停泊的一艘艘战舰，成为"空袭"的绝好靶标。事后，亚纳尔给海军部写的秘密报告中指出，可以想像，珍珠港基地将从美太平洋防御圈中消失。美军的演习情况，被日军间谍收集。同年9月份，日本海军几乎原封不动地重复了这次"演习"，其结果那当然是日本海军大获全胜。山本后来也仔细研究过相关的资料。历史就是这样地具有戏剧性，这次偷来的"演习"已经为九年后的日本偷袭珍珠港埋下了伏笔。

对山本袭击珍珠港思想带来最为直观和最为现实的影响的一次事件发生在1940年。这年的11月11日，英国地中海舰队以"光辉"号航空母舰和四艘巡洋舰四艘驱逐舰组成突击编队，出动二十一架次舰载机突袭意大利塔兰托军港内锚泊军舰，仅以消耗鱼雷十一条、炸弹四十六枚，损失飞机两架的代价，就取得击沉战列舰一艘，重创战列舰两艘，击伤巡洋舰和辅助舰各两艘的战果。开创了以舰载机突袭敌方海军基地并获得胜利的先例。

山本闻讯后立即指示日本驻意大利海军武官全力搜集有关情报，特别是英军使用的浅水鱼雷资料。因为塔兰托和珍珠港一样，水深仅十余米，无法使用常规鱼雷。

以上这些思想和战例，对山本五十六偷袭珍珠港作战方案的形成均起到了很大的启示和作用。其实，山本五十六并非袭击珍珠港思想的始作俑者。早在山本上书之前，便有人曾以文字形式正式提出过用飞机攻击珍珠港的具体方案。这个人便是草鹿龙之介。那是1927、1928年前后的事情。当时，草鹿刚从日本海军大学毕业不久，军阶为少佐，他被分配到霞浦航空队任少校教官兼海军大学教官，负责讲授航空战术。当时的海军航空兵战术还处在初始阶段，尚未引起人们的重视。

刚刚出道的草鹿龙之介对航空兵战术也感到毫无把握，连他自己也不知道究竟要讲些什么好。可想而知，草鹿龙之介在这种情况下向学生们讲授的课程会是一种什么样子。学生们不是在课堂上打盹，就是开小差，有些学生还挖苦他说："草鹿教官哪里是在讲什么航空战术，简直是航空哲学"。

尽管如此，草鹿龙之介还是找到了一次展示其思想的机会。就在草鹿任霞浦航空队教官期间，永野修身、寺岛健等十几名海军要人来到了霞浦，他们是为学习关于航空战术方面的实地讲习课而来的，时间为一周。草鹿龙之介被任命为主讲教官。草鹿领命后既感到紧张，又感到兴奋。他紧张的是，给海军大臣等职位如此之高的首长讲课这还是头一遭，同时，他又很兴奋，如果讲好了岂非一次有利于升迁的好机会？但究竟向这些要人们讲些什么呢？经过苦思冥想，他终于确定了讲课的内容。

草鹿决定以飞机攻击珍珠港为题，讲授航空作战方面的有关内容。主意既定，草鹿认真写成了正式讲稿。该讲稿的主要内容分以下几个部分：第一部分主要讲海军航空兵的发展、在海战中的地位和作用。侧重阐述海军航空兵已逐渐成为海战中的主要作战力量，舰载机攻击已成为主要作战手段。

第二部分设想日美发生战争，日海军与美太平洋舰队在西太平洋进行传统的舰队决战。草鹿在这部分中写道，如日美开战，可采取诱敌西来的办法，诱美太平洋舰队从美国西海岸的圣迭戈驶到西太平洋来，然后利用事先部署在南洋群岛和马来群岛的日海军舰队及航空兵力，攻击美舰队，打一场类似日本海大海战那样的歼灭战。

袭击珍珠港属于第三部分，草鹿设想，美太平洋舰队不会轻易上钩。如果不能把它引诱西来，日本就应该设法主动出击，使用舰载机攻击珍珠港。从这个教案的内容可以看出：草鹿的中心论点并不在于袭击珍珠港，而在于与美太平洋舰队进行舰队决战。草鹿之所以将袭击珍珠港列为教案的第三部分，主旨仍建立在设法使敌西来，引诱不成就打，打就打到它的痛处，使它发疯

115

发狂，逼它西来决战。

草鹿讲稿中提出的袭击珍珠港的大胆设想，据称受到了永野修身等人的初步肯定。后来的事实证明，草鹿龙之介的此次讲课的确成了他后来得以迅速升迁的一个很好的起点。当山本五十六出任日本联合舰队总司令一职后，草鹿龙之介也被擢升为海军少将，成为联合舰队第一航空舰队的参谋长。后来，根据永野的命令，草鹿的讲课教案被有关部门拿去印了三十份，下发到海军各主要部门。但在下发的复印材料中稍有修改。

当草鹿在霞浦为永野等人讲课之时，山本五十六正在日本驻美国的使馆当武官。山本后来是否知道草鹿的讲课内容不得而知。但是，许多人都猜测，后来山本攻击珍珠港的计划可能受到了草鹿教案的某种启示。但令人疑惑不解的是，尽管袭击珍珠港是草鹿龙之介首倡，但当山本提出正式作战计划后，草鹿竟是最激烈的反对者之一。

其时，草鹿任联合舰队第一航空母舰编队的参谋长，是山本长官的下属。他敬畏山本，但不阿谀奉承，他曾直率地说过："有人常去山本先生那里，不是让他给题字，就是让他给留名，说得好听一些，无非是去讨好，联络感情。"

山本提出袭击珍珠港计划后，草鹿认为："这如同飞进敌人的心脏，风险很大，非同小可。这是关系到国家兴废，民族命运之大战的第一仗，切不可抱侥幸投机心理，更不应该像对待赌博一样地对待它。"

如果把草鹿龙之介前后判若两人的不同态度放在当时在日本海军中占统治地位的传统作战思想的背景下来考虑，那么，人们就会发现，这种矛盾的态度并没有什么奇怪之处。它也恰恰说明了草鹿本人先前所写教案的基本思想仍承袭了日本海军中根深蒂固的舰队决战思想。倒是山本五十六却一反传统，提出了与众不同的计划。

山本五十六

在当时的日本海军中占统治地位的对美作战思想，主要有：一是要用海军的全部力量集中攻击菲律宾，美国海军必然离开本土，长途跋涉来救援并发动反击；这时，以日本在南太平洋的殖民地马绍尔群岛、马里亚纳群岛、卡罗林群岛和帕劳群岛等重要岛屿为基地，用潜艇和飞机逐渐削弱美国前来救援舰队的力量；待使之实力削弱到大体和日本舰队的实力相匹敌或弱于日本舰队时，则寻机在日本近海与之决战，力求一举全歼美国太平洋舰队。这一战略思想明显沿袭了 1905 年日本舰队以逸待劳，在对马海峡同远征的俄国波罗的海舰队决战并一举将其全歼的战略思想。

然而，在山本五十六看来，那时的战略思想已经明显地不合今天的时宜了。山本像一条警觉的猎犬一样，在战争来临之前，便早已嗅到了战争领域航空兵打击时代的到来。

山本五十六对军令部和海军大学等所一贯主张的正统的对美作战思想一向持怀疑和反对的态度。他认为，美国绝不是当年的俄国，而且形势的发展也早已使这一作战思想时过境迁。这一战略思想纯属是用想当然来代替现实的玩耍游戏，是把敌人的行动规范在自己想像之中的脱离实际的臆断。

战争一旦爆发，日本如果按照这一战略思想与美作战，要想取得胜利简直就是一厢情愿。当山本五十六最终拟定出袭击珍珠港的完备的作战计划并向其幕僚公布时，他们几乎都被惊呆了。当时的大部分人都认为，山本计划与日本海军历来形成的对美作战思想格格不入。从军事角度看，山本五十六是一个才智过人、敢于创新、有头脑的指挥官，在日本法西斯的著名将领中，山本五十六在战略谋划及对事物的预见方面可谓无人能出其右。因此，从这一方面来看，山本五十六的确是把袭击珍珠港付诸实施的第一人。

尽管山本五十六的头脑中攻击美国太平洋海军基地珍珠港的

117

念头早已有之。但关于山本五十六究竟是在何时开始具体考虑袭击珍珠港作战计划的却是众说纷纭。日本的阿川弘之在其所著的《山本五十六》一书中称，据山本的海军大学同学、当时的联合舰队参谋长福留繁说，1940 年春天，山本开始具体酝酿这一计划。

福留繁称 1940 年 4 月，山本曾与他讨论过初步的偷袭珍珠港方案。但笔者认为，山本决定偷袭珍珠港当在 1940 年 9 月份以后，即日本与德国和意大利签署三国同盟条约以后。因为，山本一直反对日本与德、意结盟，以求避免日美之战。其实山本对战争形势看得非常清楚，日、德、意三国轴心同盟条约一缔结便意味着日美战争的不可避免。而可以肯定的是，在 1940 年 11 月，联合舰队驻泊在横须贺时，山本五十六曾数次到海军省与刚刚上任的海军大臣及川古志郎会晤，阐述了他的对美开战的方针和计划：用两个航空母舰编队的全部舰载机兵力，突然袭击珍珠港，力求聚歼珍珠港在泊的美太平洋舰队的主力，同时出动潜艇，在珍珠港进出口海域设伏，待空中攻击开始后，击沉试图逃走的舰艇，造成港口的堵塞，封闭进出航道。

山本还对及川古志郎说，他愿意辞去联合舰队司令官之职，只求担任袭击编队的司令，亲率航空母舰舰载机飞行队，袭击夏威夷。这个设想，基本上奠定了后来制订的代号为"Z"计划的基调。可见，至 1940 年底，山本五十六突袭珍珠港的作战思想，甚至包括基本的作战计划均已成熟。

山本五十六 1941 年年初，第一次以书面的形式正式向及川古志郎上呈了有关袭击珍珠港的《关于战备的意见书》。

山本《意见书》的主要内容与 1940 年 11 月他与及川海军大臣所谈的基本一样。尽管在该《意见书》的栏外有用红笔写的"只限大臣一人审阅，万勿与他人览视，阅后务请销毁"等字样，但还是被参谋藤井正务保存下来了一套副本。其全文由战

118

备、训练、作战方针与计划等四部分组成。

在第四部分中，山本详细地阐述了在"开战之初所应采取的作战方针与作战计划"："用第一、第二航空战队的全部航空兵力，乘月夜或黎明的光亮，向美国太平洋舰队发动突然袭击，'力求全歼'停泊在珍珠港内的美国舰队；由鱼雷战队担负护卫前往作战的我航空母舰和舰上飞机及飞行人员的任务；派潜艇部队潜伏在珍珠港出口地区水下，待轰炸开始后，击沉企图出港逃走的美国舰只，造成港口堵塞等等；打一场震撼山河的硬仗。可以想像，那种激战将是何等的壮烈，但愿能够毕其功于斯役。

恩请大臣下令由别人来接替我联合舰队的司令职务，授命我为航空舰队司令，卑职当亲率航空舰队进击夏威夷。"

在山本上书及川的同时，还将他袭击珍珠港计划的要旨写给了时任第十一航空队参谋长的大西泷治郎少将，并命令他拟订具体的作战计划。大西泷治郎是日本海军有名的"航空专家"，是个具有创新精神和大胆实践的人物，在当时的日本航空界，他被评价为"不可多得的人才"。他一贯鼓吹扩大和改善日本海军空中力量，在这一点上他与山本五十六可谓是"志同道合"，因而深得山本赏识。

接到山本五十六的命令后，大西泷治郎立即赶赴联合舰队的旗舰"长门"号与山本密谈。在获知大西即将到达"长门"号后，山本五十六亲自走上舰桥迎接。

山本在见到大西后甚至忘记了自己联合舰队司令官的身份，未等大西行军礼，便伸出手紧紧地握住了大西的手。

"你终于来了。我正盼着你为我出谋划策呢！"山本五十六兴冲冲地把大西拉进了自己的指挥舱。"这次战役是我们日本帝国对美国的初战，关系重大，只能赢，不能输啊！你可得多费心啦。"山本拍着大西的肩膀，语重心长。

大西受宠若惊地说道："长官请放心，卑职一定尽心竭力甘

119

效犬马之劳，决不辜负了长官的厚爱。"

随后，山本五十六向大西泷治郎阐述了自己的袭击珍珠港的作战构想，两人就此构想的细节作了初步研讨。

大西泷治郎回到鹿儿岛第十一航空队司令部后，即着手挑选拟订计划的参谋。他首先召见了其首席参谋田孝成上校。田孝成也是一位航空战术参谋，享有空投鱼雷专家的称号。这位上校被大西泷治郎嘴里说出的"袭击珍珠港"几个字惊得目瞪口呆，他似乎还在怀疑自己的耳朵是否出了毛病。过了一会儿他才回答说："珍珠港系浅水港，使用鱼雷攻击，在技术上似不可能。"

大西泷治郎一听，脸便阴沉了起来。但田孝成似乎并不惧怕上司的脸色，他得客观地阐明自己的观点，以尽参谋之职。随后继续说道："除非能在鱼雷轰炸上创造奇迹，否则这种类型的攻击将是完全不现实的。如果鱼雷上能捆上降落伞以防沉入水底太深和卡在水底淤泥中，或者是从非常低的空中投放鱼雷的话，倒是有可能成功，但这样困难的作战恐怕仅从想像上来说是可能的。"

大西泷治郎的脸更加阴沉了，其实他对突袭珍珠港也心中没底，听了田孝成的话，他对袭击珍珠港作战计划所冒的巨大风险有了更深的认识。但他必须完成这一计划，除此之外，别无选择。大西泷治郎想，田孝成尽管是一名航空战术专家，但看来他却不是拟订袭击珍珠港计划的合适人选。于是，大西泷治郎想到了另一位参谋。

2月初，他给那位在第一航空队"加贺"号航空母舰任参谋的中校军官写了一封短信，令他到鹿儿岛来一趟。中校很快就来到了大西的办公室。这个中校在山本计划中起了重要作用。他的名字叫源田实。

源田实1929年11月毕业于日本海军航空学校，他的毕业成绩在全班名列前茅。源田跟大西一样，也相信海军航空兵的重要

作用。他身材不高，在他那雄鹰般的脸上，闪耀着一股强烈的战斗精神。他在海军中开始是个战斗机的飞行员。由于他技术超群和勇敢，他为他自己赢得了日本海军"王牌战斗机飞行员"的称号，而他所在部队也被人称之为"源田特技飞行队"。

源田不仅是一位技术高超的飞行员，也是一位杰出的航空兵战术家。他在1937年调到上海出任第二联合航空队作战参谋时，对于采用战斗机编队作战和远距离出击的大大改进的新方法作出了贡献。后来，他作为海军大学的高才生毕业后，在伦敦当了两年主管航空兵业务的海军副武官，这个经历进一步打开了他的眼界。

源田在航空兵战术领域里最显著的贡献，是大规模使用战斗机夺取制空权以确保轰炸机作战和协同使用几支航空母舰部队在一个战术战场上作战。这些新方法在太平洋战争初期使用得十分有效，而且在美军航空界中享有"源田主义"之称。他在日本海军航空兵中以敢于冒险而著称。同时他的坚忍不拔、拒绝平庸、对自身业务要求尽乎完美的职业性格使他在当时的日本海军航空领域"远远超出他的大多数同僚"。

时任军令部作战课课长、海军少将富冈定俊评价源田说："他无疑比他的时代先进十年"。1933年在航空母舰"龙骧"号上源田认识了时任该舰队司令的山本五十六。山本对这位技术熟练、有头脑、有主见的海军战斗机飞行员大加赞赏。后来，山本曾对他周围的参谋说过："从源田实身上，我们可以看见日本海军航空兵光明的未来"，这一评价令源田受宠若惊。

源田1934年11月被调往横须贺航空联队当飞行教官，在横须贺航空联队那里，他认识了当时还是大佐的基地副司令大西泷治郎。相同的思想、相互吸引的性格，以及对山本五十六的敬仰使大西泷治郎和源田实相见恨晚。

源田在日海军大学学习时，曾写了一篇论文，主张日本海军

应大力发展航空母舰，应将建造中的战列舰和巡洋舰统统改装为航空母舰。他还主张，日本海军应以舰载机为主力，对敌实施主动攻击，不能等待敌舰来攻。引诱敌舰来攻，在日本近海与敌进行舰队决战的作战思想是错误的，无益的。源田的这些很有创见的思想，触及了日本海军当时最敏感的战略指导问题，因而，源田被一些人嘲讽为"疯子"。但是，毫无疑问，他的思想与山本是一脉相通的。

在制定袭击珍珠港作战计划的关键时刻，大西泷治郎是不会忘记源田的。辞退了田孝成后，他毫不犹豫地将源田实作为拟订袭击珍珠港作战计划的理想人选。大西泷治郎在办公室里向源田实就袭击珍珠港的设想作了介绍。

"源田，这件事是绝密中的绝密，对任何人都不能走漏一点风声"。

随后，大西泷治郎把山本五十六写给大西的亲笔密函递给源田。源田仔细阅读着信函，他为山本的计划所折服，为山本过人的胆略和气魄所感奋。他说："这个计划虽困难，但并非不可实现。"

大西对源田的回答深感满意，令他回去后尽快拿出一份具体的作战计划。

返回"加贺"号后，源田马上着手拟订计划。他根据山本五十六"力求歼灭敌舰队主力，使其丧失作战能力，摧垮其士气"的基本思想，夜以继日地工作，两周后，一份具体计划诞生了。

这份计划的主要内容是：出动全部航空母舰，利用夜晚掩护，秘密驶近瓦胡岛；利用拂晓出动舰载机，对敌舰实施突然攻击；舰载机攻击编队要包括俯冲轰炸机、水平轰炸机、鱼雷攻击机和战斗机；鱼雷攻击机一定要使用，要尽快解决鱼雷不能在浅水水域使用的问题；航空母舰编队要尽量靠近瓦胡岛，完成攻击

山本五十六

任务的舰载机必须返舰，不能在海上降落；攻击目标的先后顺序是：敌航空母舰、战列舰、巡洋舰和驱逐舰，重点是航空母舰。在这个计划中，源田对山本的设想作了一些修改和完善。例如，山本曾设想，为了不暴露航空母舰目标，担任攻击的舰载机可不必返回母舰，就在海面降落，等待日方的驱逐舰和潜艇前来救援。山本认为，这样既可避免损失航空母舰，亦可使美国人大吃一惊，认识到日本民族视死如归的气概，从而收起与日本人对抗的打算。源田认为，山本的想法是不现实的，一方面这样将对飞行员心理产生不利影响，会白白牺牲一些宝贵的飞行员；另一方面，航空母舰如无舰载机，就无异于一堆废铁，在返航途中如遇到美军的攻击，就只能自取灭亡。因此，他力主担任攻击的舰载机一定要返回母舰。

源田把计划递交大西后，他们两人又在一起作了详细的研究，大西对计划又作了不少补充。到了4月初，大西将计划呈报了山本五十六。一份即将给世界带来震动的作战计划，就这样出笼了。

把矛头坚决指向珍珠港的山本五十六认为：日本的根本目的是要征服整个西太平洋、远东和中国，建立"大东亚共荣圈"。但是，如欲南进，首先将会碰到麦克阿瑟和哈特指挥的驻菲律宾美陆、海军的拦阻。驻菲美军和驻夏威夷美军互为犄角。消灭了太平洋舰队主力，驻菲美军就陷入了孤立，南进的障碍也就容易排除了；珍珠港是美太平洋舰队的基地，在那里如能聚歼其主力，不仅可以切断美海军从海上对其他方向的支援，而且将给美国的士气以沉重打击；山本清楚地知道，日海军力量不足，如联合舰队主力用于菲律宾、威克岛、新几内亚等方向，日本近海防御必然空虚，美太平洋舰队可能乘虚出动航空母舰编队以舰载机空袭日本本土。那样，后果就不堪设想了。因此，山本决心先下手为强，以免遭受太平洋舰队的毁灭性打击。

二战人物

　　尽管山本袭击珍珠港的设想及计划一直是在高度保密的情况下进行的，但是，没有不透风的墙，美国大使馆还是从传闻和对有关迹象的判断上，捕捉到了山本的秘密计划的蛛丝马迹。1941年1月底，也就是山本上书及川不久，美国驻日大使约瑟夫·格鲁给华盛顿发了一份绝密电报："据卑职的同僚驻日使节贝尔所言和从包括日本在内的许多方面得知，值此日美关系紧张之际，日本正在计划袭击我珍珠港。尽管贝尔使节认为，这只不过是日方异想天开，然而，各种迹象迫使我不能不信，至少是有这种可能。经再三考虑，我认为还是电告政府为好，以便加以防范。"

　　约瑟夫·格鲁堪称警惕性很高的大使，可惜他的电报及其他一些人的类似警告，非但未起到应有的作用，反被华盛顿决策当局视为谣言。2月初，美国海军作战部长给太平洋舰队司令官发了一份电报说："所谓日本计划要袭击珍珠港之说，确系流言，作为美国海军情报部，根本不予相信。"美国政府当时把注意力集中在希特勒和欧洲战局上，在太平洋方向，他们仍在推行绥靖政策，梦幻以此来延缓日本战争机器的运转速度。

　　在源田拟订计划的同时，山本在联合舰队司令部又组织了四个研究小组，拟制联合舰队的各种作战方案，并研究有关战略战术。袭击珍珠港当然是他们研究的课题之一。当源田计划呈送到山本手里后，山本又参照联合舰队司令部的研究成果，对计划作了审修。山本为纪念他所崇拜的东乡平八郎在对马海战中升起的"Z"字旗，将这一计划的保密代号定为"Z"计划，史学家则称之为"山本计划"。

　　山本在4月底派黑岛龟人参谋携袭击珍珠港的作战计划去海军军令部汇报，力争获得批准。但是，海军军令部作战部部长福留繁少将、作战处处长富冈定俊上校和航空参谋三代辰吉中校，都极力反对这一计划，他们认为，这样做是冒险，违背了日本海军既定的作战方针和计划。黑岛无功而返。

由于受传统作战思想的影响，反对这个计划的不仅是海军军令部，海军大臣及川古志郎也未明确表明态度。在联合舰队内部也有很多人反对。

在停泊于宿毛湾的"长门"舰上，山本五十六亲自主持了一次对美作战的图上演习会议。"千岁"号航空母舰舰长山本亲雄也前来与会。山本亲雄曾与山本五十六一起在日驻美使馆武官处共事过，1937～1939年他曾在军令部作战部任职。在演习会议上，山本亲雄发现，在司令部进攻菲律宾的作战方案中，根本没有使用航空母舰，仅投以"凤翔"号小型演习用的航空母舰。这与他在军令部主持作战工作时的"竭尽全力进攻菲律宾"的原作战思想完全不符。

山本亲雄疑惑不解地向舰队司令部航空参谋佐佐木彰中佐询问："请问，菲律宾为什么连一只新的航空母舰也不用呢？进攻菲律宾，乃是初战，初战失利，那是非常危险的。那些航母准备用于何处呢？难道还要搁置不用吗？"

佐佐木把山本亲雄悄悄地拉到一个没人的房间，对他说："持这种想法的不止你和我，因为是你问，我就照直说了吧，但这是绝密中的绝密，你可千万不能走露一点风声。"

佐佐木看了一眼山本亲雄，在得到了保证后，他继续说："确有'赤城'、'加贺'等六艘航空母舰可以投入对菲作战，但已经决定在大战之初把它们用于夏威夷方向了。因此，它们将不参加对菲作战。"

这是山本亲雄做梦都没有想到的。

"这完全是冒险！是谁的主意？"

"那还用说吗，当然是舰队司令山本长官的啦！"

"那么，你们就都赞成吗？"

"不，一开始，司令部的幕僚们都持反对意见，但山本长官无论如何也要坚持。"

125

"真是个赌徒!"山本亲雄无奈地叹了口气。

联合舰队的高级将领也大都对"山本计划"持反对意见,其中就有后来亲自率舰队偷袭珍珠港的第一航空舰队司令南云忠一中将。只有第二航空舰队司令山口多闻少将表示赞同。甚至连曾经负责制订过"Z"计划的大西泷治郎后来也极力反对该计划的实施,他曾当面向山本五十六表示:"在日美之间,难以用武力迫使对方屈服。日本去攻占菲律宾或其他地方是可以的,就是不能去攻击珍珠港。"因此,他建议:"撤销进击夏威夷的作战计划。"

第一和第十一航空舰队9月底,在鹿屋基地召开了一次主官会议。大西在会议上再一次阐述了他的反对意见:"在日美之间,想用武力迫使对方屈服是根本不可能的。即使不能迫使美国签订'城下之盟',无奈只有开战一条路可走的话,我们宁可做出某些必要的妥协和让步,也要设法尽早结束战争。我们去攻占菲律宾或其他别的什么地方都可以,就是不能去攻击夏威夷,而且应尽量避免给美国人类似的刺激。"

南云忠一也仍然持反对意见。会议决定,以第一、十一两航空舰队司令长官联名的形式,上呈他们的讨论结果——建议撤销进击夏威夷的作战计划。

10月初,草鹿龙之介和大西泷治郎二人启程前往拜见联合舰队司令长官山本五十六。山本在听取了两位参谋长慷慨激昂的陈词之后,平静地说道:"二位所言固然不无道理,但你们可曾想过,就在我们致力于南方作战之时,如果美国从东面用它的舰队空袭我本土怎么办?我们在着眼于索取南洋地区的重要资源的同时,就甘愿我们的东京、大阪变成一片焦土吗?只要我是联合舰队司令,我就不会放弃进击夏威夷的作战计划,尽管此计划尚有些勉强之处,就实施来说,也还存在着许许多多的困难,但我还希望你们,多从积极方面考虑,坚定信心,加强训练和各方

面的准备。"

接着，山本又意味深长但又略带怒气地说道："再不要因我喜欢玩桥牌、扑克等，就把这说成是什么抱侥幸心理，是投机赌博的了！"山本五十六的话虽不多，但对大西和草鹿两人的触动还是很大。大西不但已经认可了"山本计划"，而且还反过头来帮助山本劝说草鹿，但草鹿似乎还在犹豫不决。在两位参谋长离舰时，山本五十六破例地把他们送到了舷门之外。在道别之时，山本深情地握着草鹿的手说："草鹿君，我完全理解你的心情。但是，我的决心已定，希望你也能予以理解。回去后，不要再和我唱反调了，时间已经非常紧迫，要为实现我的作战决心多作准备。到时候，我还要派你到夏威夷去夺取头功呢！"

山本的态度和一片肺腑之言打动了草鹿，他当即表示说："长官放心，我今后不再持反对意见，要一心为实现长官的意图而尽心尽力。"

山本五十六毕竟在联合舰队有着极大的号召力，渐渐地，联合舰队对珍珠港之战逐渐形成了较为统一的意见。海军军令部是日本海军中央指挥机关，军令部不下达命令，任何作战计划都是一纸空文。那么，军令部反对山本的"Z"计划的原因主要是：第一，这份计划与日海军的既定作战方针相抵触。日海军当时的作战方针概括起来主要是：主要作战对象是美国海军，主要攻击目标是美军控制下的菲律宾；通过集中力量对菲律宾实施攻击，吸引美国舰队来援，然后使用预先部署在马绍尔群岛、马里亚纳群岛、卡罗林群岛和帕劳群岛等南洋岛屿及其水域的岸基航空兵和潜艇，逐步消耗美太平洋舰队的实力，使之相当于或小于日本海军的实力；寻找机会在日本近海与美太平洋舰队进行舰队决战，一举将之歼灭。山本的计划除作战对象与此相同外，其他一概与此相背。

第二，日本当时急需的是印度支那及南洋地区的资源，攻击

珍珠港则收不到掠取资源之效。军令部认为，军令部负责决定兵力的使用和分配，协调陆海军的关系，安排各方向的物资和弹药供应。因此，不能只考虑一个方向或一次战役，应从全局出发，衡量轻重缓急，将力量和物资用于对达到战略目标至关重要的作战方向。

第三，山本的计划是把希望建立在美太平洋舰队主力集中停泊在珍珠港的假设上，缺乏坚实的基础。此外，一个庞大的偷袭编队在海上航行五千多千米而不被发现，不受一点对方的攻击是很困难的。一旦被对方发现，这支舰队就很可能成为鱼口之食。

第四，袭击珍珠港会捅到美国的痛处，从而招致美国的强烈反击。当时，美国海军的实力大于日本海军。美国有战列舰十七艘，约五十四万吨，日本才有十艘，约三十万吨；美国海军有航空母舰八艘，约十六万吨，日本有航空母舰十艘，约十五万吨；美国海军有重型和轻型巡洋舰三十七艘，约三十三万吨，日本有重型和轻型巡洋舰三十八艘，约二十六万吨；美国海军有驱逐舰一百七十二艘，二十四万吨，日本有驱逐舰一百一十二艘，约十七万吨；美国海军有潜艇一百一十一艘，约十二万吨，日本只有六十五艘潜艇，约七万吨。日本海军的总体实力为美国的百分之七十多。如果遭到美海军的全力报复性打击，后果将不堪设想。

尽管军令部极力反对，但山本五十六已经决定了的事是不会轻易放弃的。8月7日，他再次派黑岛上校赴军令部汇报，力请批准这项计划。富冈定俊仍不同意，并举出各种理由表示反对。对此，黑岛用山本的观点予以逐点反驳。山本的观点主要是：同美国交战是不可能取胜的，在明知这一结果的情况下，如果最高当局还坚持要打，那就只有采用突袭的方式，先发制人，摧毁对方的主力，使之半年内不能投入西太平洋的作战，除此之外别无良策。

经过一番唇枪舌剑后，富冈最后勉强答应了黑岛的一个要

求：把每年海军大学的例行图上作业，由 11 月或 12 月提前到 9 月举行。那时将设立专门推演室推演山本的方案。

应联合舰队司令官山本五十六的要求，1941 年 9 月中旬历时十天的日本海军大学例行图上作业提前开始了。这次作业在海军大学四楼礼堂进行。宽大的礼堂被临时隔成数个小间，依照事先确定的课题，分别在沙盘和地图上推演。这次图上作业的主要课题是，日本实施南进计划，就攻占菲律宾、马来亚、印度尼西亚等战略要地的兵力区分、任务区分、机动方式、后勤补给等进行研究，以便发现问题，寻求解决的办法，进一步完善作战计划。

在日本军部的眼里，南进是日本兴亡的关键，其他方向的作战只是次要的，珍珠港作战也不例外。因此，珍珠港袭击战的图上作业，被安排在单独的一间密室进行，时间被放在最后两天。尽管袭击珍珠港只是南进的补充或附加作战，由于与美国开战事关重大，从保密的角度考虑，这一作业间警卫森严，出入人员受到严格限制。

参加袭击珍珠港图上推演的是海军军令部的军官和联合舰队的军官，共约三十余人，由山本亲自坐镇。军令部总长野修身上将率作战部部长福留繁少将和作战处处长富冈定俊上校参演。

联合舰队出席作业的均系山本亲自选定的各方面的主官和主要参谋，其中包括：第一航空母舰编队司令官南云忠一中将、参谋长草鹿龙之介少将，第二航空母舰编队司令官山口多闻少将，第三舰队司令官三川军一中将，第一鱼雷战队司令官大森仙太郎少将，潜艇舰队司令官清水光美中将和参谋三户寿上校以及"Z"计划的制订者之一源田实中校等。演习的总裁判由联合舰队参谋长宇垣缠少将担任。

由于有不少人反对空袭珍珠港的计划，也有一部分人对该计划存有疑虑，因此，在正式推演之前，参加作业的人员首先讨论

了两个对计划至关重要的问题。

第一个问题是：从技术上看，这次作战能否实施？这个问题的关键是选择哪条航线最佳。由日本进击夏威夷有南航线、中航线和北航线三条海上航线可供选择，南云忠一认为攻击之时，已到晚秋季节，正值北航线风大浪高的时期，不利于海上补给，主张选南航线。而源田实认为，北航线距离最短，且过往船只少，利于袭击编队隐蔽航行，主张选北航线。源田的意见得到了山口多闻等将领的支持。

第二个问题是：袭击编队的舰艇和舰载机的行动能否完全做到隐蔽、保密，直至攻击开始之时？山口多闻认为，为防止美军的空中侦察，在袭击编队的外围大范围海域，应派出警戒巡逻的舰艇和侦察机。对此意见，源田实表示坚决反对。源田认为，舰艇排放的油污、不良天候可能使担任侦察的舰载机迫降或堕入海上、编队与担任侦察巡逻舰艇与飞机的无线电通信偏号等，都可能成为敌方侦察的目标，搞不好反会暴露袭击编队。最后，山口勉强同意了源田的观点。

接着开始图上推演。"红军"代表美军，"红军"指挥官由小川贯灵上校担任，他是一位美军通，特别对美军的战术有研究，故而山本选他作"红军"指挥官，要求他在演习中放手去干，以便尽可能多地发现问题，找出对策。"蓝军"代表日军，由南云中将担任指挥官，他指挥袭击编队沿北航线向东航行，在距瓦胡岛九百余千米处，折向南全速前进，于某一星期日拂晓向"红军"发起攻击。

"红军"早有戒备，不时派出巡逻机进行侦察，很快就发现了"蓝军"的袭击编队，迅速派战斗机升空截击，舰艇与岸炮也作好了战斗准备。

演习结果，"红军"有四艘主力战舰被击沉、一艘被重创，两艘航空母舰被击沉、一艘被重创，一百九十架飞机被击毁；

"蓝军"损失也很惨重，有两艘航空母舰被击沉、两艘受伤，一百二十七架飞机被击落。总裁判裁定："蓝军"袭击失败。

双方经过重新准备以后，第二次推演开始。"蓝军"仍取北航线前进，中途折向南，于攻击前晚间抵达"红军"巡逻机侦察半径圈外，至瓦胡岛的距离约一千二百千米，空袭编队由北出发，于次日拂晓"红军"巡逻机起飞侦察前飞抵目标，开始攻击。这次达成了突然性，"蓝军"突袭了"红军"军舰，使其遭受重大损失。"蓝军"损失甚微，成功地撤离了战场返航。总裁判裁定：袭击成功。

这次演习虽然成功，因偶然因素和冒险性太多太大，并没有打消人们的疑虑。南云在演习期间多次面带难色地对山本说："北航线有很多危险，一有差错必然会造成重大损失。"

山本每次都拍着胸脯说："不必担心，一切责任都由我来承担。"

决定再次派黑岛去向海军军令部汇报的山本五十六，在海军大学的图上作业一结束，就要求批准。而后他反复叮嘱黑岛，要充分向军令部表达坚持袭击珍珠港的决心，要求军令部批准出动全部航空母舰进击夏威夷。

山本就在黑岛启程之时，把他拉到一边说："告诉他们，如果该计划未获批准，我宁愿辞去联合舰队司令官的职务。"

山本五十六通过好友海军中佐高松亲王，将计划直接呈交天皇，获得恩准。同时，他还派黑岛前往军令部，大本营终于批准了这一计划。"Z计划"几经修改，使各方面都更加周密完善。在兵力编成上，既要求具备强大的突击威力，又要避免编队过于庞大而被发现。最终确定为航空母舰、重巡洋舰、战列舰、轻巡洋舰、驱逐舰、潜艇、油船，共计三十多艘。舰载机大约共有四百多架，其余还有负责担任突击任务的，其中有九九式俯冲轰炸机、九九式水平轰炸机、九七式鱼雷机、零式战斗机，另有一些

二战人物

舰船负责保护编队安全。编队司令为南云忠一中将。

此外，还有二三十艘潜艇组成了先遣队，先期出发。其中大约二十艘负责侦察，还有几艘作为特别攻击队，各携带一艘袖珍潜艇，在空袭前将袖珍潜艇放出，由袖珍潜艇自行潜入港内，乘轰炸时的混乱从水下发射鱼雷进行攻击。在航线选择方面，从日本本土到珍珠港，通常有三条航线：经阿留申群岛的北航线；经马绍尔群岛的南航线；经中途岛的中航线。其中，中、南航线，气候宜于航行，但来往商船频繁，而且距美方岛屿较近，易被发现。但是，北航线远离美军岸基航空兵的飞机巡逻范围，而且一般无商船航行，便于隐蔽。可是气候恶劣，风大浪急，海上加油比较困难。后来经过反复的比较，尤其是出于保密方面的考虑，最后日军选择了北航线。

飞机起飞海域的距离，也是需要考虑的。太远容易使飞行员疲劳，影响战斗，太近又会被发现。经过再三的研究和考虑，最终决定在瓦胡岛以北二百海里的地方为起飞海域。从起飞到飞抵珍珠港大约需要两个小时的时间，这是根据当时日军飞机的航速推算的。并且在舰载机起飞后，航空母舰便后撤一段距离。这样飞行，日军飞机返回时航程稍远，而去时航程却较近。如果此时美军派出飞机追击，那么他们会增加不少往返航程，从而使美军的追击增加了困难。更煞费苦心的就是突击时间的选择。如果要和在马来亚的登陆同时发起，由于是在拂晓登陆，为了作战能够顺利的完成，就得先要在下半夜有月光的日子，还要是星期日，因为根据美军的活动规律，出海的军舰通常在星期六返回，那么星期日在港内停泊的军舰最多，而且星期日人员休假也最多，戒备最松懈。综合各项情况，突击日定为 12 月 8 日的清晨进行。后来，因为参战的第五航空战队的二艘航空母舰上的飞行员没进行过夜间飞行训练，所以把突击时间改为早晨六时起飞，两个小时后实施攻击。同时，此刻距珍珠港作战仅剩大约两天的时间。

第九章　秣马厉兵窥伺珍珠港

1941 这个年头，整个世界都处于战争的风雨飘摇之中。西方纳粹德国的侵略铁蹄正在践踏着欧洲大陆；东方日本侵略者丧心病狂地进一步扩大了全面侵略中国的战火……而"山本上书"以及"Z 计划"出笼后，太平洋上空的战争阴云越压越低。

虽然山本五十六偷袭珍珠港的计划直到 1941 年秋末才获批准，但是日本法西斯挑起太平洋战火的庞大战争机器，却早已经从这一年的春天便开始秘密而高速地运转起来。

善于谋略的军人山本五十六已经明白，决定偷袭计划成败的关键是：日本庞大的航空母舰编队能否渡过太平洋而不被发现；确定作为袭击目标的美国太平洋舰队是否停泊在珍珠港内。

通常人们看到的，偷袭的成功机率微乎其微，只有那些嗜赌者才会冒这么大的风险，这样的事情。

天生的赌徒山本五十六，在他看来，赌博一半靠谋算，一半靠运气，偷袭珍珠港虽然很危险，但机会稍纵即逝，决不能放弃。早在山本上书及川古志郎之时，他便开始认真布置偷袭珍珠港的准备工作了。

为了做到知己知彼，山本五十六在收集美军情报上下了很大功夫。据后来的统计数字显示，1941 年 5 月后，日军派到珍珠

港的日本间谍多达两百人，从各方面搜集珍珠港的天气、水文、地形和美军基地、飞机、舰艇的部署。特别是大量搜集珍珠港的军事情报。而其中，在日本偷袭珍珠港"青史"留名的当属吉川猛夫。

日本客轮"新田丸"号巨大船体在 1941 年冬末时节靠上了夏威夷檀香山的码头。乘客们肩扛手提地下船了。到处是惊喜的呼叫、问候，还有热烈的拥抱。接客的人群中，有两个衣着和服的日本领事馆人员，其中一个高举着一块小木牌，上面用日文书写着："接东京来的森村正书记员"。

在这拥挤的人流中，一个年轻人手中的提箱上，写着"森村正"的英文缩写。他老远就看到了牌子，高兴地疾步奔过来。他们一道钻进领事馆的汽车，一溜烟开走了。汽车开进坐落在檀香山市一条僻静街道的日本总领事馆，总领事喜多长雄一本正经地召见了森村正，勉励他好好干。当手下人都离开办公室，喜多关上房门，换上一幅亲切的笑脸，走到森村正身边："吉川先生，你是海军情报局的吉川猛夫少尉吧？我已经得到通知了，一定配合你工作。"

吉川笑了笑，一种使命感油然而生，他预感到自己的活动将对战争的进程起到不可低估的作用，于是站起身，认真地点点头："我初来乍到，情况不熟，还请多关照。"

在领事馆里，唯一了解吉川底细的知情人就是喜多。曾在 1940 年的春末时节，山本便命令日本海军情报局第五课课长山口大佐物色一名潜入珍珠港的情报员。山口向山本推荐了吉川猛夫少佐。已经快三十岁的吉川，细长个子，英俊漂亮，看起来比实际年龄年轻。他曾在日本江田岛的海军学校学习，毕业后任海军密码官，后因饮酒过度，把胃烧坏了，只得暂时退伍。因战争需要重新入伍后，在海军省情报部任预备军官，开始在英国科，后来调到美国科，在堆积如山的资料中筛选情报。他熟悉美舰调动情况，熟记各种海军装备。

吉川在得到准备派其前往珍珠港的通知后欣喜若狂，因为他喜欢这种富有挑战性的工作。吉川受任后，脱去了军装，留起头发，让自己看上去像个大学生。在外务省的书记生公开招考上，吉川以大学生的身份参加了考试。尽管他在外交知识方面的成绩很不理想，还是被破格录取。从此，海军少尉吉川猛夫变成了书记生森村正。这个姓名，是外务省的一名官员给起的，因为它对外国人来说，既不易发音，又不易记住，颇具隐蔽性。就这样，1941年春天，"森村正书记员"登上了由横滨开往夏威夷的"新田丸"客轮。

来到夏威夷后，吉川把主要精力集中在搜集停泊在港口的美军舰船情报上。他乘坐游艇，以旅游者的身份穿梭于夏威夷群岛的各个小岛。他发现，只有檀香山所在的瓦胡岛驻有海军舰队，而瓦胡岛的舰队又集中在珍珠港，于是，吉川的注意力瞄向了珍珠港。

几天后，吉川装扮成一名菲律宾籍劳工，混在珍珠港的建筑队伍中。他身穿橄榄绿无领衫，手提饭盒，同其他人没什么区别。只是在工间休息时，不时东张西望，看似无意地敲敲储油槽。在吉川看来，一天的繁重劳动有些不值得，除了意外发现油槽里装满船用柴油，其他一无所获，甚至连码头区都未能混进去。

总是一无所获的盲目行动，使吉川很懊丧。如果这样的继续下去，不但会辜负海军省的厚望，而且还会把自己赔进去。无可奈何的情况下，吉川只能寻求喜多总领事的帮助，因为他对夏威夷的情况很熟。喜多问明情况，眨眨眼睛，果然出了一个好主意。

喜多想介绍吉川去珍珠港后面的阿莱瓦山坡上，在那里有一家日本人开的饭店，名叫'春潮楼'。那里地势很好，可以俯瞰

135

珍珠港全景，每日舰艇的进出都在监视之中。

就这样第二天，春潮楼的老板娘藤原波子接待了吉川。

"啊，你是森村正先生，喜多总领事介绍来的，太好啦，姑娘们来见客吧！"

从后面姗姗走出几个艺妓，一看就知是美籍日本女子，身上穿着和服，脚上却蹬着高跟皮鞋，浓妆艳抹，非常风骚。

"快，带森村正先生上楼，安排个干净房间。对，就去那间面向大海的。"

就这样，一名艺妓把吉川带到了楼上。果然，珍珠港在眼前一览无余，大批的战列舰、航空母舰、巡洋舰进进出出。吉川兴奋极了，马上决定住下来。

在以后的几天里，吉川除了与艺妓们厮混外，经常独自倚在窗口观察、记录美军舰船的类型和艘数，当然记录时用的都是只有他自己才能看得懂的符号。时间长了，他渐渐掌握了美国太平洋舰队的活动规律，这些情报都是他第一手得来的，所以完全可靠。每隔一段时间，吉川就把情报汇总报给喜多，再由喜多用密码发回东京。山本五十六对吉川送回的情报很满意，依据这些情报着手拟定袭击珍珠港的计划。

吉川也不失时机地扮演着"浪荡公子"的角色。工作之余，和几个艺妓都保持着密切关系，而且不吝惜钞票。他有一个为自己辩护的理论：任何一个倾心于追逐维纳斯的人，在别人眼中都少一份间谍的嫌疑。

之后的一切事实印证了吉川的设想，放荡的行径还真掩护了他。从他到檀香山的那一天起，美国联邦调查局人员就开始对他进行调查、窃听电话。一次一个艺妓打电话到领事馆找吉川，从音量的骤然波动，吉川发觉有人窃听，他灵机一动，故意抓住电话不放，和她有一句没一句地长谈，甚至晚上在枕边才能讲的话他也毫不顾忌。联邦调查局的人听厌了，拔下窃听插头，对他的调查到此结束。

初夏季节，夏威夷已经炎热恼人，人们纷纷来到海滨纳凉。身着白色西服的吉川挎着情意绵绵的艺妓，登上檀香山的空中旅游飞机。外人看去，真是风流倜傥的一对。飞机在天空中一圈圈地飞着，瓦胡岛的珍珠港基地和希卡姆机场、惠勒机场尽收眼底。吉川的眼睛搜索着每一个细小的数据，机场跑道的走向和长度、停机的多少等等都深深印在他脑子里。在这些场合，艺妓成了吉川最好的保护伞。

日军悍然进入印度支那南部是在 1941 年 7 月底，到了 8 月初，美国单方面宣布对日经济禁运，日本急需的石油、棉花、废钢铁等战略物资的供应被掐断了。进入 10 月后，美日两国关系风云突变，一触即发。

来往于美日之间的"新田丸"号吉川，在 11 月初的这天清晨，蒙蒙晨雾中他再次靠上檀香山码头。它的任务是撤退在夏威夷的日本侨民。只有少数日本决策者心中明白，这可能是"新田丸"战前的最后一次航行了。

船一靠岸，一艘小型的白色汽艇跟了上来，一群美国水兵登上船，在船桥上、机舱边安了哨，船上许多人都不允许下船。喜多派人上船与自称"新田丸"事务长的日本人接上了头。在船上的卫生间里，事务长取出一个纸捻，悄声说道："我是军令部的中岛少佐，请把这个交给吉川君，我就不离船了，否则会引出不必要的麻烦。记住，明天下午开船前给我答复。"

在领事馆，喜多把吉川叫到自己办公室，问他是否认识中岛少佐。

吉川表示认识的点点头，因为他们都是第六课的。

原来岛少佐来了，在船上下不来，把东西要转交给吉川。

吉川接过纸捻，回到自己办公室，反身锁紧了门。这是海军情报局给他的一封密信，不大的一张纸条上，密密麻麻写满了蝇

137

头小字，是给吉川提出的关于珍珠港基地和舰队的九十七个问题。晚上，吉川根据过去七个月费尽心机收集到的情报资料，开了一个通宵的夜车，逐一回答。第二天下午开船时，中岛拿到了答复密件，满意地笑了。

吉川的情报川流不息地发往日本直到珍珠港遭袭的前一天为止。珍珠港的秘密在山本五十六面前如同在阳光下一般暴露无遗。

山本五十六将偷袭珍珠港的计划，在佐伯湾停泊的"长门"号上，告诉了吉田善吾海军大将。吉田善吾海军大将是山本江田岛海军学校的同班同学。吉田在山本之前曾是联合舰队司令长官，在海军大臣任期结束后担任枢密院的军事顾问。

山本的脸上露出了赌徒所特有的微笑，这次偷袭行动日本必须在开战之前就要给美国海军致命的一击，这是联合舰队的唯一出路。攻击珍珠港对于使日本能腾出一只手来用于南方作战，是非常必要的。必须把太平洋舰队消灭于珍珠港内。

吉田第一次听到这个大胆的计划。作为一名旧军事学派的谨慎而注重实际的将军，他用这样的提问表示了自己的反应：

"怎么可能把目前这种舰队活动半径下的特遣舰队，送到离日本这么远的地方去呢？而且能否保证攻击时美舰都泊在港内呢？"吉田一语便切中了要害。

"特遣舰队将在海上加油。"山本回答说："目前正进行海上加油的训练，其成功的前景是乐观的。"

山本五十六的心中非常清楚，袭击珍珠港是一场豪赌，而成功的关键之处正如吉田所言，日本庞大的航空母舰编队能否渡过太平洋而不被发现、能否保证美舰都泊于港内。即使上述两点能够保证，那么特遣舰队能否展开有效的攻击呢。其实，山本五十六早在他确定要袭击珍珠港之初便已开始有针对性地训练他的联合舰队了。

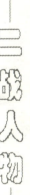

山本五十六

到了 8 月初，战争已是迫在眉睫。山本五十六的联合舰队选择了与珍珠港地形、水势极为相似的鹿儿岛海湾，进行着紧锣密鼓的实战训练。这种针对性极强，以珍珠港为作战对象的空袭训练已进展到包括某些作战细节的程度。这项任务是艰巨的。又由于需要绝对保密而不能向飞行员说明训练的目标，更增加了工作的艰巨性。

各种不同类型的飞机——高空轰炸机、鱼雷轰炸机、俯冲轰炸机、战斗机，必须机动配合，成为一支紧凑有力的打击力量，不是四十架或五十架飞机，而是数百架飞机，结成完美无缺的群体飞行，分成不同的攻击波次。首先是超低空的鱼雷机，然后是在鱼雷轰炸的黑烟尚未升起时，高空轰炸机编组轰炸，最后是俯冲轰炸机的俯冲轰炸扫射。

此时，联合舰队的"赤城"号航空母舰正驻泊在横须贺。为了提高训练效果，该舰队上的舰载飞机每天往返于横须贺和鹿儿岛之间。不过这一训练的真实意图只有极少数的几个人知道。"赤城"号航空母舰渊田美津雄少佐，已经在 1941 年的春天被调任第三航空战队参谋。但在 8 月份，他又意外地接到让他重回"赤城"号任飞行队长的命令。

渊田对这一任命感到迷惑不解：作为一个中佐军官任舰载机飞行队长这是前所未有过的。表面上，这是一种贬职，但同时他似乎又隐约地感到这不但不是对他的贬职，而且还是对他的重用。他就是带着这样的疑惑来到"赤城"号上的。当渊田驾驶着"九七"式舰基轰炸机到鹿儿岛赴任时，后来在珍珠港作战中任鱼雷轰炸机队长的村田重治大尉在鸭池基地迎接他时用羡慕的口吻对他说："渊田先生，是源田参谋让我来接你的。据说，这次行动非同寻常，连飞行队长都是'高级'的，这其中一定有什么奥秘。"

原来，当山本五十六询问源田实打算用谁担任攻击队队长时，源田向山本推荐了他的海军军官学校同学——渊田美津雄。

"渊田有一种很强的战斗精神——这是他最好的品质。"源田是这样向山本评论他的这位同学的："他也是一名能够理解任何特定情况并迅速做出反应的天才的指挥官，他不仅是我们最好的飞行指挥员，还是一名善于随机应变的优秀参谋。攻击珍珠港的成功，取决于这次攻击的飞行指挥官能力。这就是为什么我会向您推荐渊田的原因。"

其实，山本五十六对渊田美津雄早有印象。渊田 1939 年从海军大学毕业后被分到"赤城"号当飞行队长，在这里渊田第一次遇见了山本。山本对这位精力充沛、业务熟练、果敢机智的年轻人欣赏有加。因此，当源田举荐渊田时，山本只是略加思索便会心地一笑："那就好好让他大干一场吧！"

渊田所担负的任务是，不仅要训练"赤城"舰上他下属的飞行员，而且还要训练在 4 月新组编的第一舰队所有航空母舰上的飞行员。训练完全是模拟将要对珍珠港进行的攻击：飞机从鸭池基地起飞后，在鹿儿岛市北方两千米高空集结，然后单机向南从樱岛半山腰飞过去，降入甲突川峡谷，以距地面四十米的高度紧贴着山形屋百货大楼和车站的屋顶飞过，躲过电杆和烟囱，飞至码头上空时，突然把高度降至二十米。此时，投弹员拉动套环，对在三百码外的防波堤施放鱼雷。

这种训练使队员胆战心惊，因为在二十米的高度上发射鱼雷，稍不留神，飞机就会一头扎到海里去。山本之所以要求进行这种自杀式的低空飞行训练，是因为珍珠港水浅，只有十二米。在鱼雷机实施鱼雷攻击的高度为一百米，距离目标一千到一千五百米发射的条件下，鱼雷下水后，要下潜到六十米深，然后靠横舵作用上浮到离水面四至六米，再冲向目标。因此，如果鱼雷从通常的高度投放，它就会一头扎进珍珠港的水底。就是在二十米的高度投放，源田还嫌太高，他死死缠住横须贺海军基地的鱼雷

二战人物

专家们，要他们研制浅水鱼雷。

　　在这些发疯似的飞行训练中，首先被吓坏的是鹿儿岛市民。那些突然出现的鱼雷机，一架接着一架几乎擦着屋顶掠过去，连晒衣服的竹竿也被那强大的气流和冲击波震倒了。水平高空轰炸机的训练则是在离鹿儿岛不远的有明湾布志海岸的海军轰炸靶场进行。日本人在地面上画出同美国"西弗吉尼亚"号战列舰同样大小的白色标志，每天进行投弹练习，最后达到了在三千米高度投弹误差不超过三十米。如果按九机编队为一个攻击单位，这就保证了百分之八十的命中率。

　　经过数周的刻苦训练，轰炸的结果非常可观。现在只差最后一个技术问题了，就是找到合适的鱼雷。日本海军拥有航迹隐蔽、比当时世界各国鱼雷性能都好的"九四"式鱼雷。为保密起见，日本把这种鱼雷所使用的氧气推进剂称为"第二空气"。每只鱼雷的重量都在一吨以上，因此高速飞行的鱼雷轰炸机向水中发射鱼雷对水深的要求是很严格的。在五十米的高空发射时，鱼雷入水后，至少要下沉一百米。这种鱼雷用于太平洋中部地区的舰队决战比较合适，如用于珍珠港的浅水域，将会因入水后的鱼雷钻进港底而影响作战效果。要想使这种鱼雷充分发挥作用，就必须尽早解决鱼雷本身的有关技术问题，即必须加速研制能够在珍珠港使用的浅海鱼雷。

　　横须贺的海军鱼雷专家爱甲文雄大佐在接到山本五十六有关研制命令后，日以继夜地加紧解决这一问题。他用飞机平衡器做成木翅，安装在鱼雷上，大大减轻了鱼雷的下沉。为了验证此法可行，决定在鹿儿岛进行试验。飞行队长渊田美津雄，在他的飞行队里按技术水平上中下三个层次各选一名飞行员，让他们驾驶携载改装后鱼雷的轰炸机，依次在预先于水深二十米处树好标志的鹿儿岛港内发射鱼雷。

　　试验的结果，三架飞机发射的三枚鱼雷有两枚达到了预期目的——入水后不超过十二米，只有技术最差的那个飞行员把鱼雷射入了海底。也就是说，经过改装后，百分之八十的鱼雷都适宜于在珍珠港内的浅水中使用。

见此情景，渊田美津雄兴奋地对他的飞行员们说："今天我们实验的成功率是三分之二，照这样干，是绝对有成功的把握的。"

与此同时，参战舰艇也进行了强化训练。水面舰艇主要是为适应北航线的气候特点，进行在恶劣气候下的海上加油训练。技术人员对加油设备进行了改进，还对加油方法进行了分析研究，帮助舰艇部队提高海上加油的效率。袖珍潜艇则在水下地形近似珍珠港的中城湾进行了紧张的鱼雷攻击训练。以上各部队的训练都是在极其秘密的情况下进行的，所有参训人员只知道训练要求，根本不知道训练目的。

山本的联合舰队就这样在神不知鬼不觉中秣马厉兵、疯狂地进行着紧张而秘密的实战训练。近半年的近乎实战的有针对性的强化演习已经取得了明显的成果。但山本五十六对舰队的演习要求是非常高的，他似乎仍对演习效果不甚满意。

有一次，渊田美津雄就在鹿儿岛和其他地点所取得的良好训练成绩对联合舰队航空参谋佐佐木说："这回长官对我们该满意了吧！"

"我向长官汇报时也以为他会满意。但从长官的口气与脸色看他并不满意，他好像还嫌攻击时间的间隔过长，他说应该设法缩短间隔时间。"

渊田听后很不高兴，满心希望能得到山本的褒奖，却没想到碰了一鼻子灰。

山本五十六在"长门"号上亲自接见了渊田。渊田感觉，几个月没见山本，他似乎明显老了许多，但他那双眼睛依然深邃有神。

143

"珍珠港此战关乎帝国的命运。联合舰队必须作好百分之百的准备,而绝不是百分之九十九。"他意味深长地叹了口气,接着对渊田说,"所谓成事在天,谋事在人!希望能理解我的苦心。"

"长官放心,我等一定尽百分之百努力!"渊田深受感动,先前的怨气也早已消散得无影无踪。

"那么,就再来一次演习吧!最后一次!让六艘航空母舰全部出动,把佐伯湾当作珍珠港。"

虽然原先预定的进击珍珠港的时间已如此逼近,再搞这样的演习,在时间上已过于勉强,但山本还是决定再来一次大预演。这最后的一次演习为期三天,从11月初开始的,陆军参谋总长杉山元和海军军令部总长永野修身一同向日本天皇呈奏了攻击珍珠港的作战计划。

法西斯德国背信弃义,1941年的夏天,在北起波罗的海、南至黑海的两千多公里的战线上,突然向苏联发动了大规模的"闪电战",苏德战争爆发。希特勒法西斯偷袭得手的消息像烈酒一样刺激着日本军国主义分子的大脑神经,他们也开始摩拳擦掌、蠢蠢欲动,意欲遥相呼应,在亚洲和太平洋地区大打出手。随着时间的一天天过去,太平洋战争在咚咚的脚步声中也更加迫近了。

日本御前会议在7月初,通过了《适应形势演变帝国国策纲要》,决定要"继续向南方扩展","为达此目的不异对美英一战"。中旬,日本向法国发出通牒,索取印度支那南部八个机场并要求使用西贡、金兰湾海军基地。同时日本关东军在中国东北举行大演习,窥伺进攻苏联的时机。

月底,日与法属印度支那当局签订进驻印度支那南部的细目协定。针对日本这一行动,美国宣布中断日美谈判,与此同时,美国冻结了日在美的全部资产。到了8月初,美国进一步禁止除

粮食和棉花外一切物资的对日出口。英、荷、印等国也相继对日本实行禁运。日本统治集团上层，对西方国家的禁运却越来越感到不安。当时，日本每月消耗石油五十万吨左右。

日本储备的石油在八月份的时候，约一千万吨，仅能维持两年左右。美、英、荷的石油禁运虽未马上构成致命威胁，但从长远来看，对日本非常不利。在这种形势下，日本统治集团再次对开战问题展开争论。

政府与大本营的联席会议9月初的一天上午，在皇宫隔壁的宫内省召开。海军军令部总长永野说："日本各方面物资都在减少，而敌方的力量却在渐渐地增强，再过些时候，日本会越来越软弱，以至于难于支撑下去。""我确信，现在有战胜的机会，然而，这种机会恐怕会随着时间的推移而丧失。"在此基础上，永野要求，必须采取先发制人的办法，只有这样，才能勇往直前。

在军令部的坚决要求下，联席会议一致同意了下列政策："为保卫和维护帝国的生存，以10月上旬为初步截止时间，在此之前，作好战争准备，到那时，如果有必要，就决心与美国、英国和荷兰开战。"

两天以后，近卫进宫见驾，将联席会议通过的《帝国国策施行要领》草案上奏天皇。天皇一口气看完这个草案，脸上露出不解而担心的表情问道："计划中的事项前后顺序有点奇怪，为什么把战备放在第一位，而把外交谈判放在第二位呢？"

近卫担心天皇在御前会议时再质问军部，遂建议天皇召见两位总长进行私下听证。傍晚，永野和杉山来到皇宫，就天皇的有关质问做了回答。最后天皇问杉山："万一日美两国间发生什么问题，陆军在多长时间内能解决？有把握吗？"

这位陆军大臣估计："在南洋方面，打算用三个月解决。"

这时裕仁血涌脸上，感到受到了愚弄，选用不寻常的语调大

二战人物

声质问杉山："杉山，你曾是日华事变爆发时的陆军大臣，你别忘了，当时你就说过一个月左右解决问题。可是四年过去了，问题不是还没有解决吗？"

杉山惶恐地解释说："中国疆土辽阔，无法按预定的计划作战。"

这只能使天皇更加愤怒。他再次提高嗓门说："你说中国疆土辽阔，那太平洋不是更辽阔吗？你有什么把握说三个月能解决问题？"永野对他倒霉的同事表示同情，赶忙插话解围。他告诉裕仁："现在的日美关系好比一个病人，是动手术好，还是不动手术好呢？病情已经发展到危及生命的地步，如果不动手术硬挺着，病人就可能要渐渐衰弱以致死亡。如果动手术，尽管要冒极大的危险，却不一定没有治愈的希望。我认为，目前的情况正处在是否毅然决然动手术的阶段。"

天皇在9月6日正式召集御前会议，审议《帝国国策施行要领》，进行战争的最后选择。近卫、永野、杉山、丰田外相和企划院总裁铃木贞一陆军中将，一个接一个地表态，都对外交谈判不抱希望，认为日本必须为战争做准备，越快越好。最终，会议通过了《要领》，进一步决定：一、"拟以10月下旬为目标，完成作战准备"；二、"在外交谈判到10月上旬尚未达到我方要求的情况下，立即下决心对美开战"。会后，军部下令加紧备战。海军命令全军完成战争编制，增征四十万吨船只。

随后的几天中，在海军大学举行的图上演习开始，大约两百名日本海军高级军官齐集位于东京目黑区的海军大学，研究占领菲律宾、马来亚和荷属东印度等南方地区的庞大计划。

山本五十六率领其联合舰队的军官们，在东翼的一间隔离的房间里，设立了专供分析、研究袭击珍珠港作战方案的专用室。9月中旬，山本将三十多名经过精心挑选出来的军官带到专设的秘密房间，进行"夏威夷特别作战图上演习"。

近卫首相10月下旬辞职，东条英机接任首相，日本军国主义战争机器的齿轮转动得更加疯狂。

山本命令联合舰队进行最后三天的特别训练的第二天，也就是11月5日，日本御前会议决定对英美开战。同日，山本接到了军令部总长永野修身奉天皇之旨发来的《海军一号令》：

令联合舰队司令长官山本：一、日本帝国为自存自卫，已决定于12月上旬，同美国、英国、荷兰开战。在此之前，要分别作好各种作战准备；二、联合舰队司令长官，要根据海军具体作战需要实施准备；三、有关细则，待军令部部长分别下达指示。

根据永野发来的《海军一号令》精神，山本五十六在当日下达了《联合舰队绝密一号作战命令》：

联合舰队同美国、英国和荷兰作战，按本命令附件中所规定的方案实施。

> 昭和十六年11月5日
> 于佐伯湾旗舰"长门"号

继"一号作战令"之后，山本又接连下达了"二号作战令"和"三号作战令"。并最终确定：开战日定于"X日"，即12月8日。偷袭珍珠港的舰队司令官最后决定由南云忠一中将担任。

南云接到山本的任命之后立即对所属部队下达了作战命令：

攻击部队作战命令第一号：一、各舰应于11月20日以前完成作战准备；二、全舰队集结单冠湾；三、为保持作战计划机密，在离开本国港湾对部属宣布作战任务之前，务必严守机密；四、攻击队任务分配；五、战略巡航编组；六、严禁无线通信。

> 昭和十六年11月10日
> 于佐伯湾旗舰"长门"号

庞大的攻击编队大约由三十多艘军舰组成，到了11月下旬南云忠一的指挥下，以"木户部队"为代号，以不同的航线，从各自所在地点悄悄出发，秘密地向千岛群岛的单冠湾集中。这

二战人物

147

是日俄战争以来，日本联合舰队最大规模的一次集结。除了各舰长之外，连副舰长都不知道这是一次重要的军事行动。而一般官兵都以为是去北海进行演习。各舰实行严格的无线电静默，而联合舰队的其余军舰则实施无线电佯动，进行掩护。当突击编队进入单冠湾后，海防部队立即切断择捉岛同外界的一切联系，以防走漏消息。

与此同时，先遣队的二十七艘潜艇分别从佐伯湾和横须贺出发，伪装成日常巡逻，沿中、南航线，采取白天潜航夜间水面航行的方法，驶向夏威夷，执行侦察和监视任务。

由三十一艘军舰组成的庞大机动舰队，在南云忠一的指挥下，机动舰队组成和指挥官是：

机动部队，总指挥官——南云忠一海军中将；海上空袭部队，由六艘载有舰载机的航空母舰赤城、加贺、苍龙、飞龙、瑞鹤、翔鹤号组成，共载飞机四百二十三架，其中用于突击的有"99"式俯冲轰炸机一百三十一架，"99"式水平轰炸机一百零四架，"97"式鱼雷机四十架，"零"式战斗机七十九架，共计三百五十四架；海上支援部队，由战列舰和重巡洋舰组成；海上警戒部队，由轻巡洋舰阿武隈号和驱逐舰谷风、滨风、齐风、矶风、霰、霞、阳炎、知火、秋云号九艘组成；海上补给部队，由运油船极东轮、国洋轮、健洋轮、极洋轮、神国轮、东邦轮、东荣轮、日本轮八艘组成；先遣巡逻队由二十七艘潜艇组成。这是日本有史以来最强大的一支海军编队。

第二天，南云机动舰队在单冠湾刚刚集结完毕，帝国大本营海军部发布了《海军部第 5 号命令》，命令山本联合舰队司令长官实施开战部署：

大本营海军部第 5 号命令昭和 11 月下旬奉敕军令部总长永野修身兹命令山本联合舰队司令长官：

为遂行作战，指令必要的部队及时开赴待机海域；在作战准备行动中，如遇美英荷军挑衅，联合舰队司令长官有权以武力自卫；有关具体事项，由军令部总长下达指示。

攻击编队的先遣部队 1941 年 11 月底离开单冠湾，向夏威夷出发，执行侦察监视任务。紧接着，联合舰队司令长官山本五十六从广岛湾的旗舰"长门"号战列舰上，向空袭珍珠港的机动部队指挥官南云忠一海军中将发出绝密作战命令，指示向待机海域出击。命令称："攻击编队务于 11 月 26 日自单冠湾出发，竭力保持行动隐蔽，12 月初的一天傍晚进入待机海域并加油完毕。"

攻击编队的待机海域是：夏威夷群岛以北的北纬四十二度、西经一百七十度附近海面。

第十章　漫漫征程路

寒冷的风呼啸着刮过日本联合舰队的上空，一场足以让全世界人都震惊的战争正在悄悄的酝酿着。

在美日谈判进入白炽化阶段的情况下，日本联合舰队中的强大攻击舰正在集结，日本袭击珍珠港的事宜都已准备就绪。当初为了大本营同意其袭击珍珠港计划而费尽周折的山本五十六，此时却希望美日的谈判能够成功，他希望日本政府能够收回偷袭美国的成命。

山本五十六的反常愿望，并不是因为他对袭击珍珠港没有把握，半年多的强化训练早已使他们的联合舰队变得强大，足以取得袭击的成功。让山本担心的是随之而来的局面，在他看来袭击珍珠港，就像是在拍一只沉睡的老虎的屁股，当日本将美国这只沉睡的老虎激怒后，这只老虎必定会反扑过来，那时后果将不堪设想。

忧心忡忡的山本在 1941 年的 11 月中旬，召开了作战命令说明会。他将参加珍珠港作战的各舰队司令长官、参谋长全部召集到岩国海军航空队。会上山本下达了命令，他对所有与会的大小指挥官及参谋长们说道："如果在 12 月 7 日上午之前，日本同美国的谈判能够达成一致的话，那么，我将下令将所有出战的部队

撤回，届时所有部队接到命令之后，必须立即返航……"

"这怎么行，已经出发的舰队怎么能返航呢？"还没等山本将话讲完，南云便打断了他的话。

"是啊，这样做不仅会影响部队的士气，而且在实际上也很难行得通。"另一位指挥官也站起来说道。

手下的反驳使山本勃然大怒，他厉声说道："打仗本身就是目的吗？接到返航命令，谁若拒不执行，现在请即刻辞职！"

这些从未看过山本五十六发如此大火的指挥官们面面相觑，山本的"打仗本身就是目的吗"的质问让他们清醒了许多。望着双眼似乎要冒出火来的三本，众指挥官们齐声表示坚决遵守命令，接到返航命令之后会立即返回。

此后不久，机动舰队开始向单冠湾集结。山本五十六在旗舰"赤城"号上为南云及其下属指挥官举行了饯行会，会上山本非常严肃的对他的下属们说道：

"此次行动意义重大，我们要在开战之初攻击远在珍珠港的美太平洋舰队主力，这场战争能否胜利关系到大日本帝国今后一切战役的胜负，所以，你们必须十分谨慎。美国太平洋舰队司令金梅尔是一位有着鹰犬般警惕性的、具有远见卓识的人物，尽管我们的这次行动是在出其不意的思想指导下制定的，但是，金梅尔很可能已经事先想到了一切可能发生的事情，并做了周密的防御措施。所以，你们不能够掉以轻心，给帝国造成损失，而使我们伟大的天皇陛下失望。"

说到这里，山本举起了手中的酒杯，正在这时他忽然又想起了什么，端着酒杯的手停在了半空中，山本用目光巡视了一下在场的各位指挥官，接着说道：

"诸位要从事的将是一场令全世界人震惊的事业，所以，对夏威夷实施投弹攻击的时间，一定要在我国驻华盛顿的外交使节把大日本帝国对美国的最后通牒，亲自递交给美国政府官员半个

二战人物

151

小时之后，一秒钟也不许提前，请大家将这看做是一条军令，严格的服从吧。"说到这里山本五十路再次举起手中的酒杯，向即将远征的将士们祝酒。

山本五十六这样做无非是想粉饰一下自己的偷袭行动，妄图通过这样的具有一定意义的时间在历史上留下点美名。

山本五十六这位赌徒又一次按捺不住冒险的欲望，决定在战火的硝烟下铤而走险。1941 年 12 月初，在东京宫内东一会议室里，召开了由东条内阁全体成员、原枢密院议长、永野军令部部长、杉山参谋总长参加的最后一次御前会议，会议正式决定了同美、英、荷三开战。当天，海军大臣电令山本进京。山本离开停泊在濑户内海柱岛泊地"长门"号舰，乘以由岩国的列车，前往东京。

翌日，山本在海军省开完会后，来到了经理局长武井大助的办公室。关于日本政府决定要袭击美国珍珠港的计划，武井大助也是持反对意见的一派。他曾多次对山本说："与美国进行战争难道不是注定要失败的吗?"这一次山本来到他的办公室，他又一次忍不住问山本究竟是怎么打算的。

山本将武井大助办公室的门关上之后，坐在武井的对面，然后开口道："我正是为此事而来的，我想我的想法应该让你知道。对于这次同美国交战，我也是不赞成的，甚至曾想用辞去职务来阻止这件事情的发生。但是，现在箭已经的弦上了，我们不得不发。"说到这里山本顿了顿。

"等着看吧，武井君。我要一手把我们的潜艇撒向南洋，我们的对手将产生一种'数不清的黄蜂铺天盖地而来'的感觉，到那时无论是狮子还是老虎都会仓皇而逃的，他们的最后结果只能是认输了。对于美国这样一个极易改变舆论的国家来说，面对着数不清的黄蜂一拥而来，他们会打也无法打的。我们只能赌一次了，没有其他的办法。"

152

当山本五十六孤注一掷时，他的"充满智慧"的脑袋便开始热得难以冷静地分析形势了，他继续对武井说道："当你看到以后的结果时，说不定你会大吃一惊的。"

在择捉岛中央的南侧矗立的白雪覆盖着的单冠山下，集结了日本海军有史以来规模最庞大的一只舰队，这支舰队即将远征夏威夷。单冠湾在严冬风雪的掩盖下异常隐蔽，这一天夜里，各舰船上的信号兵都非常地警醒，他们的眼睛一刻不离地盯着"赤城"号旗舰。时钟的指针已经走过了十二点，信号兵们仍然没有丝毫放松，终于，他们看到"赤城"号旗舰升起了号旗，各舰船的信号兵看到号旗之后都以最快的速度向舰长报告："旗舰发出信号，起锚准备出港。"

接到信号之后，南云忠一率领的这支日本海军史上最强大的舰队，也就是以"赤城"号为先导的六艘航空母舰，从风雪掩映下的单冠湾徐徐出发了。由于这是一次极为秘密的攻击行动，因此没有人为舰队送行。只有在单冠湾外面监视敌潜艇并实施反潜巡逻的一艘警戒舰发来了信号："祝一帆风顺。"

当然，这艘警戒舰也根本不知道机动部队出发的真正目的，它之所以发来信号也只是单纯地表示礼仪而已。

"赤城"号等六支舰船的孤独身影慢慢的消失在单冠湾寒冷的晨风中，向远在三千五百余海里的夏威夷杀去。当日本舰队越过东经一百八十度的国际日期变更线，进入西半球洋面时，美方负责监视日本舰队动向的霍姆斯少校失职的将"日本航空母舰六艘仍在本国水域"的情报发给了珍珠港海军通信情报部。

就在这一天，当日本的机动舰队慢慢进入西半球洋面，慢慢向美国的珍珠港驶去的时候，日本御前会议最后决定对美开战。在这样的情况下，联合舰队司令长官山本五十六给机动部队发了密码电报，命令南云率领的机动舰队在 12 月 8 日对美珍珠港发动攻击。

153

同一天，南云下令联合舰队更改密码和所有军舰的呼叫代号，以干扰和迷惑美军的无线电监听。尽管这样，美方依然能够根据日方发出的电波来测定他们的无线电方位，从而判明舰船的所在地点。至于呼叫暗语，即使美方不明白呼叫暗语的意思，也破译不了密码，但是，他们仍可以根据捕捉到的电波来判断发报舰船的位置。

这一点山本五十六已经考虑到了，因此，他命令南云将机动舰队关闭无线电收发报机的发报键，只收报不发报，这样整个舰队虽然变成了只能听不能说的哑巴，却为其驶向目的地做了很好的掩护。同时，日本联合舰队还用训练大队假冒参战舰队，将所有参战舰船上的原班全套电台、通信军官留给后备教练大队，命令他们继续在九州等本土海岸基地上互相频繁拍发旧呼号、旧电码，日夜炮制大批假电报，以此造成一种似乎日本主力舰队仍然停泊在日本南部内海的假象。

美国情报机关非常熟悉日本主力舰队通信军官的发报指法，所以日本巧妙炮制的假电报使美国情报机关的警惕性降低了。日方设计的混淆视听的战术取得了很大的成功，就在日本舰队从单冠湾出航的那一天，美国海军情报局对日本机动部队航空母舰和战列舰的所在位置作出了如下报告：

"航空母舰'赤城'号、'加贺'号在九州南部；'苍龙'号、'飞龙'号、'翔鹤'号、'瑞鹤'号在吴港附近；战列舰'比睿'号在佐世保附近；'雾岛'号在吴港附近。"

实际上，美国情报处所侦查到的这些战舰，已经杀气腾腾地秘密开往了珍珠港。而美国人却全然没有感觉到危险的靠近。为了使美国人更加放松警惕日本人启用了头号秘密武器，那就是"龙田丸"号大型豪华油轮。

在日本的横滨港，大型豪华邮船"龙田丸"徐徐驶离了码头。当日，日本《朝日新闻》以"第二次赴美撤侨，'龙田丸'

启航驶向波澜壮阔的太平洋"为题进行了大肆渲染式的报道。

　　日本人之所以在战争一触即发的关键时刻，启用豪华是"龙田丸"，只不过是他们实施的一个障眼法而已，他们欲以此来吸引美国人的目光，使美国人误解日本的战争企图。一切措施都是为了掩护其突袭珍珠港的军事冒险行动。事实上"龙田丸"船长木村早已接到密令：一旦战争打响，立即掉转船头返航！

　　与此同时，日方还采用了声东击西的战术。为了不被美国人觉察到这次偷袭行动，在南云率机动舰队驶向夏威夷的同时，日本联合舰队在后方大量地实施着佯动与欺骗策略。而且又将担任后备培训任务的旧舰船、教练机开进内海各基地，以假乱真，从而给美方的侦查工作撒下了烟雾弹。

　　为了成功的偷袭珍珠港，日本政府费尽了心机。他们不但在参战舰队上撒烟雾弹，还在东京实施了一些手段来迷惑美国间谍。在南云舰队已经抵进夏威夷海域的时候，三千多名头戴"大日本帝国海军"标志军帽、身穿鲜艳的蓝制服和裹着白绑腿的日本水兵，涌上东京街头参观游览。他们是日军大本营海军部组织军校学生冒充的水兵，到东京街头故作姿态，以造成日本海军并未有紧急战争行动的假象，从而欺骗美英间谍，掩盖南云舰队的偷袭行动。

　　此时，日本驻美大使野村吉三郎与特使来栖三郎仍然在华盛顿与美国进行谈判，既没有对美国发出最后通牒，也没有下宣战书，企图通过这样的做法来迷惑美国。日本方面早有打算，他们决定当南云率领的机动舰队成功的到达珍珠港，并准备发动攻击的前半小时，再向美国递交一份宣布谈判破裂的通牒。

　　日本的机动舰队正在波涛汹涌的北太平洋上劈浪行驶着，战争随着时间的推移，据爆发越来越近了。这时的山本五十六心情非常的矛盾，一方面他反对同美国开战，而另一方面又不得不服从天皇的命令，并且，他的那种赌徒式的心理，使他也很想在这

155

次战争中赌上一把。

这时被矛盾思乡折磨着的山本，突然产生了一种回家的渴望，已经近半年没有回家的他，对家中的妻子和孩子们十分的牵挂。对于家人的愧疚之情在这样重要的时刻变得尤为的浓厚，这就更坚定了他回家的决心。并且，对于战争的后果他无法预料，在他的心理已经做好了失败的准备，那么战争一旦失败，也就意味着他再也回不了家了。山本被这种感情驱使着回到了他在东京都青山南町的家。

山本的突然回家，让正卧病在床的礼子惊喜万分。四个孩子突然看到父亲也十分第高兴，围着山本高兴的蹦跳着。礼子强撑病体做了一顿丰盛的晚餐，一家六口度过了一个温暖的团圆之夜。山本看着妻子和还子们高兴的笑容心理有些莫名的伤感，战争使他和家人聚少离多，家里只有妻子一个人打理，正在成长的孩子们得不到的父亲的关怀。这些都是战争带来的，然而作为一名军人，服从天皇的命令是他的职责，没有什么比这个更重要的了。山本只能对家人感到愧疚，除此之外一切都无能为力。

山本在家里呆了几天之后，由于心理惦记着机动舰队的情况，因此，不得不再一次离开家。严冬 12 月，山本冒着刺骨的寒风匆匆赶到了东京车站，乘坐特快列车返回舰队。一路上山本并没有心情去欣赏窗外的风景，他的心理一直分析着战争的形势。

很快，山本乘坐的开往下关方向的特快列车"富士"号便到达了横滨车站。列车徐徐地靠近了站台，这时山本的思绪才被窗外那些接站人们的喧哗声吸引过来，他茫然地看着窗外。突然，一个熟悉的身影出现在他的视线里，这个人不是别人，正是山本的好朋友堀悌吉！堀悌吉从海军省得知山本的行程之后，特意赶来为山本送行。山本感激第握着堀悌吉的双手，眼角有些湿润。在一分钟的停车时间里，山本同堀悌吉只简单地说了几句

话，发车的铃声响了，堀悌吉急忙说道：

"山本君，请多多保重吧！"

"谢谢，也许——我不能再回来了。"山本意味深长地说道。

堀悌吉能够体会到山本话中的言外之意，但是他却没来得及安慰山本，火车就已经开动了。山本站在瞭望车厢的门外，望着渐渐被列车抛在后面的堀悌吉，感到无限地凄凉与落寞。而对于堀悌吉来说，他同样知道与他最好的知心朋友山本五十六这一别之后，再见面也是遥遥无期的事情了，心中也充满了伤感。轰轰的列车是不会因为这对朋友的彼此留恋而放慢脚步的，渐渐地堀悌吉消失在山本的视线里了。

山本回到舰队的时候，南云率领的攻击舰队已经行至西经一百六十五度与北纬四十三度交叉的位置，并由此大转弯，取道向南直奔夏威夷。此时，北太平洋洋面上大雾弥漫，不见阳光，攻击舰队的官兵们在寒冷的气候下忍受着这艰苦的条件。

身在联合舰队指挥部的山本五十六，终日坐立不安。北太平洋洋面上的气候问题，正是他最担心问题。根据以往的资料显示，日本机动舰队所要通过的北太平洋海域，每年的 12 月份，都会有大约二十几天的暴风雨雪天气，而好天气仅仅是一个星期左右。南云舰队能否顺利的驶过北太平洋海域，山本的心里一点都没有把握。而且，在海洋上航行的舰队是否能够及时地得到燃料补给也是个问题。

真是无巧不成书，南云舰队并没有遇到山本所担心的情况。舰队出发以后，在向东行进的途中，正好遇到了来自西伯利亚自西向东的高气压。因此，直到 12 月 3 日，舰队在危险海域中航行时，没遇到任何大风大浪，较为顺利。幸运的是两天以后，当那云舰队进入了较为安全的海域后，天气便好转，海浪也越来越小，气温也逐渐升高，在寒冷中备受煎熬的士兵们终于可以见到阳光了。

　　至于南云舰队的补给问题，也在 12 月 6 日得到了解决。这一天，第二补给队的"东邦丸"、"东荣丸"和"日本丸"三只补给舰顺利地完成了为攻击舰队加油的任务。它们向攻击舰队发出"祝你们成功"后，在"霰"号驱逐舰的护卫下，调头向西返航。

　　南云舰队避过了恶劣的天气，顺利的进入安全海域之后，山本五十六的心事仍然没有放下。因为，他还担心着另外一个问题，那就是在北太平洋海域上偷偷向美国珍珠港行进的机动舰队，随时都有被其他船只发现的可能性。虽然这一航线是历年来美国巡逻机都不进行巡逻的区域，并且也很少有商船从此经过，但是并不能排除这两种情况的发生的可能性。

　　一旦南云舰队被发现，那么日军偷袭的意图就会暴露，到那时他们就不得不放弃偷袭的计划，难免在计划偷袭珍珠港之日前在太平洋上打上一场大混战。山本五十六考虑到这些情况之后，立即给机动舰队下达了命令：攻击舰队一旦被包括美国船只在内的其他船只发现时，日舰不准主动向对方实施攻击。只有在受到对方攻击时，才可还击。即使在这种情况下，没有受到攻击的其他舰只，也不准自动参战，只有在接到参战的命令后，方可参战反击。

　　南云舰队小心翼翼地在北太平洋海域上行进，对随时可能出现的船只保持着警惕性。虽然南云舰队的行进是非常隐蔽的，但是，在 12 月 6 日这天，南云舰队还是遇到了一艘商船。虽然只是一艘商船，并且只有一艘而已，但南云还是为此出了一身冷汗。

　　南云命令司令部时刻注视这艘商船的一举一动，如果发现它有用无线电向任何地方报告攻击舰队行动的迹象，就立即在三分钟内将其击沉。这次南云只是虚惊一场，这艘商船没有任何动向，一会儿之后便悄无声息第向远方驶去了。或许是将南云舰队

当成了演习舰队而没有发现其意图，也可能是由于害怕而没敢声张。

就这样，幸运的南云舰队在途中既没有遇到非常恶劣的天气，也没有被其他舰船发现，一路顺利劈浪前行着。尽管如此，山本和南云还是担心美国太平洋舰队的主力舰只在日军袭击珍珠港之前是否会集中停泊在珍珠港内。在策划袭击珍珠港的时候，山本五十六之所以把攻击的时间定在 12 月 8 日，就是因为每到星期六的时候，美国太平洋舰队的舰只便会开进珍珠港过礼拜天，山本的设想是将他们一网打尽。然而，当时军令部甚至在联合舰队内部都批评山本的决定，认为他把如此重大的决定建立在一个侥幸的前提上，是在拿日本联合舰队的存亡做赌注。

正如这些军官所认为的一样，山本五十六偷袭珍珠港的计划自始至终都带有浓厚的赌博色彩，只不过，山本这次的手气真不错。不仅南云舰队在北太平洋上没有遇到任何危险，而且，潜伏在珍珠港内的吉川猛夫所搜集到的关于珍珠港内美国太平洋舰队舰只停泊位置、数量及方式等情报也非常的可靠。南云舰队在行进途中一直持续不断地收到吉川通过东京转来的重要情报。

当日军攻击舰做好了一切迎战准备，进入一级警戒状态的时候，第一补给队的"极东丸"、"健洋丸"、"国洋丸"及"神国丸"等补给舰，对后一次对攻击舰队实施了海上加油任务，而后离开南云舰队返航。这时，攻击舰队收到了东京转发的来自吉川猛夫的重要情报：

情报中说，美国"内华达"号、"俄克拉荷马"号入港，"列克星敦"号航母和五艘重巡洋舰队出港。珍珠港内的泊舰只有：主力舰八艘，重巡洋舰两艘。A 地区有战列舰"宾夕法尼亚"号、"亚利桑那"号、"加利福尼亚"号和"田纳西"号……

吉川猛夫的新情报使南云的官兵们大感失望，他们冒着极大

二战人物

的风险要给美国海军以重创，然而珍珠港内却一艘航空母舰也没有！令人疑惑的是，"列克星顿"号和"企业"号两艘航空母舰为何一反周末入港的惯例不在港内呢？

珍珠港内没有停泊着美军的航母，这使南云舰队的官兵们惊讶不已。就在此时，攻击舰队受到了山本五十六从"长门"号旗舰上发来了训令，训令中说：

"帝国兴废，在此一举，望我军将士，不怕流血牺牲，各尽其职，以告大成，不负天皇之嘱托。"

这是山本向南云舰队发出的战争动员令，南云在介绍这以训令后，立即将此电文用灯光信号通报全舰队，然后在旗舰"赤城"号航空母舰的桅杆上升起了"Z"字旗。自1905年东乡平八郎在对马海战中升起"Z"字旗取得胜利后。"Z"字旗便成了日本海军的胜利标志。

翌日，攻击舰队在经过长途航行后，终于进至中途岛以东六百海里，进入美军飞机巡逻范围。南云下令将船的航速增至二十四节，向珍珠港直扑过去。当天夜里，先遣队的二十七艘潜艇都到达了指定位置，南云命令第一分队四艘在瓦胡岛以北海域，第二分队七艘封锁珍珠港东西海峡，第三分队九艘监视珍珠港的入口。

南云将突袭的目标集中在珍珠港，也是因为当时伊–72号潜艇向编队报告瓦胡岛西北的拉海纳泊地没有舰艇停泊，也就是说所有的美舰都停泊在珍珠港内，于是突击编队的所有进攻力量都集中布置在袭击珍珠港的位置上。

同时，攻击舰队的五艘潜艇也分别放出了所携带的轻型潜艇，由轻型潜艇潜入珍珠港内，在空袭开始后用鱼雷对地方进行攻击。而最后的两艘潜艇则负责监视夏威夷同美国本土之间的联系。南云对攻击舰做了战略部署之后，接到了一份吉川猛夫发来的电报，电报上对珍珠港内停泊的舰船情况进行了介绍：

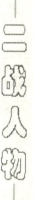

当时停泊在珍珠港内的舰船有战列舰九艘，轻巡洋舰三艘，水上飞机母舰三艘，驱逐舰十七艘。另有四艘巡洋舰和两艘驱逐舰在船坞。重巡洋舰和航空母舰全部出港。舰队依然如故，未见任何异常。

使日军攻击舰队上的官兵们兴奋的时刻终于到了，这一天的午夜时分，攻击舰队经过了十二天约三千二百海里的航程，终于抵达珍珠港以北约四百二十公里的预定展开突袭的海域。南云的官兵们在连日的紧张状态后，此时却变得异常平静。他们抛开了一切的顾虑与牵挂，只待一场激战的到来。

攻击舰队上的气氛异常的凝重，如同暴风雨来临前的宁静。南云和他的指挥官及作战参谋们这一晚上都没有回自己的休息卧舱，而是在"赤城"舰舰桥下的乘员待机室里稍事休息了一下。在这里没有一个人有睡觉的意思，虽然他们表面看上去很镇定，其实每个人都的内心里都在敲着鼓，对于即将开始的战争，他们猜测着各种情况的发生以及应对的办法，着或许是一个军人的天性所致吧。

终于有人打破了休息室里的安静气氛，"你小子，如果不把鱼雷给我发到'宾夕法尼亚'号长官办公室的正下面去，我就饶不了你。"源田实对鱼雷轰炸队的村田重治开着玩笑。"宾夕法西亚"是美国太平洋舰队司令金梅尔的旗舰。

"当然了，源田君，发起攻击时正是拂晓，说不定金梅尔上将刚刚起床，正端起碗要喝咖啡呢，这时我的鱼雷会以迅雷不及掩耳之势'游'了过去，然后'轰'的一声，就把他结果了。"村田说完，便笑弯了腰。虽然这两个人的对话多少缓解了休息室内凝重的气氛，但是他们的谈话并没有再继续下去，因此，还是没能够使气氛活跃起来。

同攻击舰队上的官兵们一样的紧张的还有远在日本柱岛锚泊的联合舰队旗舰"长门"号上的山本五十六，这一夜，山本未曾合眼。放不下心事的山本找来渡边参谋，两人下起了棋。山本一改以往连胜的局面，"臭招"迭出，以至于让渡边连胜了几局。渡边见情势不对，怕赢得过多长官生气，便偷偷让棋，即便如此也仍未能挽回山本的败局。作为联合舰队的司令，在战争即将打响之前，山本比任何人都紧张，内心的忐忑不安使他无法静下心来去做任何事情。

东方的天空终于泛起了鱼肚白，攻击舰队所有官兵起床开饭。按照日本海军的传统习惯，出发作战前要吃红小豆米饭。副食是整条烤鱼，整鱼多用于庆贺场合。官兵们还吃了栗子。栗子在日文中是胜利的谐音，日本的官兵们认为吃栗子会为自己带来运气。

"赤城"舰上第一批攻击队员在半夜时分开始准备出发。山本五十六精心设计的偷袭珍珠港的攻击战斗已经蓄势待发。就在日本法西斯虎视眈眈的准备对珍珠港发动突然袭击的时候，美国方面全然没有感觉到危险的存在。

瓦胡岛在皎洁的月光的映衬下显得十分的恬静，丝毫没有感觉到危险存在的美国的太平洋舰队，在 12 月 7 日的晚上许多舰船相继返航，这个周末他们似乎过得很越快，因为这是一年中的最后一个月了。

美国太平洋舰队像是一支经过了长途远航一样，终于可以轻松的、安静的停泊在瓦胡岛的美丽珍珠港中了。所有的士兵在这个周末也都放松了警惕，他们决定在这天晚上玩个痛快。在这样一个轻松愉快的周末，太平洋舰队已经完全解除了武装，现在的珍珠港就好像是一个游客组织的海滨度假旅游圣地，完全没有察觉到正在向他们逼近的"猛兽"，已经张开了那贪婪的大嘴。

二战人物

第十一章　偷袭珍珠港

当珍珠港沉寂在一片那宁静中之时，日本联合舰队的"筑摩"号和"利根"号巡洋舰上的"零"式水上侦察机已由弹射器弹射起飞，开始对珍珠港做战前侦查了。与此同时，航空母舰上的所有飞机都已经做好了战斗准备，第一攻击波的一百八十三架飞机已经整齐地排列在甲板的起飞线上。

日本政府在这次偷袭珍珠港的作战计划中投入了大量的军事力量，当时根据作战计划，担任空袭珍珠港的舰载机分为两个攻击波次。

第一攻击波由十六个飞机队编成，分别是渊。村田重治少校率六个"零"式战斗机飞行队，担负制空任务，共计五十四架飞机；田美津雄中校率四个"97"式水平轰炸机飞行队，共五十架飞机，合计一百八十九架飞机。但实际上在发起进攻的时候，有六架飞机出了故障，因此，第一攻击波只出动了一百八十三架飞机。

第二攻击波的指挥官岛屿少校将在渊田总指挥官的指挥下，率第二波飞机在第一波战斗一个小时后，开始攻击。第二攻击波由十个飞行队编成，分别是进藤三郎上尉率四个"零"式战斗机飞行队，共计三十六架飞机；江草隆繁少校率四个"99"式

山本五十六

俯冲攻击机飞行队，共计八十一架飞机；岛崎重和少校率两个"97"式水平轰炸机飞行队，共计五十四架飞机；总共一百七十一架飞机。

一切准备就绪之后，攻击队的队员们集合在飞机员待机室里，静静地等待着出击的命令。挂在飞行员待机室墙壁上的黑板上，准确地写着旗舰的位置，也就是离瓦胡岛以北二百三十海里的地方。此时已万事俱备只欠东风了，飞行员们有的闭目养神，有的紧张的盯着黑板上标志的攻击地点若有所思。

时间老人迈着沉重的步伐，终于走到了命令即将下达的时刻。此时日本联合舰队的六艘航空母舰为使飞机能够顺风起飞，调转了舰头逆风北上。舰桥上，风刮得非常大，大浪不时地打到飞行甲板上。天空一片漆黑。在这样的天气下，如果是一场演习，那么一定要等到天亮才能起飞，但是这是作战，必须要出其不意，在敌人毫无防备的情况下发起进攻。

渊田沉着的走向飞机准备起飞，此时，一名地勤工作人员一边扶着渊田上飞机，一边递给渊田一条白头巾说："请收下这条头巾，地勤人员的祝愿将跟你们一同飞往珍珠港，祝马到成功。"渊田点了点头，接过头巾，把它紧紧地扎在了自己的飞行帽上，然后转身上了飞机。

攻击舰队的指挥南云忠一注视着他手下的飞行员们登上了飞机，并做好了起飞的准备。他看着手中的表，当指针指向一点三十分的时候，南云大声地喊出命令："起飞！"随着命令的下达，飞行员发动了飞机。

负载着过重炸弹的飞机，此时要想顺利地升上天空有一定的难度。隆隆作响的飞机，在摇晃的飞行甲板上慢慢地滑行着，飞机离开甲板以后，没有飞上天空，而是慢慢的下沉，似乎要坠入大海一样，甲板上的官兵们都为飞行员捏了一把汗。不负众望的飞行员紧握操纵杆，神情自若，经过一番操控，飞机逐渐升了起来。甲板上响起来暴风雨般的欢呼声。留在舰上的日本官兵挥动着帽子，挥舞着手臂，目送着一架架飞机离开母舰，飞向瓦胡岛。

"Z"字旗也在此时高高的升了起来，在呼啸的北风中猎猎作响，似乎也在为进攻的飞机加油。飞行控制中心的蓝色起飞信号在不断地闪烁着，飞行甲板前面的战斗机开始起飞，划破了宁静的天空。

日本联合舰队发动的第一攻击波，使用的一百八十三架飞机，相继从六艘航母上起飞。大约十五分钟后，便在舰队上空集合完毕，并编好了队形，在总指挥官乘坐的飞机的引导下，在机动部队上空盘旋一圈，然后从旗舰"赤城"号上空，向珍珠港飞去。

在这次战争中，日本所采用的使"97"式鱼雷机、"99"式舰载俯冲轰炸机和"零"式战斗机。"97"式鱼雷机是日本制造的航载单翼机，他的最大时速可达到二百三十五海里，续航力为一千二百三十八海里，其性能大大优于当时美国的"掠夺者式"和英国的"剑鱼式"鱼雷机；而"99"式舰载俯冲轰炸机的最大时速可达到二百四十二海里，续航力为一千二百海里，可以携带一颗五百五十磅炸弹和两颗二百三十磅炸弹；"零"式战斗机，是当时日本制造的最先进的战斗机，它的作战半径、机动性、速度等性能，都要优于当时太平洋上其他国家的战斗机。

在第一攻击波的机群中，总指挥官所乘坐的飞机飞在最前面，其后是由渊田海军中佐直接率领的五十架"99"式高空水平轰炸机队；在左后五百米空中，飞行高度比水平轰炸机队高两百米的，是由高桥海军少佐指挥的，由五十架"99"式舰载俯冲轰炸机编成的俯冲轰炸机队，在整个机群上空五百米担任警戒和掩护任务；右后五百米空中，飞行高度比水平轰炸机低两百米的，则是村田海军少佐指挥的、由四十架"97"式鱼雷机编成的鱼雷机队。板谷海军少佐指挥的四十三架"零"式战斗机队。

　　作战机群为了隐蔽,不被美国巡逻的飞机发现,缓缓的升入了两千米高的云层上,在云层上空飞行。渐渐的,随着东方升起的红日,机群下方的黑乎乎的云海也变白了,天空呈现出了蔚蓝色。

　　虽然天气随着太阳的升起,天空明亮了起来,但是又经过了几十分钟的飞行之后,坐在总指挥官飞机里的渊田海军中佐向机翼下看了看,此时天低云沉,能见度非常不好,用肉眼根本无法看见海面。坐在飞机里的渊田根本无法判断这个时候珍珠港的天气情况,他的心里非常着急,他十分担心珍珠港的天气情况。

　　忐忑不安的渊田此时无意间拧开了收音机的旋钮,这一无意的举动却给他带来了天大的惊喜。他在拧开收音机的时候,忽然听到了在檀香山电台播放的天气预报。这让渊田简直惊呆了,他赶紧又仔细调了调频道,听起来好像是檀香山地区的航空气象预报。惊喜万分的渊田马上找出笔和纸。一边全神贯注地听着,一边拿起铅笔迅速地做了简单的记录。天气预报显示檀香山地区天空少云,山上多云,云底高三千五百英尺,能见度良好,北风,风速也很适宜飞行。

　　无意间得知的天气预报让渊田的心情为之振奋,这样巧合的事情给他们的偷袭埋下了良好的预兆,渊田悬着的一颗心也总算是放下了。日本作战机群在愉悦的心情下,继续向珍珠港飞去。

　　在经过了一个小时二十五分钟的飞行后,日机群距离瓦胡岛只有一百公里!又过了近十五分钟以后,距离已经缩短到三十五公里。渊田立即下令机群注意观察瓦胡岛左上空,因为那里可能出现敌机。

　　日机群已经飞行了九十多分钟的时间,很快就要到达瓦胡岛了,此时不能够出现任何闪失,渊田海军中佐深知这一点的重要性,他瞪大了双眼,目不转睛地观察着瓦胡岛的上空,生怕漏掉

二战人物

一点黑影。然而，瓦胡岛上空能见到的只有云层，没有任何敌机出现。

马上就要到发起进攻的时间了，依然没有任何异常的情况发生。在整个航行的途中，各攻击队都是紧跟在以三千米高度飞行的渊田总指挥官后面，结成密集的队形。若是展开攻击，那么各攻击队就必须要分散开来，根据各自的攻击方法以及攻击目标占据有利阵位。因此，在发起攻击之前，攻击机群必须由航空队形展开为攻击队形。

在没有发现任何异常的情况下，渊田海军中佐举起了信号枪，向机外打了一发蓝色信号弹。这个蓝色信号弹便是命令部队展开成攻击队形的命令。随着一条火龙拖着硝烟的出现，寂静的长空终于被划破了。各攻击队就尽快展开成各自的预定攻击队形。等到下达攻击命令后，即按预先规定的攻击顺序和攻击目标实施攻击。

日攻击机群慢慢的向瓦胡岛内的珍珠港逼近，突然坐在指挥官座机的驾驶座位上的松平三男海军大尉向渊田报考道："报告，我方所处位置已能看到珍珠港了！"这位技术熟练、行动果敢的大尉此时的语气有着掩饰不住的激动。

听到松平三男的报考之后，渊田将目光投向了松平所指的方向。果真他看到了，就在福特岛的内外两侧都是战列舰的笼式桅杆！珍珠港内几艘战列舰静静地停泊在海湾，安睡般地横在水面上。这一场景使渊田一直紧缩的眉头稍稍舒展一些。他随即拿起了望远镜仔细地窥视着停在港湾的船只，八艘战列舰覆盖着天蓬，并排停靠在位于珍珠港中部的福特岛东侧。

令渊田更为兴奋的是，珍珠港内有大小九十六艘美国军舰在一动不动静静地"沉睡"着，空中也没有一架美军的飞机，美国海军完全没有觉察到即将来临的危险。渊田看见这样的场景，抑制不住心中的喜悦之情，于是在还没有实施突袭的情况下就急

不可耐地对传令兵说："快用甲级电波向舰队发报，告诉他们，我们袭击成功了……"

传令兵的手指灵敏快速地按动了发报机的电键："托拉，托拉，托拉！"电波从三千二百海里之遥的距离飞向了日本联合舰队旗舰"长门"号。这三个重复的密码为日文的"虎"字，意思是表示："突袭成功了。"

远在千里之外的"长门"号作战室里，山本五十六和他的作战参谋们正在焦急地等待着攻击舰队的消息。时钟滴答的声音搅得山本五十六心烦意乱，他在作战室里来回踱着步子。其他的作战参谋们也都没有休息，静静地等待着攻击舰队的消息。此时的作战室气氛十分凝重，每个人都捏着一把汗，大气不敢出。

焦急的山本五十六走到墙上挂着的太平洋地图前，注视着地图上珍珠港的位置若有所思。这时，首席参谋黑岛龟人打破了休息室内的沉寂气氛："攻击时间就要到了。"黑岛龟人的话一出，引得所有的军官都将目光转移到了挂钟上，大家屏气凝神静待着消息。

突然，一个通信兵手里拿着一份电报从电信室跑了进来，他大声喊着："值班参谋，前方来电！"值班参谋佐佐木接过电报看了一眼，正是渊田从飞机上发来的"我们突袭成功"的报文。

"山本君，您看，这是突袭成功的电文！"佐佐木一脸的兴奋，激动地把电报递向山本。山本接过电报，看着上面"托拉、托拉、托拉"的字样，紧蹙的双眉终于舒展开了，一丝满意的微笑出现在他那原本阴沉的脸上。

就在"长门"号作战室内的军官们为他们的攻击舰队取得胜利的消息而兴奋的同时，还没有实施攻击就将攻击结果预先发给指挥部的渊田，正率领着攻击机群在珍珠港上空盘旋，等待着投下携带的炸弹的机会。

山本五十六一直梦想着使用大规模的舰载机进行作战，对

169

此，早在他担任日本海军航空本部技术部长的时候，他就在发展海军的航空事业上花费了不少脑筋。这次偷袭珍珠港，山本五十六更是花费了很多的心机，为了保障攻击效果，根据强攻和破袭两种不同情况，事先规定了两种不同的攻击顺序：

如果是破袭，就由鱼雷机打头阵，力争使鱼雷机在敌地面防空火力开火之前开始攻击，以争取最大的破袭效果，接着，水平轰炸机和俯冲轰炸机在鱼雷机攻击的同时，按先后顺序开始攻击，以避免俯冲轰炸机进行轰炸时升起的硝烟妨碍鱼雷机和水平轰炸机的攻击。如果是强攻，则首先由俯冲轰炸机进行攻击，以造成敌人阵势混乱，牵制和吸引敌对空火力，与此同时，水平轰炸机开始实施轰炸。压制敌对空火力，这样，当轰炸机吸引住敌对空火力时，鱼雷机便乘实施鱼雷攻击。

但是，究竟是实施强攻还是破袭，主要是由总指挥官在下达展开令时作出判断。而为了保守秘密，又规定不用无线电下达命令，只使用打信号弹的方法来区分强攻和破袭：打一发为破袭，打两发则为强攻。

在这次作战中，对于制空战斗机队来说，不论是破袭还是强攻，在下达展开令后，都立即进入敌方上空，首先歼灭上空的敌战斗机，以保障轰炸机群的安全。然而，在渊田下达展开命令时，由于云层隔断，在高空担任警戒的战斗机队没有看到渊田发出的信号。

渊田发出展开命令信号后，见战斗机对没有任何动静，仍按照原来的方向在飞行，渊田由此推断战斗机对可能没有看见他所发出的信号，于是，他便又朝着战斗机队的方向打了一发蓝色信号弹。这发蓝色信号弹虽然是打给战斗机对看的，然而却使高桥海军少佐对此产生了错误的理解，见到渊田连打了两发信号弹，他误认为是强攻的信号，于是就立即指挥他手下的五十架"99"式俯冲轰炸机兵分两路，首先对珍珠港的机场实施轰炸攻击。这

时正是珍珠港的傍晚时分，比山本五十六规定的时间提前了大约四五分钟。

当日本法西斯将他们邪恶的魔手伸向珍珠港的时候，美国舰队还在淡淡的薄雾中沉睡，港内一片静谧，一座座兵营井然有序的排列在港内，然而却没有一艘舰船上有声音。美国人的疏忽大意可能是他们使法西斯的偷袭得手的重要原因，因为，在气势汹汹的日机编队兵临城下之前，他们是有机会预知这一行动的。

首先是华盛顿方面破译了日本政府送交美国政府的被称为"最后通牒"的第十四部分，虽然第十四部分中并没有明确的指出要偷袭珍珠港，但却明确的表示了美日谈判的破裂，其中写道："鉴于美国政府所采取的态度，帝国政府认为，即使今后继续进行谈判，亦无法达成协议。特此通知美国政府，并深表遗憾。"并且"魔术"还破译了日本东京命令驻美大使野村将"第十四部分"于华盛顿时间"下午一时整递交美国政府"的电文。

这一次情报的获得，应该引起美方主意的。然而，当美海军作战部长斯塔克将军收阅到这一电文后，正是夏威夷的清晨，他拿起电话机，准备同金梅尔上将联系一下，将此情通报于他，让其提高警惕。可最终他却因为害怕打扰金梅尔的睡眠而放下了电话，没有将这一情报即使的通知金梅尔。如果金梅尔将军能够及时的得到这一情报，那么他一定会命令珍珠港内的所有官兵们提高警惕，也就不会使珍珠港遭受如此大的打击了。

其次，在日本攻击舰队还没发动攻击的时候，美军的三架水上飞机在瓦胡岛南部海域进行例行的巡逻飞行时，发现可疑的潜艇，却由于飞行员使用密码向基地报告，延误了时间。此后不到十分钟的时间里，美军的"沃德"号护卫舰发现正尾随"大火星"号拖靶船企图通过防潜网的袖珍潜艇。

面对这种情况，"沃德"号立即向袖珍潜艇开炮射击，击中了其指挥台，并在潜艇的下潜处投下一串深水炸弹，将其击沉。

171

"沃德"好击沉的是日军的一号袖珍潜艇，虽然当时他们并不知道，但是，"沃德"号还是及时向分区司令部做了报告。报告却没有得到重视，晚上"沃德"号再次向分区司令部做了报告，值班军官仍漫不经心的要求他们核查清楚以后再进行报告。

焦急的"沃德"号指挥官，想方设法将这一情况报告给了分区司令官布洛克少将，但此时已经到了七时四十分了。布洛克少将接到报告后，感到事态严重，于是立即下令加派"莫纳汉"号驱逐舰前去支援。但是他们不知道，此时距日机空袭开始仅有十分钟的时间了，这一命令显然是为时已晚。

更加使人感到遗憾和气愤的是，原本设在奥帕纳山冈上的雷达站已按规定关闭，而两名新兵出于好奇，又打开了雷达。这一打不要紧，让他们吓了一跳，雷达屏上出现了一堆堆闪闪发光的斑点，也就是说一支庞大的机群编队正在朝瓦胡岛方向飞来。这两名新兵紧张万分，匆忙将这一发现报告给了值班的泰勒中尉，哪成想却遭到了中尉的一番嘲弄，美军再一次失去了准备迎战的机会。

此前犹豫不决的海军作战部长斯塔克将军，最终将"魔术"破译出的日本政府的"最后通牒"电文交到了美军参谋总长马歇尔将军的手中。老练的马歇尔看完电文之后，立即推断，日军将在改天下午或是过后不久，对美方发动攻击，只是他不能够确定日本将攻击美国的哪个军事地点。马歇尔果断的决定向全军司令发出紧急戒备的命令，于是，他迅速的拟好了电文，并在末尾加上了"同时转给海军部队"的字样，然后吩咐手下以最快最安全的方式拍发给各地的指挥官。

虽然马歇尔在接到电文之后，立即作出了下达紧急戒备的命令，但是由于这一重要指令的电文是通过最费时间的西部联合电信公司拍发的，并在拍发之后又转手三次，才到达了珍珠港陆军司令官肖特将军和金梅尔海军上将的手里，而此时日攻击机群已

山本五十六

经开始了行动。

由于高桥误解了渊田所发出的信号弹的意思，于是命令其率领的五十一架"99式"俯冲轰炸机兵分两路，首先飞抵珍珠港美军机场上空并开始了攻击行动。一瞬间，弹雨如注，铺天盖地而下，在阵阵巨大而猛烈的爆炸声中，希开姆机场、福特岛机场和惠勒机场浓烟四起、大火熊熊。

在机场中排列得整整齐齐的那些似乎正等待着一次大检阅的美国飞机，转眼间被炸得支离破碎，残骸遍地。只有少数几架美机侥幸起飞成功，却也没有逃过日军的魔手，最终还是被日军高度灵活的"零"式战斗机击落。仅仅几分钟的时间，美机场变成了满目疮痍，弹坑遍地的战场。

取得了初步胜利的日军，还是被高桥的错误行动弄得搞不清楚状况了，从而使攻击编队造成了一片混乱的阵容。迫使其他攻击机不得不抄近或突入烟雾中对美舰进行进攻。在俯冲轰炸机对美机场实施狂轰滥炸之时，由村田率领的四十架"99式"鱼雷机编队刚刚飞临造船厂上空。

见到机场上冒起的浓烟，村田不由大吃一惊，他想应该是奇袭方案，由鱼雷机先攻击，怎么轰炸机先打响了？在这样的情况下村田没有时间去想到底是怎么回事了，为了不被浓烟遮住目标，他立即率领鱼雷机队抄近路加速沿西部山谷投入攻击。四十架鱼雷机分为两批，一批十六架对福特岛西侧锚泊军舰实施攻击，另一批二十四架对福特岛东侧的战列舰进行重点攻击，各机以距敌舰十五至三十米的超低空投下鱼雷。

对美国战机有着致命作用的鱼雷，在短短的几分钟时间内，便将珍珠港内的美机炸得七零八落，飞机的残害高高的升空之后便坠落在太平洋的海水中，随后溅起大片的浪花。海面上，美国海军的战舰也被炸得东倒西歪，惨不忍睹。

一时间硝烟四起，浓烟滚滚遮蔽了蔚蓝的天空，安静的瓦胡

173

岛变成了一片火海。此时，一些在美梦中被惊醒的毫无准备的美军官兵们，被这突如其来的状况吓得呆若木鸡，但也有一些人非常的镇定，那是因为他们以为这只是金梅尔将军实施的演习而已，并在心中暗自佩服金梅尔将军的深谋远虑。然而没过几分钟，美军福特岛的控制塔拉响了空袭警报，并用广播宣布：珍珠港遭到空袭，不是演习！这些自以为是的官兵们才真正的从梦中醒过来。

毫无心理准备的美国太平洋舰队司令金梅尔上将，立即命令将这个惊人的消息用无线电通知太平洋舰队的所有部队。与此同时，美军的一些战舰也发起了零星的反击，一些美舰上的高炮已对日攻击舰队及攻击机开火了。此时，岛上陆军的三十三个高炮连仅有四个连对日军开火，大多数高炮连的炮弹还在弹药库，根本来不及投入作战。整个珍珠港美军几乎没有有组织的反击。

相反，日本军队却在有组织有纪律的对珍珠港进行攻击。渊田直接率领的四十九架轰炸机悄悄地经过瓦胡岛的西侧，绕到南面进入轰炸的有利航线。渊田将轰炸机分成五机一组的编队，并且排成单机间距二百米的纵队队形。列好阵势的日军轰炸机在三千米的高空，向福特岛东侧的战列舰和高炮火力比较集中的依哇机场进行轰炸。此时，没有发现美机起飞的日方担任掩护的战斗机，也分为六个编队对六处机场进行了扫射。

停泊在珍珠港内的美国战列舰"亚利桑那"号，在被日军的两枚鱼雷击中后，又被四枚八百公斤重的炸弹击中，要命的是其中的一枚炸弹穿透了前甲板，引爆了舰首的弹药舱。一时间烟柱腾空，穿越高度达一千多米。在挣扎了几分钟之后，"亚利桑那"号便带着舰上的一千一百多名官兵沉入硝烟弥漫的大海之中。

同"亚利桑那"号一样遇难的还有"西弗吉尼亚"号、"俄克拉荷马"号、"加利福尼亚"号、"地狱"号。

"西弗吉尼亚"号被九条鱼雷击中,左舷被炸开一条长长的裂口,舰体迅速倾斜,一头插入海湾当中,舰员死亡一百多人。

"俄克拉荷马"号被十二条鱼雷击中,其中三条鱼雷击在左舷,由于该舰水密性较差,爆炸又震开许多水密门,海水汹涌而入,很快也沉没了,舰上死亡的官兵达四百多人。

"加利福尼亚"号被两条鱼雷击中,舰上的重油库被炸毁,"加利福尼亚"号喷着烈焰迅速下沉,舰上的一百多名官兵没有来得及逃生,不幸遇难。

庞大的"地狱"号靶船被当作战列舰加以攻击,被六枚鱼雷命中,瞬间倾覆。

同时,美舰队中的其他几只战舰也受到了不同程度的重创。其中,"田纳西"号被一条鱼雷、两枚炸弹击中,舰上火光四起,不幸的"田纳西"号又受到了外侧"西弗吉尼亚"号沉没时的挤压,又被后面相距仅二十三米的"亚利桑那"号爆炸的火焰波及,引起上层建筑多处着火,导致了重创;"马里兰"号被两颗重磅炸弹命中,遭受重创;"内华达"号被一枚鱼雷击中左舷,幸好不是关键部位,但当它企图出港规避时,却又遭到了日军轰炸机的集中轰炸,连中六枚炸弹,伤势严重,舰长唯恐军舰在航道上沉没而堵塞航道,立即在福特岛西南浅滩抢滩搁浅。

在日军进行的第一波攻击中,美军损失严重,而日军仅仅损失了九架飞机,其中鱼雷机五架,战斗机三架,轰炸机一架。

在渊田组织的轰炸机对依哇机场进行轰炸的二十分钟后,日军第一波飞机开始返航。而渊田所乘坐的飞机继续留了在珍珠港的上空,渊田坐在机舱里观察着攻击舰队和机群所取得的战果,准备指挥即将到来的第二波攻击。

时间一分一秒的过去了,很快日方又发动了第二次攻击,也就是计划中的第二攻击波。日军第二攻击波共有一百七十一架飞机飞临瓦胡岛,其中"99 式"俯冲轰炸机有八十一架,"97 式"

175

水平轰炸机有五十四架，"零式"战斗机三十六架。"99 式"俯冲轰炸机各携一枚二百五十公斤爆破弹，"97"式水平轰炸机各携两枚二百五十公斤穿甲弹或是一枚二百五十公斤加六枚六十公斤炸弹，向珍珠港飞来。

同第一次攻击一样，日军的战斗机首先对空中的美机进行了攻击，从而掌握了制空权，消除了攻击机群的后顾之忧。在日军战斗机肃清了空中的美机之后，便将攻击的对象转向了地面的目标，对地面目标进行了轰炸。攻击开始之后，五十四架水平轰炸机开始攻击卡纽黑、希凯姆和福特岛三处机场；俯冲轰炸机则对有弹幕射出的军舰进行俯冲轰炸，日军的这一攻击战术，避免了重复攻击已受重创的美舰，也使投出去的炸弹没有浪费。

此时正在由拖船拖往韦波角的"内华达"号战列舰，成为了日机攻击的目标。在天空中盘旋的日本攻击机群，对"内华达"号一顿狂轰滥炸之后，"内华达"号上顿时大火腾腾，然而，此时"内华达"舰上的消防管已经被炸断了，无奈中只好由拖船用水泵全力协助灭火。日军猛烈的攻击，很快日攻击机又将攻击的目标转向了停泊在船坞里的美国舰船。

在日军第一攻击波中侥幸逃过一劫的"宾夕法尼亚"号，在第二攻击波中再没有遇到那么好的运气，正在船坞中大修的"宾夕法尼亚"被日机投下的一枚炸弹命中，这对原本就带着"病情"的"宾夕法尼亚"号来说，无疑是雪上加霜、火上浇油。同时，"肖"号驱逐舰被炸飞了舰首，起火的燃油随海水四下蔓延，引爆了在船坞里的另外两艘军舰。在北部港湾里停泊的辅助船只也被第二波的日机炸沉炸伤多艘。

沉睡中的美军早在日军第一攻击波中清醒过来，于是，在日军发动第二攻击波时，美军已做好了战斗准备。有了准备的美军在日军第二攻击波中成功地击落了二十架日机，其中包括六架战斗机，十四架轰炸机。

山本五十六

　　在对珍珠港进行了狂轰滥炸之后，日军开始撤退。取得了胜利的渊田，命令驾驶员在珍珠港的上空骄傲的盘旋了一圈，并对被炸后的珍珠港进行了拍摄，然后才不舍的返航了。该日下午一时，日军第二攻击波的飞机陆续返回航空母舰降落。渊田乘坐的飞机最后降落，偷袭成功后兴奋的渊田和第二航母舰队司令山口多闻少将，强烈建议对珍珠港的美军进行第三次攻击。这一建议遭到了南云的反对。

　　南云认为对珍珠港的攻击已取得了巨大胜利，并且日军的损失并不大。而美军的航空母舰和潜艇都没出现，如果突击编队在这一海域逗留时间过长，也许就很难保证把这支日本海军的主力舰队安全带回日本。因此拒绝了渊田和山口的建议，并下令返航。南云率领着攻击珍珠港的舰队于十二月二十四日安全地回到了日本，受到了日本人民的热烈欢迎。

　　日本人偷袭珍珠港，最高兴的人要属英国首相丘吉尔了。他在得知日本偷袭珍珠港的消息之后的第一句话就是"好了！我们总算赢了。"事情完全出乎他的意料，他想不到日本人帮了他大忙。曾经，为了把美国拖进战争，他费了九牛二虎之力，也只搞到一个《租借法》，而日本人的行动却使美国人不得不痛下决心投入一场全球战争。当天，英国宣布同日本处于战争状态。

　　而希特勒却对此却大为恼怒，他在得知日本偷袭珍珠港的消息后，暴跳如雷，在场的人被吓得目瞪口呆。希特勒始终没忘记美国干涉对第一次世界大战结局所起的决定性作用。他认为德国征服欧洲，摧毁苏联、最后制服英国的目标是可以实现的，但必须有一个条件：美国不介入。因此他尽量不给美国以参战的借口。他在 1939 年 9 月向德国海军将领下达了严格的命令："任何德国潜艇不准在大西洋攻击美国船队"。但珍珠港事件使美国人终于找到了参战的借口，希特勒的世界性战略也要功亏一篑了。

　　日本偷袭珍珠港事件是一场海上、水下、空中闪电式的立体

二战人物

177

袭击战，在短短的的一个多小时里，日军共投掷鱼雷四十枚，各型炸弹五百五十六枚，共计一百四十四吨。击沉、击伤美军各型舰船总计四十余艘，其中击沉战列舰四艘、重巡洋舰两艘、轻巡洋舰两艘、驱逐舰两艘和油船一艘；重创战列舰三艘、巡洋舰两艘和驱逐舰两艘；击伤重巡洋舰一艘、轻巡洋舰四艘、驱逐舰一艘和辅助船五艘。击毁飞机二百六十五架。

美军伤亡惨重，总计两千四百零三人阵亡，一千七百七十八人受伤。日军只有二十九架飞机被击毁，七十架被击伤，五十五名飞行员死亡，五艘袖珍潜艇被击毁，一艘袖珍潜艇被俘。日本联合舰队司令官山本五十六赢得了这场赌博，这是他最为冒险、收益最大的一次赌博，这一赌使他名震世界海战史。

珍珠港上空的滚滚硝烟和美国士兵的鲜血使美国国内的孤立主义一夜之间销声匿迹。12月8日中午，因行动不便而一向深居简出的罗斯福总统，作出了异乎寻常的举动，亲自前往美国国会，而且没有坐轮椅，而由他的长子扶着走进大厅，向美国参、众两院发表了为时六分钟的讲演。罗斯福开门见山地说："昨天，1941年12月7日，美国遭到了蓄意的猛烈攻击，这个日子将永远成为我们的国耻日——美利坚合众国受到了日本帝国海空部队的蓄意进攻……"最后他说："我要求国会宣布，自1941年12月7日，星期日，日本无端和懦怯地发动进攻开始，合众国与日本帝国之间就已存在着战争状态。"不出一小时，参、众两院一致通过了罗斯福的宣战要求。当天下午，美国政府对日宣战。

就在美国人在为珍珠港遭到偷袭而气愤不已的时候，日本东京的形势却是大不相同，那里沉浸在一片欢乐的海洋之中。第二天凌晨六点，东京大本营陆海军部发布了历时仅三分钟的宣战新闻公告。十一点，日本大本营发布了第二号新闻公告："帝国海军于今日凌晨对夏威夷美军舰队和航空兵断然实施了决死大空

袭，战果辉煌。"日本举国上下大吃一惊。狂热的战争分子们兴高采烈地欢呼着帝国万岁。宿敌在瞬间被打翻在地，称霸远东及太平洋地区的野心可以实现了。日本法西斯分子们得意忘形。

而此时，在"长门"号旗舰上的山本五十六却新的很平静，面对络绎不绝前来祝贺的官兵们，他不无忧虑地重复着他曾经说过多次的那句话："我们不过是唤醒了一只沉睡的老虎罢了！"山本五十六在所有的日本人都为他们的"胜利"而陶醉不已的时候，却能说出来这样一句话来，足以见得他的确是日本法西斯将领之中头脑最为清醒、最有"远见卓识"的一个。

正如山本五十六所断言的那样，日军偷袭珍珠港就是在美国这只沉睡的老虎屁股上重重的拍了一巴掌，它虽然很疼，但也正因为这疼痛，才使它从睡梦中清醒过来了。美国宣布参战的消息一传开，就引起了世界性的牵动作用，同一天英国也宣布同日本处于战争状态；第二天，与日本抗争持续了四年之久的中国政府也正式对日本宣战。此外，加拿大、戴高乐的"自由法国"、新西兰以及澳大利亚等二十多个国家也相继对日本宣战，可以预料，日本即将陷入万劫不复的深渊。

珍珠港事件只是日本法西斯一次短暂的辉煌胜利，造成美国海军此后的六个月中在太平洋战场上几乎毫无作用。失去美国太平洋舰队的威胁，其它列强在东南亚对日本的抵制力量几乎可以忽略不计，日本顺利地占领了整个东南亚、太平洋西南部，并且将势力一直扩张到印度洋。然而，死亡和毁灭却没有成为一切的结束，没有前瞻性只贪图一时利益的日本定然没有想到，珍珠港事件竟然为日本开启了一个彻底的灾难。虽然，日本对美国海军的袭击成功，然而由于美国强大的生产力，日本根本不可能在对美国的战争赢得胜利。而且，珍珠港事件不仅立刻将一个本来意见不齐的国家动员起来了，同时也将世界众多团结起来，一起要战胜日本。因此珍珠港事件一开始，就决定了日本战败的命运。

179

第十二章　南下的"海军之花"

　　珍珠港其实只是日本将要完成的一个大规模战役的初步行动，根据日本海军军令部制定的《帝国对美、英、荷的作战计划》可以看出，控制整个西太平洋，才是日本的最终目的。日本尤其需要荷属东印度的石油，以便为日本继续进行战争做充分的准备，从而才有可能确立日本不败的态势。

　　日本人整个的战役部署如下：进攻关岛、戚克岛，将中部太平洋连成一线，构成一条海上军事防线，以对付来自美国的海上攻势；摧毁美英荷在东南亚的主要根据地；占领和确保出产石油、橡胶以及各种矿石的荷属东印度等南洋地区。不难看出，日本人进行这场战役的目的主要有两个：一个是资源，利于日本再战；一个是针对美国可能发动攻击的方式进行尽早的预判和构筑防线。

　　在太平洋地区，日本人分几个阶段进行南下作战：攻占菲律宾与马来亚；进军荷属东印度；巩固占领地区，相继进行缅甸作战。

　　盟军在这个地区有三张王牌：珍珠港的美国太平洋舰队；驻新加坡的英国远东舰队；驻菲律宾的麦克阿瑟部队及其空中打击力量。这三支力量在当时是足以与日本人形成抗衡的。三支力量

互相配合又各自独立，以遏制企图南下的日军。这三支强大的威胁力量，是盟军在远东和太平洋地区赖以与日本人维持战争局势、以待盟军反击的支柱。而在日本人看来，盟军的这三大支柱也就成了日军南下的最大障碍。

菲律宾是日本人南下途中的第一块绊脚石，要实现其南下的战略计划，就必须首先把它据为己有。

菲律宾位于南海与太平洋之间，由七千余个岛屿组成。地处赤道和北回归线之间，大部分地区属于热带海洋性季风气候。铁、金银砂、铜等矿藏较丰富，森林资源丰富。不仅如此，由于菲律宾群岛位于通向日本人最终目的地澳大利亚海上要道的翼侧，这使得它不仅控制着通向东南亚和西南太平洋运输网的中枢，而且控制着通到爪哇、马来亚、婆罗洲和新几内亚的直接航线。菲律宾独特的地理位置，极大地威胁着日本称霸亚洲和西太平洋的战争企图，所以日本人在制定战争部署的时候就一定要把这个强有力的战略跳板作为战役攻击的发起点了。

在进攻菲律宾之前，日本人精心制定了按部就班的作战计划：战役最初阶段集中优势机群，发动航空歼灭战，以求在最短时间内全歼麦克阿瑟的空中力量，夺取制空权；同时在吕宋岛等主要岛屿实施登陆作战计划，在陆战中集中优势兵力摧毁、占领美军机场，以保障主力部队在仁牙因湾顺利登陆。在上述计划得到顺利实施的情况下，进军马尼拉和棉兰老岛，最后占领菲律宾全部岛屿。如果战役进行顺利，完全达到战役制定的目的，那么日本人就将实现支援荷属东印度群岛作战、控制日本本土到南海之间海上交通线、将美军逐出远东的作战计划。

1941 年 12 月 8 日凌晨，一阵急促的电话铃声吵醒了正在睡梦中的美军远东战区总司令麦克阿瑟。电话是美国陆军部作战计划处处长伦纳德·杰罗将军从大洋彼岸的五角大楼打来的：

"珍珠港遭到日本人空袭，这不是演习，损失情况尚不

二战人物

181

清楚！"

"珍珠港？"麦克阿瑟无论如何也不敢相信自己的耳朵，然后他苦笑着说："那里不是我们最强大的基地吗？"

"如果你那儿在不久的将来也遭到进攻，可能不会出人意料。"杰罗提醒麦克阿瑟。

"告诉乔治（陆军参谋长乔治·马歇尔）不用担心，我这里没有问题，没有问题。"麦克阿瑟说郑重的说道。

麦克阿瑟对于防守日本人是有相当的自信的，这种自信主要来源于他认定的日本人进行菲律宾战役的时间，他认为日本人至少要到1942年4月才可能向菲律宾发动进攻。而到了那个时候，美国国内援助他的三百余架新式轰炸机和一百余架新式战斗机就将全部到位。然而，此时他只有少量B－17轰炸机、P－40战斗机和其他一些老掉牙的飞机。

当麦克阿瑟听明白杰罗在电话中说的话，他更加确信自己的判断了：日本人不会在近期发动对菲律宾的战争。"他们需要时间，除非他们疯了"。麦克阿瑟想"我这里没有问题"。

麦克阿瑟从容的吃完早餐，他又仔细的对着镜子把自己收拾了一番，神态潇洒的步出别墅，钻进豪华型卡迪拉克轿车，赶到了设在维多利亚大街七号的司令部。他的助手们已经在那里等他了，他们一个个神情沮丧、不知所措。麦克阿瑟看看这个，看看那个，他决定说点什么，以便让他的助手们摆脱"这该死的情绪"。他走到桌子旁边，为自己斟满一杯咖啡，转过身去，面色平和的说："我最亲爱的朋友们，今天是一个应该哀悼的日子，无耻的日本人偷袭了我们伟大的合众国最强大的海军基地。"说完这句话，他抿了一口咖啡，继续说到："可是，世界并没有结束，我们……我是说在菲律宾的我们、在亚洲的我们、还有在全世界各个角落的我们美国人并不会被悲痛所击倒，我们只会更加坚定我们必胜的信念。现在，让我告诉你们一件事情，我们、我

说的是在菲律宾的我们，没有问题。我再重复一遍，没有问题。那么，我最最亲爱的同胞们，你们可否展开你们的笑容，积极的投身到这场伟大的正义战争中呢？现在，请你们用你们的实践来展现你们的愤怒吧。让我们在工作中为反法西斯贡献力量吧！好吧，到此为止，大家都可以工作去了。"但是尽管麦克阿瑟向他的助手们展现了他积极、乐观的态度，助手们却好像完全没有他们统帅一样乐观的情绪。

　　日本人并不像麦克阿瑟所想的那样，这时的日本就像是沿着斜坡向下滚动的巨石，已经没有任何力量能阻止它的疯狂了。一切为了战争：这就是他们的思维方式。事实也证明"他们疯了"。日本人居然在偷袭珍珠港九个小时之后就发动了对菲律宾的空袭。

　　短短九个小时后，麦克阿瑟无论如何也想象不到的事情发生了，麦克阿瑟在他的一生中都在为这件事耿耿于怀和沉痛哀悼。1941年12月8日中午，黑压压的日本机群突然飞临克拉克机场上空，对着排列的整整齐齐的美军战斗机一阵狂轰滥炸。日本战略部署的第二部分—菲律宾之战开始了。

　　日本人实施此战役的目的非常明确：歼灭美、菲军队和美亚洲舰队，为尔后在太平洋中部方向对荷属东印度和在东南方向对澳大利亚作战创造有利条件。

　　日本联合舰队接到的命令是：在南云机动舰队袭击珍珠港的同时，在美国人发起反击之前，海军航空兵部队袭击菲律宾。战役实施的步骤是：首先摧毁美国在菲律宾的由麦克阿瑟领导的航空兵部队，建立绝对的制空权。其后掩护并协助陆军部队在菲律宾登陆。

　　战役的空中作战任务主要由山本五十六麾下的第十一航空舰队担任。第十一航空舰队实际上没有航空母舰，只是陆基航空队，这支部队的司令是冢原三二四中将，参谋长是大西泷治郎。

第十一航空舰队的主力是被称为"中攻"的中型陆上攻击机和闻名于世的三菱"零"式战斗机，共有三百五十余架，分别部署在台湾的高雄、台南、嘉义等三个航空基地。

与此同时，日本人还在台湾东部各航空基地上，部署了陆军航空飞机二百余架，以协助山本五十六的第十一航空舰队攻击菲律宾，确保日本军部制定的计划能完全的达到目的。总之，无论从对战争的准备，还是战争双方的力量对比，日本人无疑都占了先机。在这样的情况下，美国在太平洋战场上初期的惨败几乎是注定的。

而其实日本人的战役进行也并不像美国人想象的那么顺利。在马上就应该发动攻击的时候，12月8日凌晨的一场大雾突然笼罩了整个台湾机场。近四百名飞行员只能坐在自己的飞机上等待着随时可能下达的起飞命令。然而大雾越来越浓，五米之内看不见人。飞机挂满了炸弹，密集地排列着，这是攻击编队最害怕受到攻击的时刻，但飞机却起飞不了。

冢原司令长官无可奈何地看着大雾，喃喃地说道："推迟出发时间会给我们什么样的后果啊！"

大西参与了偷袭珍珠港计划的制定，因此清楚地知道，大约在下午南云的机动舰队就要袭击珍珠港了。

"那也没办法，听天由命吧！"此时的大西心急如焚。

大西的心里在嘀嚷着：那边一动手，消息很快会传到菲律宾的美军司令部，麦克阿瑟会放过驻扎在台湾的日军吗？菲律宾的三十五架号称"空中堡垒"的 B－17 重型轰炸机如果抢在日本飞机起飞之前对台湾的日军基地实施攻击，将产生多么可怕的场景。集中在机场、装满了汽油和炸弹的日本飞机将在瞬间被送进地狱。那么日本军部所制定的一切计划都可能伴随着炸弹的轰炸声隆隆的飞远了。

大西不停地踱着步，一会儿看看手表，一会儿看看停在机场

内的装满了炸弹的飞机。几分钟过去了，攻击珍珠港的行动已经开始了。大西心中暗想："如果我是麦克阿瑟，将立即派遣B－17轰炸机发动先行攻击，消灭台湾的日本航空力量。在这一大片携带炸弹的机群中，只要投下一枚炸弹，整个基地就会变成一片火海。"

当大西如此想像的时候，也正是美空军司令布里尔顿少将建议麦克阿瑟下令轰炸台湾岛基地的时候，可惜麦克阿瑟却鬼使神差般地拒绝了布里尔顿的建议，错过了绝好的战机。

大西这一上午一直在紧紧地搜索着隐藏在浓雾深处的太阳，在等待了许久以后，太阳终于露出了柔和的面目。大西的心中百感交集。随着太阳的出现，台湾东部各基地的大雾开始消散，"立即出发!"浓雾刚刚消散，大西便迫不及待地下达了起飞的命令，起飞号吹响了，首先由"零"式战斗机以三机编队的方式起飞，以便在空中进行警戒。接着轰炸机也一架接一架地陆续升空了。日本海军第十一航空舰队的二百余架飞机高速向菲律宾驶去。

日本的高空轰炸机大约六十架高空轰炸机在数十架"零"式战斗机的掩护下，首先扑向克拉克机场。飞临克拉克机场的日机飞行员简直无法相信自己的眼睛：美国人居然在得知珍珠港被袭击的情报后，没有在克拉克机场上空布置任何空中警戒，只见美军的轰炸机和战斗机一排排整齐地排排放在机场上，机身在阳光下闪闪发光。

这时的机场餐厅里，美军的飞行员士兵们正在一边吃饭一边议论着频频传来的新闻：珍珠港、香港、马来亚遭炸，日美宣战、日英宣战，真可以说是天下大乱。几个士兵还开着玩笑："日本人，他妈的小日本人，什么时候日本人要是来了，老子一定用炸弹把狗娘养的日本人喂饱。"哈哈哈。"我打赌，日本人是不会来啦，听了你的话，小日本鬼子早他奶奶的撅着屁股回家

找奶喝去了"。餐厅里爆发出一阵哄笑声。哄笑声还没有停止，就听见巨大的爆炸声响起。一瞬间，餐厅中哄笑声、爆炸声、咒骂声、呻吟声纷至沓来。

麦克阿瑟此时正在与自己的助手闲谈，当他从窗户玻璃向外看到日本飞机飞临、投弹。脸上的表情瞬间凝固了，先是错愕、继而痛苦，紧接着是愤怒和几近崩溃的懊丧。

只见日本"零"式战斗机吐着火舌，对克拉克机场疯狂扫射，停在机场里的飞机纷纷中弹起火，整个克拉克基地仿佛要在隆隆的爆炸声中升上天空。地面一片火海，熊熊烈焰冲天而起。日本飞机轰炸扫射了将近一个小时，直到再无目标可寻日机才离开。

当日本人带着胜利的微笑返航的时候，克拉克机场上一派人间炼狱的景象：到处是烧焦的和正在冒烟的飞机残骸，只有事前被转移到棉兰老岛的十七架"空中堡垒"幸存了下来，其他十八架全部被炸成了碎片。在战争开始后的第一个小时里，麦克阿瑟的空中力量就折损近半数。日本人仅以损失七架"零"式飞机的极小代价，便赢得了以后入侵菲律宾所需要的空中优势。

偷袭珍珠港、空袭菲律宾作为整个战争的开端，对于一手策划这两次行动的山本五十六来说，无疑有着深刻的意义。这两次行动使日本在对美作战的初期占有了较大的优势，珍珠港事件削弱了美国的海军实力，菲律宾空袭则使日本在进军澳大利亚的战略上占有极大的先手。然而，山本五十六可没有停止他的贪婪的"进取心"。面对这些辉煌的战果，山本五十六想到的已经是下一个攻击的目标—代号"Z"的英国皇家海军远东舰队。

英国皇家海军远东舰队主要由号称"永不沉没"的最新式战舰"威尔士亲王"号、高速战列舰"反击"号和航空母舰"无畏"号组成。

"威尔士亲王"号是英国第二次世界大战前建造的"乔治五

187

世"级的最新式战列舰之一，是集当时海上强国英国造船技术的精华建造而成的，甲板和舰艇的装甲极厚。不但拥有射程远比日本最大战列舰上的十八英寸火炮还远的巨炮，攻击和防守能力堪称是当时世界上最强的战舰，享有"不沉战舰"的美誉。该舰曾在大西洋的征战中击毁德国的最新式战列舰"俾斯麦"号，而在第二次世界大战初期享誉世界海军。高速战列舰"反击"号建造于第一次世界大战时，二战前夕，英国海军对其进行了现代化的翻新和武器统一配置，重新配置后的"反击"号战列舰在进攻的威力上不逊于"威尔士亲王"号。"反击"号比"威尔士亲王"号长近二十米，舰体比较细长，某种程度上更加机动灵活。

当全新配置的"威尔士亲王"和"反击"号进入"Z"舰队服役的时候，英国皇家海军远东舰队在综合实力上已经远远超过了在东南亚驻扎的日本海军。新加坡的电台在报道"Z"舰队时用了以下的词语："现在的新加坡是铁壁铜墙般的要塞，任何国家的舰队都不可能在此地班门弄斧。"不难看出，以"威尔士亲王"号、"反击"号和航空母舰"无畏"号为主力组成的"Z"舰队当时在世界海军中的实力。

"Z"舰队驻扎的新加坡是海上要塞，兵家必争之地，更何况"Z"舰队对日本帝国联合舰队也是一个巨大的威胁。因此，山本五十六在初步完成了对美国军事力量的打击后，就把矛头指向了这个"必欲除之"的英国海军王牌。

对于进行一次战役消灭"Z"舰队这一作战计划，无论是陆军本部还是海军军令部，都持统一的意见。但是当磋商如何进行这次战役时，山本的意见却遭到了极大的阻力。无论是陆军本部还是海军军令部都主张派出强大的舰队迎击处于临战状态的英国军舰。大家一致认为，不这样就不能置其于死地而获得彻底的胜利。可是眼光卓越的山本对这种作战方式不屑一顾。山本想在这

山本五十六

次战役中证明海上"航空时代"已经到来。为此，他早已精心安排了对付英国远东舰队的办法：就是用他一手打造的航空兵集团来消灭"Z"舰队。

开战之前，山本命令驻在台湾南部的鹿屋航空队："即行调派一式陆上攻击机三十六架，尽速转往中南半岛。"一式陆上攻击机是日本海军最新型的飞机，可携带五百公斤或八百公斤的炸弹，或者"91"型鱼雷，既能轰炸也可以实行鱼雷攻击，鹿屋航空队就是以这种飞机从事训练，专门用来对抗舰队攻击的精锐部队。

日本人在打击了麦克阿瑟的空中力量之后，从马来亚北部登陆，开始实施地面进攻。消息传来，英国远东舰队司令菲利普海军上将雷霆震怒，马上召开了紧急会议，决心率舰队实施反击。

当天下午，菲利普率领"威尔士亲王"号和"反击"号以及四艘驱逐舰，浩浩荡荡地驶出新加坡港，矛头直指日军登陆滩头哥达巴鲁、送卡等地。

此时，奉命监视英国"Z"舰队行动的日本联合舰队向山本发去报告，并开始跟踪英国"Z"舰队。次日，海面上暴雨倾泻如注，天气十分恶劣，这给英国"Z"舰队航行带来了不少困难，但也使得执行跟踪任务的日本人失去了目标。傍晚时分，云消雨散。在关丹海域执行警戒任务的日潜艇"伊-65"终于在潜望镜里发现成纵队向北前进的"Z"舰队。"伊-65"立即向基地报告："发现敌'反击'号型战舰两艘，地点在昆山群岛一百九十六度二百二十五英里处，航向三百四十度，航速十四节。""伊-65"号发电完毕，立即逼近英舰，企图进行攻击。海面上的天气诡变莫名，明明是风清日和的晴好天气，突然一阵猛烈的暴风雨袭来，日潜艇又失去了"Z"舰队的行踪。

"伊-65"发出的电报到达第二十二航空战队司令部时已经是两个小时以后，对于这个严重的事故，事后调查的结果却是当

值人员正在与家人通电话，而没有注意到电报讯息。接到电报讯息，第二十二航空大队麾下战机紧急起飞，奉命全力搜索，一旦发现"Z"舰队的行踪，立即攻击。

此时南海上空浓云密布，一架日机偶然发现海面上闪现着两道闪闪发光的长带，日本飞行员马上发出急电。日机起飞、冲向目标所在位置。就在日机准备实施攻击的刹那，却突然发现海面上的舰队原来是小泽中将率领的南遣舰队。"任务取消"，航空队队长的口气明显流露出沮丧的情绪。

数日之后，一直停留在这片海域的日本"伊－58"号潜艇意外的发现了正在南下的"Z"舰队。"伊－58"潜艇马上把消息传给了东京，同时向"Z"舰队"反击"号发动了攻击。"伊－58"潜艇共发射五条鱼雷，但均未命中。在这场海战中，糟糕的天气仿佛成了"Z"舰队的守护神，它又一次拯救了"Z"舰队。

菲利普的舰队在一片大雾中艰难前行，这时他们接到了帕利泽从新加坡发来的电报："日军正在关丹地区登陆。"菲利普马上命令"Z"舰队改变航向驶向关丹。10日黎明"Z"舰队赶到关丹，却意外的没有发现有登陆的日本人。

具体的历史往往取决于偶然性。用"意外论"解释具体的史实也许理由并不很充分，有时也可能会失之偏颇，却往往能让人更加清楚的看到历史所造成结果的偶然性。

我们不得不承认人的行动的偶然性，菲利普中将对整个战役的判断也很可能会受到各种因素的影响出现不同的行动。在对待这个·事件上，菲利普中将的判断几乎决定了"Z"舰队的命运。

菲利普中将对舰队长途跋涉而未交一战非常不满，所以决定停顿一些时候。这个决定使"Z"舰队陷入了险境。

两天之后，没有发现任何日军的"Z"舰队返航，舰队行进

到中途的时候，却被日本潜艇"伊－58"发现。消息传来，日本第二十二航空战队全部出动，飞向"Z"舰队所在海域。

到达指定海域的日机又一次失去了攻击的目标，这让航空队长分外恼火，他下令全力搜索英国舰队，中午时分，一架"89"式侦察机突然从云隙中发现海面上有一条细长的白线，仔细一看，正是"Z"舰队。"发现敌方主力舰。北纬四度，东京一百零三度五十五分。"

"到达指定位置"，几分钟之内，此起彼伏的通报声纷纷传到，航空队长下令"全体注意，开始攻击"。日军按照演练过战术安排，首先用密集炮火主攻"威尔士亲王"号和"反击"号。

英日双方最精锐的海上力量，山本五十六精心布置的航空兵与舰队之间的战争开始了。"英国的"Z"舰队开火了，日本人的战斗机开火！刚刚还平静的海面瞬息充斥了屠杀的嚎叫。高射炮、炸弹、鱼雷的爆炸声响彻云霄，天地都在微微摇动。

乱战中，日军的一枚炸弹直接命中了"反击"号腰部，炸弹穿透了弹射器支柱，在机库甲板上爆炸。随后，此时由高桥胜作指挥的鱼雷攻击编队又到达了"Z"舰队上空，他们分成两队，一队以"反击"号为攻击目标，另一队以"威尔士亲王"号为攻击目标。

"反击"号舰长坦南特亲自驾舰极力躲避着一条条鱼雷。看到情况险恶，坦南特舰长只能选择打破无线电静默，向新加坡基地发送了告急电报。

最后加入战斗的由伊藤任队长的机群在"反击"号上空同时投下十五颗鱼雷，它们行进在不同的轨道上，最后却都朝向"反击"号撞去，这使得坦南特舰长根本无法看清鱼雷的航迹，更无法转舵利用蛇行躲避疾驰而来的鱼雷。十五枚鱼雷中有十四枚命中目标。连续的爆炸使舰舱内机械到处都在断裂，大量海水涌进，很快失去了浮力。"反击"号随着最后一颗炸弹巨大的爆

二战人物

炸声沉没了。

在战场的另一边，日本人的飞机正在与垂死挣扎的"威尔士亲王"号进行最后的战斗。"威尔士亲王"号集中舰上所有火力，朝着蜂拥而来的日机拼命射击。日机奋不顾身地鱼贯俯冲，在距离"威尔士亲王"号极低的高度投放了九条鱼雷。鱼雷溅水后，以极快的速度冲向"威尔士亲王"号，在海面上划出一道道雪白的航迹。这艘旗舰避开了其中的七条鱼雷，但却未躲过另外两条鱼雷的致命攻击，它的中部和左舷后部被击中，军舰猛烈地一震，伴随着一声震耳欲聋的爆炸，一道巨大的水柱夹着浓烟突入云空，高达两百英尺……

日机最后一次攻击开始了。武田大尉率领的飞机群各自携带着数百公斤的穿甲炸弹。"投！"随着武田的号令，飞机群投下了最后一批，也是给予"威尔士亲王"号最致命打击的炸弹。随着爆炸声接连不断的传来，烈焰顿时腾空而起。渐渐地，倾斜的后甲板离海面越来越低，"威尔士亲王"号永远的沉没在了太平洋底……

在这次日机突袭中，英国有九百余名官兵丧命，其中包括英国远东舰队司令菲利普海军上将。日本方面则损失甚微。

丘吉尔在伦敦寓所接到了第一海军大臣语无伦次、声音怆然的电话：

"首相，我不得不向您报告，'威尔士亲王'号和'反击'号都被日本飞机炸沉了。汤姆·菲利普已经淹死。"

消息一经传出，英国上下一片哗然，镇静、懊恼、复仇的情绪在英国民众中燃烧的腾腾的火焰。

日本一边则完全相反，当消息传到"长门"号，仿佛让日本人看到战争已经结束，日本人获得的最后的胜利一样，整个舰队对处于一种极度亢奋的状态之中。山本五十六也难得的露出了笑容。因为他终于以实践证明了他一向主张的"航空优先"的

192

观点是正确的。

　　山本五十六一直有两种不同的对待战争的态度。作为帝国的将军，他当然希望用最小的损失换取最大战争利益；作为一个具有武士道人格的战士，山本却希望堂堂正正的获得战争的胜利。所以虽然他对自己精心策划的偷袭珍珠港行动感到满意，却不感到自豪。而这次日本航空兵对战英国舰队的战役，却是双方对等的在海上的决斗。在筹划用何种方式与英国舰队决斗的时候，他力排众议，坚持使用自己亲手培养起来的航空兵。战役的结果也显示了这种他的选择是明智的。这次战役日本的航空兵给予世界上最精锐的军舰以毁灭性的攻击，从此宣告了海战史上空中打击时代的到来。

　　如果说珍珠港事件证明了航空部队可以击沉静止的军舰，那么此战则无可争议地证明，大型战列舰主宰海洋的时代一去不复返了。这次战役也向世界各海上军事强国发出了明确的信号：从此以后，这些庞大的海上堡垒，只有在航空母舰战斗机提供强有力掩护的时候，才能成为有效的海上武器。

　　日本联合舰队航空部队彻底消灭英国的远东舰队主力之后不久，天皇裕仁对山本五十六赐语："联合舰队航空部队歼灭敌方远东舰队主力于南中国海，宣扬帝国威武于外，朕特嘉奖。"

　　日英海战结束后，日军已经在战略部署上占了先机，陆军本部和海军参谋部磋商后，决定按照原来的计划进行：继续南下，占领盛产石油、橡胶、锡、煤等战略物资的荷属东印度，并且可以控制亚洲和澳洲、太平洋和印度洋的海上交通。具体步骤是：以马来亚、菲律宾为基地，从两翼实施包围，逐岛夺取，先扫除外围岛屿，夺取机场，掌握制空权和制海权；切断荷印与澳大利亚和印度的联系；最后集中兵力夺取爪哇岛。

　　指挥该战役的日方军官是在日本军界英明素著的今村中将，日军共派出雄兵十万。山本五十六手下的第三舰空部队和第十一

舰空部队，共计五百余架战斗机协助今村作战。

面对日本人咄咄逼人的攻势，1942 年 1 月 10 日，英国魏菲尔上将匆忙抵达爪哇，就任荷印地区盟军最高指挥官；美哈特海军上将出任美英荷澳联合海军司令部指挥官；荷兰海军少将杜尔曼任盟国海军攻击部队司令官。

当时盟军在荷印地区布置的兵力，并不逊于日本人。盟军地面部队大约有九万，海军士气比较低落，但是由于美国舰队的加盟，在实力上是并不输与日本人的。

一个闷热的下午，盟军的士兵们都在昏昏欲睡，密码室里突然传来机器响起的声音，两个值班士兵连忙走过去看，原来是急电：一支日本舰队正经由婆罗洲与西里伯斯岛的望加锡海峡全速南下。其中运输舰、货船共二十二艘，由巡洋舰和驱逐舰队护航。

盟军听到这个消息都兴奋异常，经过紧急磋商，盟军由塔尔波特将军率舰队出击。次日凌晨，塔尔波特将军率领的舰队与日本舰队在巴厘巴板附近海域相遇。塔尔波特率"福特"驱逐舰一马当先，与日舰往来冲杀。此次夜袭，盟军取得了宝贵的胜利，击沉、击伤日军运输船数艘，俘获日军数百人。

对山本五十六来说，尽管日军在此次望加锡海战中偶遇挫折，但并未影响其南下之势。而对盟军来说，局势也依然严峻。美日双方的局势并没有任何实质性的变化。

2 月份，盟军连续派遣杜尔曼海军少将在这个地区巡视。

二月下旬的一天，杜尔曼海军少将率领的舰队与日舰相遇。盟军舰队在日舰射程之外首先发难，数十发炮弹落在日本船队附近。日舰队见情势危急，派遣"那智"和"羽黑"号重巡洋舰迂回到盟军舰队左后方，对盟军舰队实施合围战术。盟军舰队看到这种不利的情况，打乱了战舰原来的"一"字排开的阵型，改为由几支战列舰为一个小组的阵型。日、盟双方舰只在将近三

万里的远距离上展开了一场猛烈的炮战。双方互有轻微损伤。

　　日军舰队见到在如此远的距离根本无法对盟军舰队实施鱼雷偷袭，迂回到盟军左后方的日本舰队乘双方方混战之际，迫近猛攻。

　　迫近联军舰队的日本第二水雷战队冒着呼啸的炮火，在约九千米的距离，向盟军舰队发射了五十余枚鱼雷，但是全部脱靶。日军见到两次改变阵型都无法改变战场局势，决定孤注一掷，他们将全部的驱逐舰排成一列，对盟军舰队实施肉搏式强攻。盟军舰队毫不畏惧，勇猛还击，在爪哇海面，盟军舰队和日本舰队展开了一场势均力敌的激战，双方激战一个多小时，战场上硝烟弥漫、轰响隆隆。战至夕阳西落时分，天地都惨淡淡一片硝烟。趁着夜色将临，损失都相当惨重的盟军舰队和日军舰队为了避免全军覆没，各自悄悄退出战场，谋得修整的时间。盟军舰队向东南退却，日舰则向北退避。

　　次日凌晨，盟军舰队还处在修整状态中，日军舰队的生力军"那智"号战列舰和"羽黑"号战列舰趁着夜色南下，在相距盟军舰队七千余米的距离上向盟军舰队发射了大量的鱼雷。毫无准备的盟军旗舰巡洋舰"鲁特"号及"爪哇"号躲闪不及，被鱼雷击中。舰上官兵瞬间就处在熊熊大火包围之中，哀号声充斥着宁静的黎明，满身火焰的官兵从舰艇上奋勇鱼跃，与舰艇一同沉没在了晶莹、澄澈的印度洋底。功勋卓著的杜尔曼少将也在此战中灰撒异域。其余盟军舰艇，趁着突降而至的暴风雨逃离了爪哇海面。

　　从生死边缘逃生出来的"休斯敦"号、"佩斯"号巡洋舰和"厄佛仙"号驱逐舰惊魂甫定，经过紧急商讨，三支舰艇决定穿过爪哇和苏门答腊之间的巽他海峡，逃进印度洋。

　　战战兢兢的三支舰艇小心翼翼的排成前后一线的一排，正当他们绕过巴达维亚（今雅加达）西面的岬地的时候，却恰巧遇

195

上了在此登陆的日本第十六军主力，日本人当时正在换乘。"休斯敦"号、"佩斯"号和"厄佛仙"号趁此机会，突然出击。日军运输船队措手不及，秩序大乱。无巧不成书，就在此时，由三艘巡洋舰和九艘驱逐舰组成的日本舰艇部队偶过此地，见到美国三艘舰艇，全速出击。不一时，"休斯敦"号被八英寸口径的大炮击中，舰上汽管被炸裂，接着又中鱼雷一枚，前部主炮塔座被击毁，身经百战屡击不沉的"休斯敦"终于再没能逃脱覆灭的命运。另外两艘舰艇也重复了"休斯敦"号的命运："佩斯"号身中四枚鱼雷，轰然翻沉；驱逐舰"厄佛仙"号也永眠大海。

盟军精心布置的了，盟军在此期间，不但并未达成最初的战略构想：通过这两次海战挽回在东南亚地区的军事颓势，反而使盟军舰队几乎倾家荡产。在相继失去对印度尼西亚和新加坡的控制之后，爪哇岛的盟军更加处于孤立的状态，几乎面临着束手待毙的处境。更令盟军雪上加霜的是，山本五十六在取得一系列辉煌的战果后，并没有因为满足即得战果停止进攻的脚步。泗水海战和巴达维亚海战刚刚结束，山本就派出强大的以航空母舰"赤城"号、"加贺"号、"苍龙"号、"飞龙"号为中心的南云舰队，以及其他海军部队追歼从荷印地区向澳大利亚逃跑的残余盟军舰队。仅仅三天的时间，日舰队就几乎彻底摧毁了企图逃往澳大利亚的盟军全部舰艇，美英荷澳海军联合司令部也结束了自己短暂的使命，就此解散。

面对这令人忧愤交加的局面，联合司令部总指挥英国魏菲尔上将在回到英国后给丘吉尔的报告书中说：3个月、只不过短短3个月，日本人几乎打垮了我们联军的军事力量和勃勃的雄心。巴达维亚失陷；泗水失陷；万隆沦陷；这是大英帝国的耻辱和一切爱好和平的人们最大的悲哀。英国应该和世界上各种反法西斯力量联合起来，共同对抗日本人和德国人的进攻，并且我坚信，胜利最终会属于我们这些为了和平不停抗争的人们。

日军南下的铁蹄如不可阻挡的泄洪，流遍了整个荷属东印度。但是即使面对如此辉煌的战果，山本五十六却依然忧心忡忡。

此时日本国内就像一口沸腾的锅，民众彻底的陶醉在日本军国主义的赫赫战绩之中。在街道、在学校、在市场、在军营，总之，无论在日本的那个角落，《军舰进行曲》的旋律总是伴随着日本人此起彼伏的口号声不绝于耳。就连军事大本营和海军军令部、陆军参谋本部的人员也同样沉醉于自以为是的所谓"强国"梦中，似乎日本法西斯企图建立的"大东亚共荣圈"即将成为现实。

如果说在日本还有一个人是清醒着的，那么这个人就只能是一手筹划了太平洋战争的山本五十六。

作为联合舰队的司令，山本五十六在太平洋战争进行到这时，他在日本的声誉已经达到了顶峰，他被日本人视为"战神"、"海军之花"。这一时期，日本全国各地寄给山本的信件，每天都像雪片一样飞上"长门"号。

面对日本联合舰队的赫赫战功和日本民众的狂热崇拜，山本五十六却也经历了短暂的兴奋，不过他并未忘乎所以，也不会失去他永远清醒的头脑。

他在一封家书中这样写道：

"由于官兵们的努力奋战，居然使得我一夜之间成了英雄，真是惭愧之至。"

同时，对日美双方都了解甚深的山本五十六对日军开战以来的战果保持了谨慎的乐观，他对战局的未来发展充满了忧虑。在大部分时间内，他把这种成功归因于"天助神佑"。

山本领导的太平洋海战的辉煌已经载入了史册，而新的篇章也正等待着山本去书写。这是一段充斥着死亡、强权、血污的历史；或者也可以说充斥着勇武、强盛、力量的历史。然而不管怎

二战人物

么说，山本及其代表的军国主义带给世界的都是一场无法消弭的灾难。即将开始的 1942 年，山本五十六的联合舰队司令部从"长门"舰迁到了"大和"舰上，从此开始了联合舰队新的一段历程。山本也将迎来他的新对手：新上任的美太平洋舰队司令尼米兹上将。他面对日军的战略进攻，开始采取"攻势防御"战略，寻求"战略平衡"，同时积极实施局部主动出击。这些措施共同将美日海战拖向了山本五十六最不愿意看到的方向……

山本五十六

第十三章　来自东京上空的袭击

太平洋战争初期，山本五十六成了日本人心中的"战神"，因为他为日本帝国立下了赫赫战功。

有着巨大潜力的美国，山本认为以日本的实力难以在日美战争中战胜对方。战争之前以及战争过程中，山本从心里害怕同强大的美国作战，他也曾想过许多方法想将美国置身于战争之外，这样一来，日本日本就可以毫无顾忌地实现法西斯"大东亚共荣圈"的美梦：侵略中国及东南亚。

日本在太平洋战争爆发的一百多天以来，全国上下一片陶醉，这是因为他们的每条战线，都取得了骄人的战果。

几天以来，山本难以摆脱不安和焦虑的情绪，这是因为他担心的事情即将发生。之前，企图同美国和解的愿望已经破灭，日本本土遭到美国的报复性袭击的阴云始终笼罩在山本的心头。

近日，日本的广播电台和官方报纸连续不断地向民众宣传：日本是一片美丽而安全的圣土，这里没有危险。可是，所有的一切只有山本五十六心中最明白，珍珠港的这一场战争中，并没有消灭美国太平洋舰队的航空母舰和重巡洋舰，这些舰只完全有能力对日本本土采取空中袭击战。

山本五十六认为：以美军的实力和美国人勇敢好斗、睚眦必

报的性格，他们一定会因为刚刚发生的事件而向日本发动报复性攻击。而如果日本本土遭到美军的空中袭击，那么首当其冲的便是东京。

对于美军的反击行动，在日本军政界的许多领导人也非常担心来自美国的空中袭击。美国的空中威胁感到特别恐惧的主要原因是日本人那种无法用理智来说明的对天皇宗教式的忠诚，这是长期以来日本民族的心里特征。这种情绪在军队中表现尤甚，如果天皇的安全因为空袭而受到威胁，他们必将诚惶诚恐，感到这是无法容忍的。

珍珠港事件发生以后，山本五十六心中生了一块心病，那就是日本东京的安全问题。

对天皇的安全忧心忡忡的山本，浑身上下渲染着日本武士道精神，他是联合舰队司令。曾经在遥远的西太平洋指挥作战期间，他还每天都询问东京的气象情况，暗暗地为东京的安全捏一把汗。

1942 年，山本的忧虑进一步的加深了，这是因为美海军舰载机对马绍尔群岛、吉尔伯特群岛和威克岛等实施了一连串大胆的空袭。

为了防止美军空袭事件的再次发生，山本设立了一条舰艇瞭望线，其范围离日本本土东岸大约一千海里，每天还辅以海军飞机进行远程巡逻。当马绍尔群岛遭到空袭后，山本又迅速从西南太平洋调回南云忠一海军中将指挥的"瑞鹤"号和"翔鹤"号两艘航空母舰，以加强对本土东面的空中防御力量，同时加派航空战队日以继夜地警戒，以防东京遭到美舰载机的袭击。

实际上，美军在日本偷袭珍珠港之前，已经开始准备对东京进行报复性空袭了。就在日本偷袭珍珠港事件发生后，罗斯福总统一再督促他的军事顾问尽早制定轰炸日本的作战方案，狠狠打击一下日本人的嚣张气焰，恢复美军低落的士气。因此看来，山本五十六的忧虑绝对不是杞人忧天。

欧内斯特·金上将是美国海军作战部部长，他决心对日本发动一次大范围的空袭，于是金上将把想法告诉了尼米兹、阿诺德，这几位将军的意见竟然是不谋而合。从这种状况看来，日本人确实要遭殃了。

美国空袭是一项极为艰巨的任务，因为当时美国最远程的轰炸机的续航力也无法从夏威夷直接飞抵日本本土；美国在浩瀚的太平洋上没有足以奇袭日本本土的空军基地。如果用行载飞机袭击，由于作战半径很小，航空母舰必须驶进日本才能成功。而这将使美军航空母舰驶进日本陆上轰炸机的作战范围，严重威胁航母安全。要知道，美海军现有的几艘航空母舰已经成为美海军力量的支柱，损失了它们也就意味着丢失了整个太平洋。

海军上校弗兰西斯·劳，对于空袭的事情提出了一个即可以突击日本，又能使航空母舰保持在日本陆上轰炸机的作战半径之外的方案。那就是：利用陆军的中远程轰炸机从航空母舰起飞，做单程飞行，完成轰炸任务后到中国机场降落。

这个方案美国金上将非常欣赏，因为这是一个将海、陆、空军融为一体的奇妙设想。他命令海军上校弗兰西斯·劳和他的飞行官邓肯进一步研究论证并向美国陆军航空兵司令阿诺德将军报告。阿诺德接到报告后很是惊讶，因为前不久从白宫开会回来，他曾起草了一份备忘录，提出：美军应该试试用轰炸机从航空母舰起飞，看看效果如何。如今看来，真是英雄所见略同，阿诺德将军当即答应派一人负责空军事宜。

阿诺德的参谋詹姆斯·杜立特尔中校，出生在美国加利福尼亚州阿拉梅达市的一个普通木匠家庭。他加入美国陆军通信兵预备航空队，在圣迭戈附近的一个机场学习飞行技术，驾驶寇蒂斯公司的JN－4教练机。因为杜立特尔的个子不是很高，所以从机舱的一侧向外望很困难，但是这并不妨碍他成为一名优秀飞行

员。仅仅经过半天的带飞，杜立特尔就可以独立飞行了。

年轻的杜立特尔曾驾驶一架 DH－4B 型飞机，在空中飞行三千多公里，用将近一天一夜的时间从美国东海岸的佛罗里达飞到西海岸的加利福尼亚，创下了一天内飞越美国本土的记录。后来，杜立特尔又在著名的麻省理工学院系统学习航空理论，并获硕士和博士学位。

后来，杜立特尔离开军界，首次提出把空军从陆军中分离出来，建立独立的空军军种。在纳粹德国的军队肆虐欧洲之时，杜立特尔毅然放弃了在壳牌公司待遇优厚的工作，重新服役，以陆军航空兵中校军衔指挥 B－26 中型轰炸机部队。美国陆军统帅马歇尔将军曾经这样评价杜立特尔："他是一位在战争中具有非凡聪明才智和顽强毅力的指挥官。"当接受率机轰炸东京的任务时，杜立特尔比任何人都清楚：这是一项即使轰炸成功也未必能生还的任务。

阿诺德召见了杜立特尔。他一开口就问："我们现有的飞机哪一种能载弹两千磅，以五百英尺滑跑距离起飞，飞行两千英里？"

"B－23'龙'式和 B－25'米契尔'式远程轰炸机经改装后可以做到这一点，起飞跑道宽度不能超过七十五英尺。"杜立特尔思考了一会儿后答道。

"那就只有 B－25 可以，它的翼展是六十七英尺，而 B－23为九十二英尺。"杜立特尔的回答，使阿诺德很满意。

然后，阿诺德告诉杜立特尔：他和金海军上将已经谈妥，一支海军特混舰队将载着陆基轰炸机去轰炸日本，然后在中国着陆。杜立特尔必须立刻选拔和训练人员，同时监督飞机的改装。最后，阿诺德将军叮嘱到，把这项计划的准备，叫做'B－25工程'。

就这样，准备工作在随后的几星期内紧张而有秩序地进行

着。B－25经过改装后在"大黄蜂"号航空母舰上实验起飞成功，杜立特尔挑选的十六个机组的志愿飞行人员也全部到达基地报到。这批人员都飞过 B－25 飞机，但是他们现在要飞的 B－25 已经和过去的不大一样——机舱和炸弹挤满了附加油箱，机腹炮塔也变成了副油箱，为防止北飞途中碰到寒冷的天气，在机翼的前缘和机尾表面都装上了除冰器；全部武器只剩下一挺双管机枪和机头的一挺单管机枪。

在秘密训练开始前，杜立特尔在 3 月初来到了位于佛罗里达州的爱格林空军训练基地。他召集全体飞行人员宣布："我叫杜立特尔，被委派负责这次作战行动。这是你们将经历的最危险的一次行动，但是现在还不能宣布行动内容。你们必须绝对保密，绝对服从。"他又补充道："这完全是一次自愿行动，如果犹豫的话，现在可以退出，但是请不要再提及这件事。"然而，所有的人都异口同声地表示愿意留下。

杜立特尔看到大伙情绪高昂很是高兴，随即将一名海军飞行员介绍给他的伙伴们："这位是米利埃上尉，是我们的教官，以后训练中一切都得听他指挥。"

奇怪的训练开始了，但飞行员中除了杜立特尔外，谁也弄不清葫芦里装的是什么药。最初，米利埃教这些飞行员尽可能地慢速着陆，在这个基础上，又要求飞行员尽量缩短起飞距离。当米利埃指着一块较小的场地，要他们在上面驾机起飞时，这批飞行员认为简直是开玩笑。尽管 B－25 是中型轰炸机，但它的起飞重量仍达十三吨，在这样短的距离上要使这个庞然大物腾空而起，实在是太困难了。然而，功夫不负有心人，经过一段时间的刻苦训练，飞行员们基本掌握了在这种场地起飞的技术。

训练逐步升级，不久，米利埃上尉把这批人领到了另一个机场。当他们看到画有白线短得要命的跑道时，不禁愕然了。这哪是什么机场，简直就是航空母舰的飞行甲板。在这样短的距离上

也能使我们的轰炸机起飞和降落吗？飞行员们认为这太不可思议了，但要完成秘密使命的责任感，又驱使这帮争强好胜的美国人开始做这种尝试，虽然他们对这样的训练意欲何为仍然一无所知。

经过一段时间的努力，飞行员们终于达到教官米利埃上尉的要求，他们能以每小时一百公里的时速在这样的距离上起飞，有的甚至比所要求的距离还要短。

紧张的训练持续的大约一个多月的时间，这使杜立特尔看到了成功的希望，他要请战了。复仇的舰队正式出发驶向了东京。

B－25 式中型轰炸机，全长大约二十米，翼展也在二十米左右，总重量大约十五吨，时速五百多公里，续航能力约为两千一百七十公里，是美国当时最先进的轰炸机之一。

美国航空母舰"大黄蜂"号，在"维森斯"号重巡洋舰和"纳希维尔"号轻巡洋舰等六艘舰只的护卫下，1942 年 4 月初告别了旧金山巍峨的金门大桥，劈开汹涌的太平洋波涛向西急驶。甲板上，十六架 B－25 飞机，像展翅欲飞的大鹏鸟，颇为引人注目。

航行中，舰长米切尔将军打开了印有"绝密"字样的密封信袋知悉任务后，他激动地向全舰宣布："本舰队驶向东京！"

随后他解释道："再没有什么比我们接受这项任务更光荣的了，'大黄蜂'号要运载杜立特尔中校以及飞行员们横渡太平洋，一直到离日本海岸几百海里的地方，用从航空母舰上起飞的轰炸机去轰炸东京。"

顿时，全舰上下欢声雷动，那些从事秘密训练的飞行员们更是欣喜若狂，为珍珠港报仇的机会终于来到了。

此刻，米切尔将军的心头却有点沉甸甸的感觉，他明白，在整个太平洋地区，美军正在败退，西方盟国正在败退，现在，实施反击，挽救败局的唯一希望，也许就寄托在他的航空母舰和舰

山本五十六

上的十六架轰炸机上了。

远在夏威夷的"企业"号航空母舰选在四月的第一天出发，在哈尔西将军的率领下，将担负此次行动的护航和掩护任务。

"企业"号编队到达中途岛海区后，便开始了旋回航行，舰员们个个都很纳闷，不知道意义何在。一直到4月中旬，"企业"号和"大黄蜂"号会合后，虽然"大黄蜂"号的人员对空袭东京已经人人皆知，但是"企业"号上的舰员们却仍蒙在鼓里。他们看到航母上载有特大的路基轰炸机，都茫然不解，有人说："这么大的轰炸机在满载的情况下，既不能在航母上起飞，又不能降落，这些飞机肯定是去支援某个基地的。"有的人却不相信："在茫茫的大海中，去支援哪个基地呢？"最后，舰员们普遍认为：特混编队将开赴阿留申群岛，这些轰炸机是运给西伯利亚某一"秘密基地"的。

神采飞扬的哈尔西，4月中旬的一天凌晨，出现在早已列队完毕的飞行员们面前，他向飞行员们宣布，此行的目的，就是要将匕首插向日本帝国的心脏——东京！全舰队的官兵们发出了经久不息的欢呼声。

随后，哈尔西将杜立特尔叫到跟前，交给他一大把"日美亲善纪念章"及各种勋章。这些纪念章和勋章都是哈尔西以前随舰访问日本时日本政府赠予的，他把这些东西从东京上空仍还给日本鬼子！

杜立特尔和他的飞行员们便紧张地做着最后的准备。具体的计划是：美特混舰队尽可能地从东部海域接近日本列岛的主岛本州岛。次日夜间，当舰队驶抵距离东京四百五十海里的海域时，由杜立特尔中校首先起飞。在飞赴东京途中，他以灯光和投放照明弹为其余飞机指示航向，其余十五架飞机跟随杜立特尔飞行，对东京、横滨、川起、横须贺、名古屋、歌山以及神户等城市进行轰炸，整个作战计划都在夜间实施。当轰炸机飞离航母后，为确保舰队安全，舰队迅速返航。B－25轰炸机起飞后不再返回航空母舰，完成任务后将在中国浙江和江西的机场着陆。

山本尽管对美军空袭的事件早有预感，同时也做了比较周密的准备，但是美军的计划实在是别出心裁，这一点使山本五十六始料不及。

又是新的一天，这个硕大的太阳从海平面上冉冉升起，日本海军第五舰队征用的"日东丸"号渔船正在东京以东大约八百海里的警戒线上值勤。这时，有一支舰队正向日本本土急驶，船长急忙用望远镜观察，原来这是美国的航空母舰。此刻船长还没来得及在清晨的薄雾中数清面前这支舰队的数目，便用明码向东京发报：发现三艘美国航空母舰！

这天凌晨，东京郊外日本联合舰队司令部，山本五十六的办公桌上摆着"日东丸"号发来的情报。多日以来，一直担忧的山本立刻意识到，美军来了，而且他们的目标就是东京。

山本慌忙的下令：让'日东丸'，报告敌舰的具体数字！可是，此时正巧无线电中断了，联系不上。

沉默不语的山本，将攥紧的拳头猛地砸向桌面，之前他的种种担心如今就要实现了。

在日船发现美国欧舰队的同时，美舰也发现了日船，舰长立即向哈尔西报告了日船位置。

哈尔西闻讯后十分恼火，因为这是美军计划中，最令人担心的事情。可是，舰长哈尔西还是抱着一线希望，但愿日船没有发现他们的舰队。于是他立即下令，在证实被发现前，美舰按原计划继续向预定起飞的海域行驶。

这次带有一种悲壮色彩的自杀性空袭行动，哈尔西个人认为：如果把杜立特尔和飞行员们运载到离日本海岸越近的地点，他们到达中国的机会就会越大，生还的希望也就越大。

然而，几分钟后，哈尔西的希望破灭了："大黄蜂"号无线

206

电报员截获了日船发往大本营的电报。美舰上的气氛顿时紧张起来。

日本联合舰队司令部立即采取紧急措施，布下天罗地网，决心要乘此机会，消灭这支美海军在太平洋上的主力部队。

山本五十六首先下令采取"对美舰队作战第三号战术方法"，随后他又命令刚刚从南线回到本土的第二舰队司令长官近藤海军中将的第一战列舰战队也从广岛湾火速起航，支援近藤作战。尚且位于台湾南端巴士海峡的南云海军中将的机动部队也被分派了战斗任务。与此同时，山县正乡海军少将指挥的第二十六航空战队的三十二架中型轰炸机，在十二架"零"式战斗机的掩护下，迅速从东京的木更津空军基地起飞，向东掠过太平洋波涛汹涌的海面，扑向美舰队。

至此，哈尔西将军指挥的这只特混编队已经面临着巨大的挑战，最令哈尔西吃惊的是：日本海军最强大的第一航空舰队，也就是南云忠一指挥的拥有五艘航母的舰队，就在日本海域附近，而且在截获的电令中表明：这些航母及其他日本海军舰只已经向他的舰队围拢过来。

事情发展到这种地步，如果仍然坚持原定计划不变，显然凶多吉少。倘若继续拖延，一旦遭受日军围攻，后果必将是舰覆人亡。哈尔西没有别的选择，急驶距预定起飞地点尚有一百五十海里之遥，他也得立即命令杜立特尔和他的轰炸机群起飞。

此刻的哈尔西非常明白，如果提前起飞就意味着飞行员生还的可能性进一步减小，会导致轰炸机能抵达日本上空，袭击也只能在白天进行了。可是，假如敌人已经得到预警，敌人很可能在杜立特尔到达目标之前就被敌人的战斗机击落。

在达到目标之前，杜立特尔很有可能被敌人战斗机击落，这样，不但会失去突然性，而且还得延长飞行距离，按照原来的计划，他们安全到达中国机场的可能性几乎等于零。

207

山本五十六

可是，代表着美国海军一半以上航母作战力量的杜立特尔的航空母舰，在这次行动中，一旦损失，就意味着美国将付出更大的代价，更何况此时此刻杜立特尔要对特混舰队和几千名官兵的宝贵生命负责。

这天上午，哈尔西签署了命令："放飞轰炸机，致杜立特尔中校及英勇的飞行员，祝好运。愿上帝保佑你们。"

命令发出后，首先接到哈尔西起飞命令的是"大黄蜂"号舰长米切尔，面色严峻地米切尔将命令交给身边的杜立特尔。

杜立特尔立即命令：全体机组成员在后甲板列队，向大家讲明了提前起飞的原因。尔后，在一切准备就绪后，杜立特尔迎着狂风，将手臂挥了挥。

几分钟以后，杜立特尔第一个起飞。起飞相当困难，"大黄蜂"号在狂涛里沉下去又升上来，航母甲板成了疯狂起伏的跷跷板。就在舰首抬起的一刹那，杜立特尔的飞机颤巍巍地迎着狂风，满载着两吨重的炸弹，犹如一台升降机似的腾空了，他在"大黄蜂"上空绕了一周，校正罗盘，检查航向后便融着浓雾向东京飞去。随后，美机一架接着一架地飞离航空母舰：第二架胡佛，第三架格雷，第四架霍尔斯特罗姆……

一个小时过去了，十六架 B－25 飞机全部升空。哈尔西率领舰队立即调转航向，全速踏上了归程。

B－25 机群掠过太平洋的波涛向东京飞去，为了节约油料和隐蔽，飞机采用超低空慢速飞行，远远看上去像一群海面上的信天翁。一个半小时后，美机发现了一艘很大的日本商船，有人主张攻击，但是杜立特尔命令道："继续前进，这些炸弹我们有更好的用途。"

三小时后，在一层单单的薄雾里，他们看见了日本海岸。终于到了，已经有些疲倦的飞行员们，此时兴奋中不觉透着紧张，当轰炸机擦着海岸边无数只渔船的桅杆呼啸而过的时候，他们十

209

分紧张会遭到地面火力的扫射。但是很奇怪，之间船上许多男人和女人正热烈地向美机挥手欢呼，原来，美机机身上还是涂着老式星徽，蓝圆中有一颗白星，星中是一个红球，日本人看上去还以为是自己的飞机。黄色的海滩很快就融合在柔软起飞的绿色田野里。大地上一片新绿，春天的阳光显得那么明媚。当飞机从农夫们头上飞过的时候，他们也不断地向空中挥手致意。

突然，有两批日本战斗机在高出美机约五百米的位置上迎面飞来，杜立特尔和他的伙伴们顿时紧张了起来。中校下达了准备战斗的命令。但是日机从美机头上一掠而过，丝毫没有发现超低空飞行的美机。好险啊！飞行员们几乎个个出了一身冷汗。

在陆地上空低飞了近二十分钟后，一片玻璃般风平浪静的海湾出现在眼前，这就是东京湾。东京快到了。与此同时，美国飞机看到了一个令人激动的目标，一艘正在锚泊的庞大的航空母舰。但是这次他们又不得不忍痛放弃了。

大约五分钟后，杜立特尔终于望见了这场战争的策源地和大本营，日本帝国的心脏，拥有八百多万人口的东京市。

驾机进入东京上空的杜立特尔，首先遇到的竟是日本首相东条英机的座机。当时，东条英机正乘飞机去观察水户航空学校，突然从右方飞来一群双引擎飞机，东条的秘书西浦大佐觉得飞机的样子"怪怪的"，当飞机近到连飞行员的脸都看得清楚的时候，他猛然醒悟：这是美国飞机。双方一掠而过，一枪未发。

当杜立特尔飞抵东京上空的时候，B－25 飞机上的投弹指示灯红光闪烁，一枚枚五百磅的炸弹呼啸着直坠而下，工厂、电站、船厂一片火光，惶恐的人们四处乱跑，一时间东京街头的呼喊声、叫骂声、爆炸声相互混杂，震耳欲聋。

美机迅速地向预定目标超低空飞行，尽情地投弹，日本帝国主义"安全的圣土"上立刻浓烟滚滚，两架 B－25 正轰炸东京湾海军造船厂，飞旋而下的炸弹正好击中一艘刚刚完工三分之二的新巡洋舰，船坞中的潜艇母舰"大鲸"号也被炸开了一个大洞。

当飞机掠过一个棒球场上空时，美机驾驶员先是发现吓呆了的观众僵在那里，随即看到了人们争先恐后夺路而逃的情景。

飞临东京上空的美机还发现了一个更诱人的显著目标：日本天皇皇宫，但是每个队员都铭记着杜立特尔起飞前的规定："如果轰炸了天皇皇宫，只能使敌人同仇敌忾，更加凶残和顽强地作战，这次轰炸，仅仅限于军事目标，任何人不得轰炸皇宫。"

东京上空，从第一枚炸弹落下，一直到攻击完毕为止，总共花了短短三十秒钟。

日本人的反击也是相当迅速的，密集的高射炮火和日机的相继升空很快就使美国飞机受到了严重的威胁，但是杜立特尔和他的伙伴们凭着高超的驾驶技术，灵活地实施超低空飞行，一次又一次避开，躲过了日机和地面火力的拦截。

除了东京外，日本的其他城市也相继遭到了轰炸。

此时，山本五十六正忙着调动强大的海军舰只对付已经发现的美特混舰队。"赤城"、"飞龙"、"苍龙"、"加贺"号航母上的舰载机已待命起飞。东京地区的岸基飞机升空后直奔大海东侧而去，但飞到航程尽头，仍未与美军接触，因此放弃攻击而撤走了。

但是刚到下午，"赤城"号收到报告说："东京遭到空袭。"紧接着又收到一个接一个的报告，说横滨、川崎和横须贺也被轰炸。稍后不久，又有一连串报告：美机轰炸了更南面的名古屋、歌山以及神户。这样广泛的攻击面一时间弄得联合舰队司令部和山本五十六不知所措，摸不清敌人的意图。

空袭后，杜立特尔率领的飞机从正南方撤走，然后飞往中国的南昌机场。经过十三个小时的艰苦飞行，十八日晚他们燃料耗尽，跳伞落在浙江西部某地。20日清晨，杜立特尔找到了四名

同伴，随后请求当地中国军队协助援救飞行员，并通过驻重庆大使馆电告阿诺德将军："轰炸东京成功。"

此次轰炸是日本本土遭到了历史上的第一次空袭。日本人目瞪口呆，他们心目中的神圣帝国随着巨大的声响和强烈的气浪，开始被冲毁了。

为了安抚受惊的民心，日军大本营急忙发表公告，声称此次空袭只是造成了轻微的损失，大部分敌机都被击落击伤。其实，杜立特尔空袭东京对日本人带来的心理打击是巨大的。

杜立特尔空袭东京，无疑是太平洋战场上一个十分出色的海空突袭战例。它是贯彻美国在战争初期确立的"攻势防御"战略思想的重要典范，虽然造成的物质损失并不大，但是它对日本军国主义者的心理震动和打击是不可低估的。在此之后，日本人很多天都惶恐不安。4 月 20 日，东京再度风声鹤唳，发布空袭警报。21 日，日本内阁举行会议，将负责本土防空的有关人员按军法惩办，陆军省和海军省人员也有变动。山本五十六也是惶惶不可终日，再三向天皇请罪。

这次空袭直接迫使日本把四个陆军战斗机大队留在了国内，以保卫东京等城市，也迫使海军将"瑞鹤"号和"翔鹤"号两艘航母及大批舰只留在日本海附近，大大牵制了日军在太平洋战场上的兵力。

空袭东京还有另一个重要的后果，那就是正在争吵不休的山本五十六提出的关于中途岛作战方案受到了直接影响。

对于美国的这次空袭行动，一旦他们开了头，就会再次袭击，而且会更加激烈凶猛，正如轰炸机本身所引起的震撼一样，它会使整个日本颤抖。

对于这种战争形势，山本五十六毫不迟延地把防御圈向东推进到中途岛和阿留申群岛西部，并主张尽早实施中途岛作战计划。军令部也深感事态严重，他们认为来自东面的威胁才是当务

之急。那些主张向南扩张的军界要人，此时也偃声息语，反对意见顿时烟消云散。

对于美国来说，这次对日本的空袭行动，虽然造成的物质损失并不大，但对日本来说，在精神与心理上，却遭到了巨大的打击。特别是山本五十六心中，这次空袭的影响是非常深远的。

美军对日本东京的空袭行动，促使山本五十六的中途岛作战计划得以最后通过。

二战人物

第十四章　大战珊瑚海

　　在澳大利亚的东北方向，有一片辽阔的海域，这片海域里的珊瑚构造极其发达，这片海域也因此得名——珊瑚海。它的面积达到了四百八十万平方公里。1942年3月，日本占领东印度群岛后，日本海军省和陆军本部就下一步的战略部署进行了探讨：日本海军省那些醉心于"澳大利亚第一"的战略家们，极力主张继续南下，占领澳洲；陆军本部则主张通过切断美澳交通线来遏制美英对日本的反攻企图。经过长时间的讨论，占领澳洲的计划搁浅，占领澳洲的作战企图演变成切断美澳交通线的作战方案。山本五十六在在此期间主张东进出击，占领中途岛。但是由于当时军令部的普遍反对，中途岛作战还没有经过认真探讨，便被切断美澳交通线的作战方案所取代。

　　4月初，当山本五十六正式提出中途岛作战方案的时候，海军军令部已经决定了第二阶段作战中的第一步行动：双管齐下，既要深入所罗门群岛，夺取图拉吉，又要攻占新几内亚东南岸的重要港口——莫尔兹比港，把控制珊瑚海作为切断美澳交通线的手段。日本人的计划是首先从南路发起攻击，夺取莫尔兹比以及中所罗门群岛的图拉吉岛，从而建立一个以拉包尔为中心的防御体系，

二战人物

　迫使日本人下决心加速扩大其"外围防御圈"的事件是东京、神户等地遭受美国舰载机的空袭，这次事件发生后，在日本发生了极大的争论，山本五十六领导的海军受到了平民和军事机构的诟责。因此，海军军令部决定加速实施其控制珊瑚海的作战计划。在这个作战计划中，尤以占领莫尔兹比港为首选目标。

　珊瑚海是通向所罗门群岛和巴布亚新几内亚半岛的海上交通要道，日本人只有在珊瑚海取得制海权，才有可能在莫尔兹比港站住脚跟。对于想继续"南进"的日本人珊瑚海无疑具有相当重要的战略价值。因此，日本人决定在这里和美国人作一次殊死的搏斗，以最后取得这条战略交通要道的制海权。

　计划完成后，海军军令部开始为战役的实施调集兵力。为了确保战役的胜利，海军军令部计划战役由联合舰队共同实施。军令部调集驻扎在特鲁克岛的井上成美海军中将率领的第四舰队和高木武雄海军中将率领的第五航空母舰战队及第五巡洋舰舰队，组成了由井上成美任指挥官的海上机动舰队。高木在日本海军界以机智镇静、勇猛善战而著称，其声誉和威望仅次于南云忠一海军中将。

　井上成美率领的海上机动舰队分为两个编队：第一编队由轻型航空母舰"翔风"号和四艘巡洋舰、一艘驱逐舰组成，由后藤有公海军少将指挥，任务是直接掩护两栖部队航渡；第二编队由主力航空母舰"翔鹤"号和"瑞鹤"号、两艘重巡洋舰、六艘驱逐舰组成，由高木武雄海军中将指挥，任务是担任机动作战，随时准备给美海军以歼灭性打击。两个编队共有舰载机一百四十六架，分别为"99"式舰载俯冲轰炸机、"97"式鱼雷攻击机和"零"式战斗机。此外，还有驻在拉包尔的九十余架"1"式陆上攻击机。此外，日本人又在新不列颠岛的拉包尔集结了两栖作战部队日军此次的战役力量真可以说是空前的强大。

　"天算不如人算"，踌躇满志的山本五十六做梦也没有想到，他的对手尼米兹对他的作战意图已了如指掌，此时也已经在珊瑚海区域集结了美国海军的大量优势兵力，就只等着日本人前来大战了。

美国人是如何了解山本五十六的作战计划的呢？这还得从一艘日本的潜艇说起。

1942 年元旦期间，日本海军军令部曾派出"伊－124"号潜艇到靠近澳大利亚一带的海域中布设水雷。"伊－124"号在完成布雷任务后，取道太平洋海域返航。在行至达尔文港附近海域的时候，突然与美军的"埃索尔"号驱逐舰和三艘澳大利亚猎潜舰不期而遇。经过一番激战，"伊－124"号潜艇最后沉没在了仅数十米深的海底。

在一次美国军事会议上，美太平洋舰队司令部把关于"伊－124"的情况向尼米兹将军做了汇报。尼米兹将军在和美国国防部研究后认为，"伊－124"有可能成为美国掌握日本人军事行动的"翻译官"，所以绝不能让它永远卧睡在海底，应该尽快打捞上来。于是，美国太平岩舰队秘密调来一艘名叫"霍兰"号的潜水艇，并派出技术熟练的潜水员潜入海底，经过将近两昼夜的紧张作业之后，终于将"伊－124"号潜艇打捞上来。果然不出所料，在"伊－124"号的指挥室和电报间里，美国人终于找到了他们最需要的东西——战略密码本和技术密码本。美国人简直是欣喜若狂。美国国防部的情报军官和专家们立刻投入到了夜以继日的紧张破译密码工作。在珊瑚海海空战中，犹如美国人的眼睛一样的情报工作就从这个时候开始了。

然而，日本人对此事却是一无所知，他还以为"伊－124"潜艇早已经被美国人打成了一堆废铁烂钢，在汪洋大海中无影无踪了。

至于密码本在达尔文港海面完好地落入敌人之手，日本人更是万万没有料到。因此，军部方面还在照常使用这些密码电报本。

美国人的心血没有白费，他们以这笔"意外之财"为基础，很快就建立了以罗彻福特海军中校为首的秘密情报中心。

罗彻福特是美国著名的密码破译专家，他身板挺拔、幽默爽朗。他最初的工作是国务院密码室译电员。罗彻福特对破译密码有特殊的偏爱，这使他在短短的时间内，就成为密码破译的专家。他甚至能打开他不知道暗码的保险柜，他的同事们都认为他有特异功能，称他是"魔术师"。

早在 1936 年，美国军政部门把在密码破译上小有名气的罗彻福特派往日本大使馆当翻译，他同时还担负着破译日本密码的使命。1941 年 5 月，日美关系渐趋紧张，罗彻福特从日本回国，随即被推荐到珍珠港太平洋舰队工作。他组织了一支专门进行密码破译的特别情报小队，这个小队后来被称为"魔术队"。正是从破译日军"伊－124"号潜艇上的密码本开始，"魔术队"接连创造了一个又一个的辉煌，成就了其二战期间的不朽传奇。

破译密码本后，罗彻福特情报中心对日本军方的无线电实行全天候不间断监听，不久就弄清并证实了日本人的下一步作战企图：进军珊瑚海，占领莫尔兹比港。并且还准确地掌握了日本海军舰队的数量、编号以及从拉包尔出发的准确日期。

在得到罗彻福特情报小队的破译报告后，就连一向举止稳重的尼米兹将军也兴奋不已，华盛顿方面则对此持谨慎的乐观态度，美国人最担心的就是被日本人迷惑，重蹈珍珠港事件的覆辙。因为在开战之初，在日本袭击珍珠港的前夕，日本人曾经也搞了许多欺骗美国人的假电报，这次谁又能说无此可能呢。

但是为了预防万一，尼米兹将军还是命令整个太平洋舰队进入一级戒备状态，并提前向珊瑚海调集了一切可以调集的兵力。美军在珊瑚海的军队主要是：以巡洋舰和驱逐舰各五艘组成的突击大队；以航空母舰"列克星顿"号和"约克城"号为首，另

217

有四艘驱逐舰组成的航空母舰大队。美国方面的指挥官是海军少将弗兰克·弗莱彻，他在得到尼米兹将军的命令后，就率领上述兵力进入了珊瑚海地区。

1942年5月初，日本人派重兵攻占了所罗门群岛东南端的图拉吉，并在那里建立起了海上飞机起飞基地，准备以此为前进基地夺取莫尔兹比港，从而拉开了珊瑚海海空大战的序幕。

几天之后，就在日本人还在为顺利占领图拉吉而欢庆胜利的时候，美国人的轰炸飞机就狠狠地给了他们当头一棒。这天清晨，"约克城"号出动五十多架舰载飞机，偷袭了日军在图拉吉的舰艇和部队。美国的"无畏"式俯冲轰炸机和"掠夺者"式鱼雷攻击机连续攻击了日军占领的港口和滩头阵地，将停泊在港内的一艘驱逐舰和五架水上飞机全部击毁、炸沉。弗莱彻由于未发现日舰队，故令"约克城"号停止攻击，与"列克星敦"号会合后，保持海上战斗队形，然后继续小心翼翼地搜索前进。

得知消息的高木中将暴跳如雷，他原以为很顺利地就捞到了一块大肥肉，怎么也没想到居然是"螳螂捕蝉黄雀在后"。他马上命令日本舰艇上的侦察机起飞，尽快找到美国航空母舰。

珊瑚海浓云密布，风急浪高。珊瑚海战役一触即发的时刻马上就要来临了。

五月初，高木舰队经由所罗门群岛，绕道维拉港口，悄悄的驶入了珊瑚海，企图从背后打击美国航空母舰群。此时，弗莱彻少将所率领的混合舰队对日本人的动向几乎是毫无察觉，只是一个劲儿地向西北急驶。两支随时都在准备给对方以致命打击的航空母舰混合舰队，都在竭尽全力的搜索对方，意图比对方更早的发现作战机会。双方的距离曾经如此之近，以至于仅仅相隔七十海里，但由于大面积的雨云遮挡，谁也没有发现谁，因此在当天避免了一场可能爆发的美日大海战。

就在第二天凌晨，弗莱彻少将和高木中将几乎在同一个时段

接到了侦察机的报告。弗莱彻派出的侦察机在对北面海域进行了细致的搜索后，终于发现了日本人的舰队。侦察机马上发回报告说："在海上发现敌航空母舰和四艘驱逐舰，距离一百八十海里，航向一百二十度，航速二十节，西北西！"

这是美国人在珍珠港事件后首次在海面上发现日本航空母舰，为此机会等待良久的弗莱彻将军闻讯大喜，可以说弗莱彻少将这次出征就是抱着与日本航空母舰决战的心情而来的。所以，他决心抓住这次机会，摧毁日本航空母舰，以雪珍珠港之耻。瞬时之间，"约克城"号与"列克星敦"号航空母舰上百余架战斗机已经起飞。

弗莱彻站在舰桥上，看着他的攻击机群慢慢地飞向远方，脑中好像已经出现了日舰被摧毁的景象。突然，侦察机又报告说："刚才发现的不是日本的航空母舰，而是巡洋舰部队。"可是此时飞机已经无影无踪了。

弗莱彻嘴里骂着娘，心中想着：飞机既然已经派出，那就将错就错，运气好的话，也可能歪打正着。于是他又下了一道补充命令："扩大海上搜索范围，争取攻击航空母舰，万不得已，也可打攻击巡洋舰。"

这天上午，美国攻击机群在经过仔细侦查后，终于在距日本巡洋舰队不远处，发现了日本的"祥风"号轻型航空母舰。充满复仇火焰的二十四架"掠夺者"式鱼雷攻击机和五十三架"无畏"式俯冲轰炸机，闪电般地向日本的"祥风"号航空母舰猛扑而来。

此时，由后藤有公海军少将率领的由"祥风"号轻型航空母舰、四艘重型巡洋舰和一艘驱逐舰组成的直接掩护舰队，正向莫尔兹比港急速行驶。

美国战斗机群由贝勒特上尉指挥。在接近"祥风"号轻型航空母舰后，他命令第二鱼雷机中队的十二架鱼雷机，集中向

219

"祥风"号展开进攻。由于日本军舰火力猛烈，无法投射鱼雷。战斗机群马上又迂回到日舰队的后方，并突破日舰队防空炮火的拦截，从右舷实施鱼雷攻击。

纷纷坠落的鱼雷精确的命中目标，只见航空母舰的舰体瞬时便大火弥漫，尔后烟雾和火焰腾空而起。几分钟后，由泰勒上尉指挥的第五鱼雷机中队的十二架鱼雷攻击机也冲向了"祥风"号。只见泰勒率机群在距"祥风"号只有五百米处开始投放鱼雷，一下子就命中了四条鱼雷。当时"祥风"号已经被铺天盖地的炸弹中的十三枚五百公斤炸弹击中。

此时，汉米尔海军少校率领的三十六架"无畏"式俯冲轰炸机群，也不间断地对"祥风"号实施攻击。就这样，在不到十分钟的时间内，"祥风"号中了十三颗重磅炸弹和七条鱼雷。这艘轻型航空母舰几乎被炸成了碎片。绝望的无线电发报员只是发出"我们遭到美机……"便随舰沉入了海底。这是整个大战期间击沉日航空母舰最快的一次。全舰八百名官兵，有六百三十六名随"祥风"号一起沉没，而美军只损失了三架轰炸机。

当弗莱彻中将发现后藤舰队时，在珊瑚海东部海域的高木将军也几乎同时接到了侦察机发来的急电："发现美航空母舰特混舰队，南一百六十海里。"高木命令战斗机立即起飞。

一刹那，航空母舰的甲板上响起震耳欲聋的嗡嗡轰鸣声，大群日本战斗机腾空而起，在飞行队长高桥海军少佐的带领下，直向美国航空母舰特混舰队扑去。

就在战斗机渐行渐远的时候，高木将军接到了一个让人颇觉意外的信息，侦察机传来"敌情有误！美航空母舰的真正位置在我舰队以东一百八十海里处。"

戏剧性的场面往往产生于细节的巧合，在解释某个历史事件时，历史学家往往特别关注某些特殊的时刻。"如果"，这是一个历史学家要刻意回避的词语，却又是历史学家在潜意识里特别

喜欢的词语。假设的历史是不存在的，可是假设的情景却是人们常常喜欢幻想的。就像望着已经远去的战斗机的高木，他一定在幻想"或者我们也能因为巧合而遇见美国的航空母舰，谁知道呢，或许运气在需要的时候它就来了呢"。可惜在同一时刻位于同一片海域的并不是美国的航空母舰，而是由"尼奥索"号大型油轮和"西姆思"号驱逐舰组成的一支船队。当高桥率领的庞大机群根据第一次报告的方向和方位到达预定海域时，他们看到的即是这支船队，这支船队刚刚执行完为航空母舰加油的任务，船员们不会知道他们刚刚执行的是自己的最后一次任务。当他们看到天空中黑云般的机群和机身上的太阳旗标志时，一切都结束了。

没有在预定地点见到美国的航空母舰，这使日本的飞行员分外恼火。他们把火气一股脑的投向"尼奥索"号和"西姆思"号。巨大的爆炸声和冲天的黑烟很快就吹响了战斗结束的号角。很难确切的知道"尼奥索"号和"西姆思"号在多长时间沉入海底，或者用一个贴切的形容词比确切的叙述能给人以更深的印象。"转眼之间，是的，我说的是转眼之间"，一个日本老兵如此形容那次空袭，脸上掺杂着兴奋和悔恨的表情。

这场战役，无论从过程还是从结果来看，都是势均力敌的。"与此同时"几乎成了这场人类历史上首次航空母舰对航空母舰之间的空中战役的代名词。

初战结束，美日双方同时进入了修整。数小时后，双方几乎同时派出自己的侦察机。许久，在航母上等的已经有些不耐烦的弗莱彻终于收到侦察员的无线电消息"两艘航空母舰，四艘重型巡洋舰，多艘驱逐舰，航向一百二十度，时速二十海里。方位北东一百七十五海里。"

"与此同时"，美国舰队也没能逃脱日本侦察机的眼睛，美国人发现日舰队后仅两分钟，高木派出的侦察机也发回了高木将

221

军所期待的紧急情报："发现两艘航空母舰，一艘战列舰，方位二百零五度，距离二百三十五海里！"

"第三中队，起飞！""嘭！"地一声，"约克城"号上的蒸气弹射器将第一架支援巡逻机群的鱼雷攻击机弹上天空。上百架战斗飞机分成五个编队，风驰电掣般地扑向高木舰队。

"与此同时"，日本舰队也毫不怠慢，一架接一架的飞机离开了甲板，升上了天空。飞行甲板上的地勤人员累得满头大汗，终于将由七十架飞机组成的第一攻击波的机群送上了天空，机群向美舰队扑来。于是，双方舰队互不照而，只是凭借无线电指挥各自的飞机，向对方发起了攻击。

在经过反复的试探、双方的初次战斗和修整之后，珊瑚海海空战终于爆发了。此时太平洋上不太平，隆隆的飞机马达声在风口浪尖上轰鸣。

全部出击的美日战斗机在无不朝面的情形下向各自的目标高速靠近。十点左右，从"约克城"号上起飞的美机群首先发现了日本航空母舰编队。

此时，"翔鹤"号和"瑞鹤"号早已疏散开来，相距大约在八至十海里，各有重型巡洋舰两艘及驱逐舰三艘担任护卫。当美国飞机群的轰鸣声传到日舰上时，"瑞鹤"号赶紧抽身向有雷雨的海域躲避，结果利用暴风雨的遮掩逃脱了美机的攻击；而"翔鹤"号则转向东方的逆风航向，准备让自己的"零"式护航机起飞应战，不料却正好成了美机集中轰炸的"目标靶子"。

美军第五鱼雷攻击队迅速接近"翔鹤"号航空母舰，在"零"式战斗机将要起飞的时候，美军的鱼雷攻击机和俯冲轰炸机在泰勒海军少校的指挥下首先进行俯冲轰炸。导弹纷纷坠落，一弹正中"翔鹤"号的舰首位置，瞬时火势蔓延开来，片刻间整个航空母舰已经被大火吞噬。就这样，"翔鹤"号连续遭到攻击、被命中三枚炸弹，伤势非常严重，只得带伤返航，在归国途

山本五十六

中还差一点再次遇险。

"与此同时"，从"瑞鹤"号和"翔鹤"号上起飞的七十架俯冲轰炸机和鱼雷攻击机，也气势汹汹地抵达美特混舰队上空。早在十点左右，"列克星敦"号上的雷达就发现了日机正从东北方向大约七十海里处向自己袭来。可是由于大多数战斗机已随机群前往攻击日本的航空母舰，在自己航空母舰上空只剩下八架"野猫"式战斗机，而且油量也严重不足，根本无法升空迎击日机。

"约克城"号和"列克星敦"号只有赶紧转舵，迎风放出舰上剩下的十六架战斗机，为自己保驾护航。此时，"列克星敦"号的舰长谢尔曼少将正在舰桥上提心吊胆地来回走着。他心里很清楚，眼下的局势万分险恶，根本无法估量战役的结果。

中午时分，日机从东北方向顺风背日向美舰猛扑过来。日鱼雷机以超低空的飞行方式进入，从两舷进行多方向的攻击，并在八百米的距离内实施鱼雷攻击。"列克星敦"号虽经多次规避，也无法完全避开所有的攻击。一条鱼雷命中"列克星敦"号的左舷前部，剧烈的爆炸使巨舰即刻喷出了一股夹带着海水的巨大火舌。更为致命的是数架日轰炸机又从"列克星敦"号的正前方实施了俯冲轰炸，两枚重磅炸弹直接命中"列克星敦"的船身。此时，"列克星敦"号已经有六处燃起了大火，危在旦夕了。突然之间，大火把油管里冒出的汽油点燃了，紧接着发生了一连串惊天动地的大爆炸，很快"列克星敦"号就被烈火吞没了。

面对已经无法挽回的形式，"列克星敦"号的舰长谢尔曼不得不下令弃船。三千多名官兵大多得救。后来，为了防止让失去航行能力的"列克星敦"号落入日军之手，尼米兹只好下令由驱逐舰"菲尔皮斯"号担当"送葬人"的角色，向正在熊熊燃烧的"列克星敦"号航空母舰的船壳发射了四条鱼雷将其击沉。

223

美方的另一艘航空母舰"约克城"号自然也遭受了日本军舰猛烈的炮火袭击。幸运的是，"约克号"虽然破坏严重，却没有被彻底摧毁。在二次大战后来的海战中，我们还时常能看到它庞大的身影。

当尼米兹将军得知"列克星敦"号已经沉没在茫茫太平洋中时，一时百感交集，种种关于它的美好回忆都浮现在脑中，他很难让自己相信"列克星敦"号就这样永远的消失在记忆的深处了。当值班参谋向他报告说：据日军广播电台说，负伤的日军航空母舰"翔鹤"号，正以十六节的航速向北逃窜，预计5月17日返回日本本土。复仇心切的尼米兹立即命令道："马上派潜艇去追，只要发现目标，就把它彻底击沉！"

可是，在浩瀚无际的西南太平洋上，寻找到一艘航空母舰机会是十分渺茫的，尽管尼米兹派出的几艘潜艇燃料都快耗光了，还是没能找到"翔鹤"号，最后不得不恨恨返航。

就在尼米兹将军感到在目前的局势下，只能从太平洋战场上撤退的时候。高木舰队实际上也已成了强弩之末。随着两位高级指挥官发出了同样的命令："舰队立即撤离，飞机返航！"后，珊瑚海海空战结束了！

珍珠港事件和珊瑚岛海空战共同开启了美日太平洋战争，对于美国人来说，这两场战役是残酷的，他们损失惨重，但是他们并没有丢失再战的勇气和实力；对于日本人来说，他们无疑在美国还没有防备的情况下，稍占了上风，但可以说，他们也并没有实现最初的作战目标。美日双方都在等待下一个机会，以便为他们各自的惨痛经历向对方复仇。

其实山本从一开始便反对同美国人开战。从日本与德、意结成三国同盟一直到战争开始，即使是他在精心准备偷袭珍珠港的过程中，他也从未放弃过避免与美国开战的希望。

另一方面，作为海军灵魂人物的山本五十六直到此时，才开

山本五十六

始重新审视日本和美国的关系。其实山本五十六在对待美国的态度上一直是与日本政府背道而驰的，山本清醒的看到，德、意、日三国同盟之所以能在战争初期如此顺利的连战连捷，究其原因，首先当然是反法西斯力量还没有在全世界范围内形成一个整体来对抗法西斯三国同盟，另一个原因则是当时世界上的主要军事国家美国并没有参战。即使与美国开战之初，日本联合舰队驶势如破竹，也并没有山本五十六陶醉。山本的内心中依然坚持着自己的想法：争取开战之初的一系列胜利，并不是战争的目的本身，只是这场战争的手段或者说是筹码，真正的目的应该是通过这些胜利不断创造条件，迫使美国与日本媾和，退出战争。

只是当战争已经不可阻挡，与美国已经完全不存在谈判的可能性的时候，山本五十六身上具有的那种效忠天皇的武士道精神又开始起作用了。他废寝忘食的与宇垣缠筹划日本人在太平洋上的另一场战役，山本五十六决心在下一场战役中彻底结束美国的海上军事优势。中途岛海战已经尘风微起。

第十五章　再赌中途岛

　　被誉为日本民族之魂的"大和"号超级战列舰从 1937 年开始建造。到 1941 年年底，日本各大报刊的头版头条都开始为"大和"号的即将建造完成而摇旗呐喊。1942 年 2 月的一天，烟波浩渺的日本海被一声长笛的鸣响唤醒，堤岸上的记者们喧腾的说笑声刹那寂然。只见吴港深处一个遮天蔽日的硕大战舰缓缓驶出，仿佛是初生的太阳，给人带来无限的希望。它就是当时世界上最庞大、最先进的战列舰"大和"号。"大和"号舰长二百六十三米，排水量达六万四千吨，装有九门四十六厘米口径的巨炮，舷侧钢甲厚近半米，这些数字都创造了当时世界造舰史之最。"大和"因此也被当时的日本报刊称为"永不沉没的大和。"如果当年震惊西方海军界的德国"俾斯麦"号见到雄伟的"大和"，可真该慨叹"后生可畏"了。1942 年"大和"号下水不久，联合舰队司令部便从"长门"舰迁到了"大和"号上。山本五十六站在船舷旁，目光追随着翩跹回旋的海鸥，刹那间山本心中的豪情好像要爆裂开来—淹没日本海、淹没太平洋、淹没整个世界。

　　今天，依然可以从山本写给他的侄子山本气次郎的信件中读出他当时的踌躇满志：

"第一阶段进攻菲律宾、香港、马来西亚和荷属印度尼西亚的作战，我认为并没有多大问题。事情成败的关键，在于第二阶段，还需要做好充分的精神和物质准备……

在第二阶段中，也并不完全取决于军事上如何，而需要军政双方相互配合，齐头并进。问题是有没有能够审时度势、认清形势、抓住时机、处事果断的人……"

山本五十六也正是在这时要求他的参谋长宇垣缠"立即拟定第二阶段作战计划"。宇垣在他的《战藻录》中写道：

"第一阶段的进攻性作战，大体上到3月中旬便可结束。紧接着，下一步的作战将如何展开呢？是进攻澳大利亚，还是出兵印度洋？是再度进击夏威夷，还是去对付苏联？不管怎样，到2月中旬也应该拿出个作战计划来……"

关于第二阶段的作战计划，以山本五十六为首的联合舰队司令部和陆军总部发生了严重分歧。以山本为首的联合舰队司令部拟定的作战计划是出兵印度洋，攻取锡兰岛，从而动摇英国和印度在这个地区的军事优势。然后将英国的东洋舰队引诱出来，一举全歼，以便与从高加索南下中东的德军会师。山本的联合舰队拟定的这一作战方案，需要陆军本部出动五个师左右的兵力联合行动，这从战略上与陆军总部的作战方案发生了严重冲突。联合舰队司令部的作战方案一经公开便遭到了陆军参谋本部的强烈反对，陆军本部对于攻占东南亚诸岛屿并不感兴趣，也从来没有进行过认真仔细的研究。

从根本上说，陆军本部和以山本五十六为首的联合舰队司令部的分歧来源于对当时战争局势的不同判断。在陆军本部看来，苏联对日本造成的威胁最大，在战略安排上是应该首先予以考虑的。因此陆军本部主张把进攻东南亚的主要兵力调回中国的东北和华北地区，积蓄力量，待苏德战况明朗化后，北上进攻苏联，从背后与德国遥相呼应实施大陆作战。可以想见，从陆军本部的计划出发，山本的作战计划是根本无法予以支持的。而以山本为首的联合舰队司令部则认为美国才应该是未来日本全球战争的首要敌人。联合舰队司令部认为最为迫切的是攻取澳大利亚，切断美国和澳大利亚间的联系。军令部认为，夏威夷一战后，美国必然要以澳大利亚为基地对日本进行全面反攻。因此，日本应该首先拿下所罗门群岛、新喀里多尼亚岛、斐济群岛、萨摩亚群岛等岛屿，孤立澳大利亚，以防止美国向澳大利亚部署空军。这就是所谓的"切断美澳联系的作战方案"。

就这两种作战方案，陆、海双方发生了激烈的争执。联合舰队司令部认为，如果采取陆军本部的防守政策，必将给予美国以时间和机会来动员它强大的工业力量，发动横渡太平洋的大规模强攻。联合舰队司令部希望在美国人重建他们的舰队之前，再进行一次大规模的海战，以求彻底摧毁美国的海军力量，迫使美国和日本媾和。但是山本的作战计划最后在陆军参谋本部的极力反对和海军军令部的不支持下，由兼任陆军部长的东条英机予以否决。随后，联合舰队又提出了全力进攻中国，最后拿下重庆的建议。东条英机又一次予以否决。

看到陆军和海军不可能就进攻的目标取得一致意见，山本五十六决定按照他自己的意愿，寻找一个海军能独立完成的作战方案。

最近一段时期发生的事情让山本感到恼怒，首先当然是陆军本部对自己作战计划的否定；还有一件事情似乎微不足道，山本却看出他对未来的局势影响深远。此事还得从珍珠港偷袭事件说起：山本对珍珠港的偷袭几乎击溃了整个美国太平洋舰队，其战果超出了所有人的预料，可是这一出乎意料的结果却也使得日本海军官兵飘飘然起来，在他们眼中，联合舰队是真正的"无敌舰队"。而山本则清醒的看到，美国的航空母舰在珍珠港事件中丝毫没有受损，美国海军依然有着强大的战争实力。他对联合舰

队官兵所表现出来的骄傲情绪感到既忧虑又愤怒。"骄兵必败"，他知道这样的情绪苗头对日本海军是非常不利的。

山本知道，只要美国太平洋舰队没有被彻底摧毁，美国海军就依然保存着强大的实力。美国人也很可能随时对日本本土特别是东京进行报复性的袭击。根据陆海军国土防卫协议，本土的防空是由陆军负责。但是，在当时，对日本本土具有空袭能力的只有美国的太平洋舰队，对东京的任何空袭必定来自海上，应该首先在海上拦截和歼灭敌机。山本对这一点看得非常清楚，他本人用舰载机偷袭了珍珠港，难保美方不用同样的手段加以回敬。

新的一年到了，万物复苏、百兽繁衍，樱花也结起孕育着美丽的花骨朵儿。就在这种平静的氛围中，战争又会掀起怎样的波涛、将使各个参战国走向何方呢？

从这一年的二月起，美海军舰载机对马绍尔群岛、吉尔伯特群岛和威克岛等进行了一系列空袭，这也进一步证实了山本对于美国远程轰炸能力的忧虑。为了有效的保卫日本本土，特别是东京及其周边地区，山本设立了一条舰艇瞭望线，其范围离日本本土东岸六百到七百海里，南北约一千海里，还辅以飞机远程巡逻。然而在山本的心中有一个计划始终在酝酿着，随着美国舰载机轰炸越来越频繁，山本把目光又一次投向了太平洋战场，这一次他的目光落在了中途岛上。

中途岛对日本和美国都具有极为重要的战略价值，早在20世纪初期，美国就在岛上建成了海军基地，随后又把它扩建为美国海军巡逻机的前沿基地，并且在岛上修建了机场跑道。山本知道，中途岛是珍珠港面对日本方向的屏障，如果作为前方空中观察基地的该岛失守，美军就无法派遣侦察机进行远程搜索，不能掌握日军舰队动向，珍珠港将无法固守，太平洋也会随之落入日军之手。正是由于中途岛在整个太平洋战局中具有如此重要的战略地位，才使得山本五十六决定把中途岛作为下一个进攻的

二战人物

目标。

　　以山本为首的联合舰队司令部为此次战役制定了两项要求达到的目的：首先把美国对日作战的前沿阵地摧毁，同时诱出美军的航空母舰，将其一举歼灭。山本五十六低落的情绪为自己设想中的成功而沸腾起来，他暗暗为自己的这一手妙招得意，殊不知"人算不如天算"，如此美妙的作战计划实际上再后来并没有得以实施。

　　当联合舰队司令部的作战计划完成以后，山本知道如果想要得到陆军本部的支持一定还将费尽周折，不过山本面对如此美妙的战争前景已经暗下决心：无论如何也要把计划付诸实施。那样的话，珍珠港时间将再次上演，山本本人也将再次完成一个神话。

　　4月初的一天，山本的作战参谋渡边安次行色匆匆的行走在军令部的大楼中，面容刚毅、果决。他这次来是带着重大的使命的，他将代表山本五十六就联合舰队进攻中途岛和阿留申群岛的作战计划征询军令部的意见。一切不出所料，军令部再一次对这个计划表示坚决反对，其中作战部作战课课长富冈定俊大佐和他的航空专家三代辰吉中佐反对得尤为强烈。

　　富冈定俊说："关于中途岛作战计划问题，恕我直言，我认为，山本长官根本就没有战略眼光，没有从大的战局上着想。第二阶段的作战，首先要的也是最关键的，应该是切断美国与澳大利亚的联系，防止美国把澳大利亚作为前进基地。即使到现在我也这么认为。"

　　富冈认为，中途岛难以补给供应，而且会经常受到美远程飞机的袭击。这块环礁对日本没有战略价值，同时他还认为美国也决不会为这块弹丸之地派出舰队冒险。这就从根本上否定了山本中途岛作战的意义。

　　追随山本多年的渡边颇得山本五十六的赏识，而渡边对山本

230

也是钦佩有加。山本的个性和才智都深深的吸引着他，山本提出来的作战计划，他是绝对深信不疑的。因此，对于富冈的言论，渡边很是不屑，但他又不敢在军令部的参谋面前表现出不敬的态度，他只是在心里想：长官的作战计划岂是你这号参谋所能理解的。

三代辰吉和渡边是大学同学，他们之间一直保持着非常好的朋友关系，但朋友归朋友，在作战计划这一类关系到战争胜负的事情上，三代辰吉决不会去迁就渡边，他一点也不隐瞒自己的观点，他是当时最强烈地反对中途岛作战计划的人之一。他几乎是声泪俱下地提出各种理由，反对中途岛作战方案。他认为在如此短的时间内根本无法筹集到中途岛作战所需要的大批军需物资；中途岛作战在战术上存在着种种缺陷，有些甚至是致命的；而且，即使能够占领中途岛，它的战略价值也很值得怀疑。三代特别强调，由于飞机和航空器材不足，所以几乎不可能按联合舰队规定的攻击日期，及时给南云海军中将的航空母舰业已消耗的飞行队提供补充装备。

对于富刚定俊和三代辰吉的激烈反对，渡边早已做好了充分的心理准备。富冈和三代同山本的个人交往都不多，对山本也不甚了解，因而他们的反对态度强硬。渡边在与他们进行了激烈的争论之后，见很难说服他们，便假装犹豫不决地说："山本长官的决心是定了的。长官已认定了方案，不能只因为作战课的反对而收回去。还是应该听听军令部领导的意见。如果军令部上层不发话，我是不能回去的。"

见渡边的态度也如此强硬，富冈和三代决定领他一起去见作战部长福留繁。听取部长对作战计划的看法和态度，然后在作出裁决。他们三人来到福留繁部长的办公室，渡边首先向福留就中途岛的作战计划和山本的态度作了详细的汇报。然后福留又听取了富冈和三代的意见，两人力陈作战课的反对立场。但是，福留

打断了他们的发言，说：“我想，中途岛作战计划是联合舰队几经研究并渴望实行的方案。我们要尽可能地尊重他们的意见，还是再仔细研究一下然后作决定吧！”

军令部的长官们在对待中途岛作战计划时，态度并不明朗。虽然主要是持反对意见，然而像伊藤整一和福留繁这样和中村有着很好的私下交往的官员都态度暧昧。山本当年在日本驻美使馆任武官时，伊藤整一也在使馆工作，在那个时期，山本五十六对伊藤非常关照，伊藤也从山本身上学到了许多东西，两人一直相处得非常融洽。而福留繁与山本的关系更是亲密，1939年的时候，山本初任联合舰队司令长官，把“长门”号作为联合舰队的旗舰，福留繁正是当时的“长门”舰舰长。后来，他还给山本担任了一段时间的联合舰队参谋长。

4月5日，中途岛作战计划被重新研究后，在军令部作战室再次举行了一次激烈的争论。军令部总长永野修身、伊藤整一、福留繁都亲自参加了讨论。渡边当时心中想，如果这样争论下去，结果可能很难让山本满意。于是，渡边便起身到外边给远在“大和”舰上的山本打电话就正在进行争论的情况作了汇报。

山本五十六在电话的另一端，显然有些气急败坏，但他还是强忍着怒气，对渡边说：

“请转告军令部的领导们，联合舰队进击中途岛的决心已定，不能再改变了，请他们无论如何予以同意。”

在得到山本又一次明确指示的情况下，渡边回到作战室，向与会者转达了山本的意思：“长官说他决心已定，计划不能再改变了。”

十分了解山本的福留繁转向伊藤次长，用请示的口吻说道：“既然山本长官这样说了，那么，我们就依从他的意见吧！”

一直持反对中途岛作战计划的伊藤并没有作声，只是点了点头表示默许。总长永野看到伊藤的举动，就没有再次提出异议。

二战人物

233

就这样，和讨论珍珠港作战计划时的情形一样，面对山本的强硬态度，军令部再次做出了妥协和让步，只是这次行动的结果与珍珠港却大相径庭，当时这是谁都无法预料的。

渡边安次带着军令部的答复满意地返回了"大和"号。对于急不可待的山本五十六，渡边可谓不辱使命。几天之后，大本营正式制定了攻击中途岛的作战方案。而十天之后，杜立特尔对日本本土的空袭几乎把所有对山本中途岛作战计划的反对、怀疑态度一扫而空，军界的首脑们甚至一致认为山本五十六的确是先知先觉，他们对中途岛作战计划的态度可以说在一天之内便经历了一百八十度的大转变。

此时的山本在日本已经达到了个人声望的顶峰，他几乎成了日本人心目中的民族英雄。甚至在军令部的高层，也存在着一种对山本五十六几乎迷信般的信赖；山本自己赌徒般的性格，也使他在已经做出了决定的情况下根本不会去听取别人的意见。

偷袭珍珠港以来的四个多月中，南云率领的机动舰队在太平洋上纵横驰骋、望者披靡。从南下空袭拉包尔岛、达尔文港、出兵中太平洋、追击来自马绍尔群岛的美国舰队，到挥戈西进印度洋，进击锡兰岛的科伦坡和亭可马单港，一路摧城拔寨，战无不胜。

就在举国上下一片欢腾雀跃的时刻，却有人提出了令人深思的疑问。这个人就是渊田美津雄。他认为，日本眼前最大的、最危险的敌人是美国。然而，联合舰队却放着美国人不打，只是一味地南讨西伐，劳师远征，疲于奔命地去打这些意义不是很大的仗，这样做不仅劳师伤众，而且可能会会将来用兵之时埋下隐患。其实他的想法和山本是一致的：美国太平洋舰队的阴影一直笼罩在他的眼前。但是，联合舰队的矛头却始终在向南、向南、向南！

在杜立特尔空袭日本的这天早上，南云忠一率领他的机动舰

队结束了远赴印度洋的作战任务，正好在返回日本的途中。在驶过巴士海峡之后，南云舰队得知了美国特遣舰队空袭东京的消息，在接到总部"全速前进，追击敌舰"的命令后，南云率舰队猛追了一通，终因与美方舰队相距过远，没有追上。

回到日本的南云舰队困乏不堪，官兵们非常需要一段时间休整。但他们刚刚归来，便接到了进击中途岛的作战任务。此时，日本就像顺着斜坡向下滚到的石头，只能不断的滚动，直到到达斜坡的底部—失败。

疲倦不堪的南云舰队一开始对山本的命令的确有些不满，但一听到是要去打他们最恨的美国人，他们便一下又来了精神。由于美国刚刚轰炸完日本本土，攻打美国的太平洋舰队是根本不用动员的。还有一个不得不提的原因就是：当时的联合舰队非常渴望着与美国太平洋舰队在海上进行一次大决战。开战以来连战连捷的南云舰队已经骄傲得忘乎所以，因此，他们根本不会去想会不会失败的问题，他们想到的只有一个：一定要彻底把美国的太平洋舰队轰出世界海军史。

5月初，在"大和"舰上，联合舰队举行了关于中途岛作战的图上演习。山本麾下这支士气正盛的所谓"无敌舰队"这几天格外忙碌，"大和"号上的场面更是格外壮观。各舰各系统的高级将领从四面八方云集"大和"，前来参加这次图上演习。大家都希望都过这次演习看到中途岛之战的美好蓝图。

担任此次演习总监和裁判长的是联合舰队参谋长宇垣缠。对中途岛战役持极度乐观态度的日本军界并没有认真的对待这次演习机会，这也成了中途岛战役失败的原因之一。此时，不妨观看一下当时记载的演习场面：演习中，有美国的陆基轰炸机队轰炸日本航空母舰群的一个场面。为了确定舰群受损程度，总监部参谋奥宫正武少佐结合演习中所规定的裁判规则，用掷骰子的方法最后判定舰队中敌弹九枚。但宇垣对此结果不满意，于是赶忙制

235

止奥宫说："不能判定为九枚，应判定为三枚。"结果是演习中的舰队"受损"情况因此而大大降低：本来准备判定为沉没的"赤城"舰，却被判为受轻伤；而已经深入海底的"加贺"号则又奇迹般地重新浮上水面，参加了新的作战行动。

渊田美津雄评价这次演习说道："这样判定作战结果，真不知羞耻。就是脸皮最厚的飞行员见了，也会被惊得目瞪口呆的。"

虽然这只是一次军事演习，但是却也完全可以从中管窥蠡测出当时日本人对中途岛战役的预测：美国人不堪一击，战役将轻松结束。日本人在战役开始前几乎完全丧失了应有的警惕。某飞行队在临出发前，竟然毫无顾忌地在一份电报中通知说："6月中旬以后，凡寄交本队的邮件，收件地址一律写'中途岛'。"

交战之前，南云在一份关于敌情的报告中写道：

"虽然敌军缺乏斗志，但我方向其阵地发起进攻时，他们也会奋起反击。"

真不知南云是从哪里得知敌人"缺乏斗志"的。其实，他并没有任何可靠的依据来证实敌人缺乏斗志。而事实恰恰相反，此时的美军满腔燃烧着炽热的复仇烈火，正在厉兵秣马，迎击日军呢。即将开始的中途岛之战直接决定了太平洋战场的主动权归属，它甚至在更深远的意义上决定了第二次世界大战结束的时间和方式。

第十六章　走向毁灭之路

　　中途岛作战计划直到 1942 年 4 月底才正式出笼，由联合舰队参谋长宇垣缠交到了山本五十六的手中。山本五十六对计划颇为满意，他决心给美国人一个惨痛的教训。不过，山本五十六为人审慎，有些担忧计划可能会出现闪失。

　　宇垣缠就表现得自信多了，他宽慰山本五十六："请放心，以目前联合舰队的实力，取胜太平洋舰队当不在话下。"

　　两人又就作战计划作了一番讨论，然后山本决定将其正式提交军令部总长永野修身海军大将批准。5 月 5 日，奉天皇敕令，大本营海军部向联合舰队发布了第 18 号《大海令》：

奉敕命联合舰队司令长官山本

　　一、联合舰队司令长官，要和陆军协同作战，攻占"中途岛"和"阿留申群岛"西部各重要地区。

　　二、有关细目，待军令部总长另行下达指示。

军令部总长永野修身

　　后来，第 18 号《大海令》被日军大本营命名为"米号作战"。就在这一天，山本五十六向联合舰队公布了中途岛作战命令。"米号作战"让联合舰队的全体官兵兴奋不已，他们期盼这一刻已经很久了。至此，日本海军史上最大的一次作战行动部署

已毕。山本五十六亲赴战场，全盘统率指挥中途岛作战。

长途奔袭美军的攻击舰队由六支大的战术部队组成。

第一支战术部队是日军主力，由山本五十六亲自指挥。其又分为两部分：山本五十六亲率的主力部队和高须四郎海军中将指挥的"阿留申警戒部队"。

山本的主力部队拥有战列舰"大和"号、"陆奥"号、"长门"号，水上飞机母舰"千代田"号、"日进"号，轻型航空母舰"凤翔"号，及轻巡洋舰一艘和驱逐舰九艘。这支兵力预计部署在中途岛西北六百海里处，随时准备与胆敢前来救援的美太平洋舰队展开一场生死决战，一举将其全歼。

高须四郎海军中将的"阿留申警戒部队"由数艘战列舰、轻巡洋舰和驱逐舰组成，任务是支援阿留申攻略作战。同时规定，如果一旦确知美军在某个海域反击，上述两支战术舰队就将立即会师，合兵一处，给美舰队以毁灭性打击。

第二支战术部队是由南云忠一指挥的机动舰队，任务是对中途岛进行登陆前的空袭作战，并肩负着给予随时出现的美军舰队以致命打击的重任。其兵力为"赤城"号、"加贺"号、"飞龙"号、"苍龙"号四艘重型航空母舰，附有战机二百六十余架，飞行员多数参与了偷袭珍珠港的战斗，具有丰富的实战经验。此外，还有阿部弘毅海军少将指挥的"支援部队"，共拥有战列舰两艘、重巡洋舰两艘、轻巡洋舰一艘和驱逐舰十三艘。

南云部队是此次作战的先锋部队，计划将于6月5日，即中途岛时间是6月4日从中途岛西北二百五十海里的海域对中途岛实施登陆前的空中轰炸，并随时准备迎击可能出现的美舰队。

第三支战术部队是中途岛攻略部队，近藤信竹海军中将负责总指挥。又分五支舰船分队，具体作战计划为：田中赖三海军少将指挥"运输船团"载运中途岛登陆部队五千人，在中途岛的珊瑚礁桑德岛和东岛登陆；栗田健男海军中将指挥重巡洋舰提供

238

近距离支援；近藤信竹亲率一艘轻型航空母舰、二艘战列舰、五艘巡洋舰、八艘驱逐舰组成攻略部队主力，在中途岛以南或西南待机，以掩护其翼侧安全。

第四支战术部队是"阿留申部队"，细萱戊子郎海军中将负责总指挥。他们的主要任务为空袭美军荷兰港，攻占阿留申群岛中的基斯卡岛和阿图岛。

第五支战术部队是潜艇部队，由小松辉久海军中将指挥。兵力组成为：十五艘潜艇，两艘补给舰，一艘巡洋舰。计划在6月2日以前在中途岛与夏威夷中间的位置上设置甲、乙、丙三道潜艇警戒线，密切观察美舰行踪。

第六支战术部队是由冢原二四三海军中将指挥的"岸基航空部队"，由分布在威克岛、夸贾林岛、奥尔岛和活特杰岛以及贾卢伊特岛等地的两百余架战机组成，任务是对中途岛战役进行空中支援。同时冢原海军中将还要在5月30日派遣两架川西两式水上飞机飞临珍珠港进行空中侦察。侦察机途中在弗伦奇——弗里格特环礁由潜艇给以加油。此行动命名为第二次"K号作战"。

中途岛之战，山本五十六的赌徒性格再次暴露无遗，他几乎派出了整个联合舰队，准备与美太平洋舰队一赌输赢。此次参战的兵力总计有大小二百余艘舰只、七百余架飞机，可谓规模空前。

山本五十六的作战计划是：各战术部队按既定计划从不同的地点驶往作战海域，6月4日，战斗首先阿留申方面打响；第二天，南云舰队发动登陆中途岛前的大规模空袭，以摧毁中途岛的空防力量，同时，山本五十六的主力编队在中途岛西北六百海里处进行接应；再过一日，由藤田海军少将率领的小型水上飞机供应部队在中途岛西北的库雷小岛上降落并建立基地，一方面接应登陆部队，另一方面远程侦察，监视美舰动向；6月7日晨，田

二战人物

中赖三少将指挥中途岛登陆部队五千人，在近距离支援部队的掩护下，对中途岛的沙岛和东岛同时发起猛攻，强行登陆，最终占领该岛。

计划已定，山本五十六于 5 月 25 日晚在他的六万四千吨超级战列舰"大和"号上举行宴会，把包括南云中一海军中将和草鹿龙之介海军少将在内的数百位将领请来赴宴，共祝出征顺利。作为这里最高阶的将官，山本五十六亲自开启了天皇所赐的美酒，与众人共饮。那种把酒言欢、歌舞升平的情景让人感到似乎这是联合舰队得胜归来的庆功宴一般。

可惜，中途岛大战前接连而至的不祥之兆却似乎已经预示了一种与这群日本人所期望的截然相反的结局。

就在联合舰队接到《大海令》的这一天，进行训练的一艘战列舰队发生了一次意外事故，一个炮塔发生爆炸，造成了五十余人的死亡和二十多人的受伤。仅仅两天后，护送支援日军攻打莫尔兹比港的运输船队的"祥凤"号航空母舰被美国舰队的舰载机击沉。

"祥凤"不是日军中途岛海战前损失的唯一的航空母舰。在 5 月 8 日的珊瑚海大战中，联合舰队损失了将近八十架飞机，一艘驱逐舰被击沉，一艘航空母舰遭受重创，另一艘航空母舰的舰载机飞行员严重减员。这使得两艘航空母舰均无法参加中途岛之战，让南云的舰队损失了几乎三分之一的空中攻击力量。而对于日本海军来说，在珊瑚海海战中，联合舰队的进攻气焰自太平洋战争爆发起第一次受到了挫折，这是比航空母舰不能参战更大的打击，显然会对山本五十六的心理影响产生重大影响。

在联合舰队出发前，日海军统帅们在"大和"舰上举行了最后一次沙盘演习。厨师为与会者准备的午饭是加酱烧鲫鱼，不幸的是，在日语中"加酱烧"的读音正好与"失败"同音。当这道菜端上来，山本五十六立刻变了脸色。经常乘船出海的海员都会有一点迷信，何况是这些出生入死的军人。在一次如此重要的大战之前出现这样的兆头，实在是一件令山本五十六不快的事情。

这一连串的不祥之兆也许还真有其特殊的意味，因为在日本联合舰队出发前，他们的密码便被美国人破译了。日本的海军就像一个没穿衣裳的赌徒，与其说鲁莽，不如说是勇敢地走向了它最终的命运。

1942年4月份，双眼紧盯日本的"魔术大师"罗彻福特发觉了日本联合舰队电报的异常：频繁而神秘。他觉得这是值得重视的。日本的异常电报甚至惊动了尼米兹，他对此也十分关注。于是，罗彻福特的情报小组立即开始行动起来，在截获的一系列日本联合舰队来往的电报中，出现了最引人注目的两个字母——"AF"。美国人就此估计，山本五十六要采取重大的军事行动了。但是"AF"代表的含义就像谜一样，罗彻福特一时也无法给出答案。但是，尼米兹依然断定，"AF"之谜干系重大，无论如何也不能放过这一蛛丝马迹。

罗彻福特为"AF"伤透脑筋，以至彻夜未眠。但凭着经验，他断定"AF"一定是山本五十六即将发起重大军事行动的地点。

此时，在罗彻福特的情报小组中有一个人突然想起日本在突袭珍珠港过程中曾经使用过"AF"这一代号。这是个重要的细节，情报小组的成员们立即行动起来，翻查以前堆积如山的电文。经过细心地查找，终于翻出了那份电文。电文中说：命令水上飞机到"AF"附近的一个珊瑚小岛，由潜艇给以补充燃料。这个小岛就是中途岛和夏威夷中间的弗伦奇—弗里格特环礁。由此，罗彻福特推断"AF"就是中途岛的代号。

"AF"的军事行动成为了一场决定美国战争命运的大战，美军太平洋舰队司令部对此极度关注。所以，不免会有很多人对罗彻福特的推测表示怀疑，毕竟他没有说明"AF"就是"中途

241

岛"代号的直接证据。如果"AF"万一指的不是中途岛，而是中途岛以外别的一个什么地方的代号，那就十分不妙了。可能会使美军的整个作战部署彻底落空，从而很可能直接导致大战的失利，给美军带来巨大的损失。但这不会难住老谋深算的罗彻福特，他很快就想到了找出证据的办法。于是，他来到了太平洋舰队司令尼米兹的办公室。

"能否指示中途岛基地指挥官西马德海军中校，让他拍发一份明码电报，就说中途岛淡水蒸馏设备发生故障，不能使用，请求供应淡水。"罗彻福特狡黠地看着尼米兹。

尼米兹是个聪明人，在经过最初的一愣之后，立刻就明白了罗彻福特话中的含义。他禁不住咧嘴一笑，说道："就按罗彻福特中校的指示办吧！"

很快，尼米兹向中途岛美军基地下令拍发这份诱饵电报。两天后，日本方面有了回应，他们上当了。日本海军侦听中心截获到了那份用浅显的英文拍发出的明码电报，认定"AF"上缺乏淡水，并把这一情况用密码电报拍发给了准备参加中途岛作战的各舰队。罗彻福特情报小组迅速截获了联合舰队从海上发往日本大木营海军部的一份密电："据报'AF'缺乏淡水，请速增派淡水供应船！"

就这样，极为重要的"AF"在"魔术大师"罗彻福特略施小计之下，终于揭开了它神秘的面纱。悬念得到了证实，"AF"即"中途岛"。

最困难的部分得以突破，罗彻福特的工作可谓一日千里，连续破译了日本联合舰队大量的关于中途岛作战计划的密码电报。至5月中旬时，日本联合舰队"AF"行动的全部部署和计划，包括日本舰队出发的准确航线、时间和预备发起进攻的海城等情况均已摆在了尼米兹的办工桌上。这大概是山本五十六在"大和"号大摆宴会时所无法料及的。

　　同袭击珍珠港之前相比，日本此次中途岛作战行动的保密工作实在是太差了。本来，日本海军为战事保密提前做了相关工作，计划自5月1日起变更密码本，启用新的密码。但是，由于日本军方对中途岛的作战行动组织得过于仓促了，致使新密码的指令下达后却没有得到及时的落实。联合舰队工作千头万绪，没有"闲工夫"来考虑如何使用新密码和分发密码册这样的"细枝末节"。使用新密码册的日期整整被拖延了一个月，这几乎是赐给罗彻福特的礼物，他的情报小组几乎是轻而易举地破译了日本海军百分之九十的重要密码电报。其实，即便是日军及时更换密码，也难不住罗彻福特的"魔术队"，只是会延迟得到正确情报的时间。

　　糟糕的保密工作，是日本海军自信夹杂着麻痹大意的结果。在日本联合舰队甚至整个海军内部，自信和骄傲充斥其间，他们的情报专家甚至始终认为日军的密码是绝对不会被破译的，正是这种自大断送了联合舰队和日本的前程。

　　战前联合舰队的作战意图几乎就像是公开了一样，只要美国人能在日本军港布下间谍，也许不需要破译密码即可得到同样重要的情报。日本海军基地吴港的战舰，出出入入，完全没有进行大规模偷袭所需的谨慎与伪装，使人一看便知道又要准备打大仗了。为即将出航的航空母舰运送备战物资的驳船，每日频繁地来往于航空母舰及其护卫舰队和港口之间，上面载着大量的防寒等战略物资且毫无掩饰，像是在告诉所有人：日军舰队将开赴需要御寒的地区作战。很明显，日本对南极一带是没有兴趣的，联合舰队大致的作战区域可以被清楚地划定。

　　罗彻福特的"魔术队"成功破解"AF"之谜，令尼米兹兴奋不已。他心中非常清楚，这是一次难得的重挫日本海军的机会。中途岛之战的胜负决不仅仅是一次战役的胜负，它将会对整个太平洋战争产生重大的影响。

尼米兹决定守株待兔，让山本五十六精心设计的计划变成困死他的陷阱，静静等待日本人纵身跃入其中。尼米兹亲赴中途岛进行视察，并采取了紧急措施加强中途岛的防御。成千上万的水泥、沙袋和弹药被迅速运抵中途岛；鱼雷快艇不分昼夜地在滩头及周围水域布设水雷，并在岛上增加了海军陆战队的守备兵力。

在空防方面，美军也加强了力量。尼米兹紧急向中途岛调去了十几架海军俯冲轰炸机、"野猫"式战斗机，和三十架海军水上巡逻机，以及 B－17 式陆军轰炸机和 B－26 式陆军轰炸机，使该岛飞机猛增到一百多架。迅速武装起来的中途岛，犹如一艘巨大的永不沉没的航空母舰，正在静静地等候着山本联合舰队的到来。

虽然巩固了中途岛的防御，但形势对于美国一方依然不利。倾巢而出的日本联合舰队的实力，要远胜于美国太平洋舰队，战争最终的胜负犹未可知。

在刚刚结束的珊瑚海海战中，美军战斗力折损严重，航空母舰"列克星顿"号沉没，"约克城"号航空母舰也遭受了重创，需要数月的大修，这时正在归途之中。此外，美海军航空母舰"萨拉托加"号远在美国西海岸，来不及赶到中途岛参战。所以，只有航空母舰"大黄蜂"号和"企业"号能参加此次战役，目前正奉命急速从南太平洋开往夏威夷。除航空母舰外，正可供尼米兹调遣的还有七艘重巡洋舰和十五艘驱逐舰。

在山本五十六的大宴军官的第二天，也就是 5 月 26 日，第十六特遣舰队在尼米兹的急切等待中抵达了珍珠港。但是，出现一件令尼米兹忧虑的事情：第十六特遣舰队司令官哈尔西海军中将因病于当天住进了医院。哈尔西海军中将身材高大、体魄健壮，但长相丑陋，他因性格刚烈而被人称为"蛮牛"，是当时美国最有名的航空母舰指挥官。由于在马绍尔群岛日占区的显赫战功和运载杜立特尔空袭东京，哈尔西海军中将成了太平洋战争中

山本五十六

第一位美国人可以引为骄傲的海军英雄。

　　哈尔西海军中将的缺阵无疑是美军中途岛海战的一大损失。哈尔西本人当然也是为自己因病不能参战而甚为遗憾。他最后向尼米兹推荐了他的巡洋舰司令雷蒙德·斯普鲁恩斯海军少将。斯普鲁恩斯这一年五十六岁，被人们称为"机器人"，他同烈性子的哈尔西不同，以战术判断准确和头脑冷静著称，是一个智勇双全的战术策略家。

　　第十六特遣舰队抵达珍珠港的第二天，港内再次汽笛长鸣，水手们欢呼雀跃，在珊瑚海海战中负了重伤的"约克城"号终于回到了它的母港。尼米兹亲自迎接了这位坚强的"战士"。留给它休息的时间已经没有了，日本人要来了，它需要立即准备出战。尼米兹旋即下令，对"约克城"号展开抢修，一定要让它出其不意地出现在中途岛大战当中。果然，严重受损的"约克城"号，靠了一千四百名工匠超常的努力，预计要三个月才能修好的这艘母舰，只用了三天就完工了。

　　尼米兹很快就召集弗莱彻和斯普鲁恩斯一起就战术问题进行了紧急商讨。他向两位司令官详细说明了他的作战方案：美国兵力处于劣势，所以须利用自己已掌握了对方作战计划，而对方就此尚不得知的有利条件，出其不意，攻其不备，先发制人，全力攻击日方航空母舰。预计日军突击部队将在6月4日，即日本时间6月5日晨发起攻击，攻击机从南面飞向中途岛，搜索机从北面、东面和南面进攻。

　　根据计划，美国特混舰队连夜沿西南方向赶往中途岛以北二百海里处待命，这一海域正好处于从西北方向攻击中途岛的日本舰队的侧面，是攻击日海军的极佳地点。一旦接到侦察机有关敌军所在位置、航线、航速的第一个报告，特混舰队即刻准备发动攻击。只要时机掌握恰当，就能在日军航空母舰上的一半舰载机飞往中途岛进行袭击时，去攻击日军航空母舰。如果时机把握得

再好一些，就能在进攻中途岛的半数日机尚未返航时，打击其航空母舰。

很明显，美军欲实现其战略目标，需要其航空母舰有准确的算度，美军第十六和十七特混舰队要在日军到达前一日于中途岛东北的"运气点"准时会合。这就需要两位指挥官——弗莱和斯普鲁恩斯配合得当了。如果弗莱彻未能按时到达，那么斯普鲁恩斯只能被迫单独出击，必然会处于困境；如果弗莱来早了，就得潜伏在该海区等待斯普鲁恩斯，这样就很可能被日军侦察机发现。此外，进攻时机的选择比会合时间更需要精细、恰当，不能有丝毫差错。

尼米兹对两位将军明确地说道："你们必须掌握既要勇敢但又不莽撞的原则，即在给予优势敌军重创之前避免暴露我军力量。一旦暴露，就要给敌人以较大的杀伤。"

28日，斯普鲁恩斯少将指挥第十六特混舰队首先离开珍珠港。两天后，弗莱彻带领第十七特混舰队也从珍珠港出发。他们按着尼米兹精心策划好的日程和航线，向预定待机地点进发。

几日后，斯普鲁恩斯编队与弗莱彻编队顺利会合。二人有着明确的分工：斯普鲁恩斯担任航空母舰指挥官，弗莱彻任编队总指挥。这两支特混舰队悄悄驶至中途岛东北海面列阵埋伏，窥伺时机，等待着突然冲出给山本五十六的联合舰队以意料之外的伏击。

可惜自以为是的山本五十六对这一切还完全蒙在鼓里，尚不知自己将亲手送强大的联合舰队进入血腥的屠宰场。他特意选了一个吉利的日子作为出征日，希望能重复当年的辉煌。山本五十六显然不知道什么是时过境迁，什么是审时度势，什么是知己知彼，他的迷信行动，只会给那个光辉的日子蒙羞而已。

山本选择开拔的日子是5月27日，这一天是日本海军的纪念日。三十七年前，日本的一代名将东乡平八郎指挥着弱小的日

本海军在对马海峡战胜了强大的俄国舰队。自此，5 月 27 日便成为了日本海军的节日。山本五十六的联合舰队在近半年的时间里，取得了令其足以令日本海军骄傲的辉煌战绩，从而使这一年的 5 月 27 日比往昔任何一个更具有节日气氛，人们身着盛装纷纷涌到街头庆祝这个引以为自豪的日子。

南云忠一所率领的机动舰队再次带着日本人热望，驶离广岛湾，踏上了进击中途岛的征途。轻巡洋舰"长良"号所率领的第十战队的驱逐舰，排成一字纵队，航行在全舰队的最前面；后面相继驶过的是第八战队的"筑摩"号和"利根"号重巡洋舰，第三战队的战列舰"雾岛"号和"榛名"号。再后面便是此次出击的主角——四艘航空母舰，它们分别是："赤城"号、"加贺"号、"飞龙"号和"苍龙"号。

南云率领的这支舰队在不到六个月的时间里，从珍珠港到印度洋，横扫两大洋未逢敌手，威风八面不可一世。南云忠一的名字同山本五十六一样让美国人铭心刻骨。

山本五十六面对如此威武雄壮的舰队，他曾经涌现出来的对中途岛作战的疑虑情绪也开始烟消云散，此时的山本突然之间又对这一仗充满了莫名其妙的信心。

担任进攻阿留申群岛的角田觉治海军少将的第二机动部队已于一天前自本州北部的大凑先行出发；第二天，细萱海军中将的阿留申登陆部队也自大凑起航。这天晚上，驻防在塞班岛的田中海军少将指挥着运输登陆陆军的船队，也在巡洋舰、驱逐舰护航下出发了。第二舰队司令长官近藤信竹中将所率领的由十几艘战舰组成的另一支舰队，比南云舰队晚两天离开广岛湾，驶往中途岛。

山本五十六大将亲自指挥的由三十几艘大型战舰组成的主力编队，继近藤舰队出发后，也于同一日离开柱岛泊地，拔锚起航。高须四郎中将指挥的四艘战列舰受命北上，参加阿留申群岛

247

方向的作战任务。

就这样，联合舰队几乎是倾巢出动了。这比半年以前参加袭击珍珠港作战的机动舰队的规模大出了几倍，也远远超过了美国太平洋舰队的全部实力。

可惜出行伊始，日本的军国主义舰队就遭遇不顺，倒霉的事情几乎是一件接着一件，为他们的冒险之旅蒙上了一层令人压抑的阴影。在山本五十六离港后的第二天，天气突然变坏，汹涌的波涛疯狂地扑打着疾驰的舰队，大海中的战舰漂浮在浪涛中时隐时现。看着翻卷起伏的波浪，山本的心潮也无法平静。不知道为什么，他对这次自己亲自策划的战役隐隐约约地有某种不安的感觉。

渊田美津雄是"赤城"舰上的飞行队长，在舰队出发后不久便患了急性阑尾炎，不得已之下在舰上做了手术。这样一来，渊田美津雄算是告别了战斗。接着，航空参谋源田实也发了高烧，一直不退。"大和"号上的山本五十六本人的身体状况同样不佳，经常莫名其妙地感到剧烈的腹疼。

舰队在5月29日整天继续向目的地挺进，比较幸运的是，除了角田部队仍然受到大雾的困扰外，都没有遇到任何麻烦。但到了第二天，当山本部队和近藤部队正在经过中部太平洋时，天气开始变坏了。下午，山本部队遇到大雨和越刮越大的强风。大浪偶尔铺头盖顶地打到驱逐舰和巡洋舰舰首甲板上，航行十分困难，舰队的航速减到了十四节，蛇行运动也不得不中止了。

坏天气没能阻止日本人前进，坏消息也不能。监视敌人无线电通讯的"大和"号无线电兵，截听到一艘美国潜艇从日本输送船团前头发往中途岛的紧急电报。电报是用密码拍发的，日本人无法破译，但这暗示输送船团已可能已经暴露。如果是这样，美国人能够推测到日军输送船团是驶向中途岛并企图攻占该岛，因为这样一支庞大的输送船团从塞班岛驶向东北，不可能被当作

只是一支驶往威克岛的补给部队。不过，联合舰队司令部的参谋们对此不以为然。他们满不在乎地认为，如果美军猜到联合舰队的意图，现在出动舰队企图阻止日军进攻的话，正好可以达到日军诱敌出击目的。轻敌永远是用兵大忌。

5月份的最后几天，太平洋中部的天气依旧不见好转。不仅山本部队和近藤部队，而且在东面几百海里以外的南云部队的航空母舰也遇到了强风，有时还下雨。与此同时，"大和"号上的无线电情报班又侦察到美国人在夏威夷和阿留申附近活动的迹象，飞机和潜艇尤其活跃。山本五十六和他的幕僚猜测夏威夷地区敌人的活动，可能是他们一支特混舰队出动的前兆。他们急切等待着这天派往夏威夷进行侦察的二式水上飞机的报告。

担负第二次"K号作战"的两架二式水上飞机按规定赶到了沃特杰，但是飞行员们马上就发现了这个经过仔细安排的侦察计划出现的问题。当"伊－123"号加油潜艇驶抵弗伦奇——弗里格特礁脉时，竟然在那里发现停着两艘美国军舰。于是"伊－123"号潜艇紧急向沃特杰拍发电报，报告了这个情况，并说看来不大可能按照计划在这里给水上飞机加油了。负责指挥第二次"K号作战"的第二十四航空战队司令官后藤海军中将只好命令把这个任务推迟二十四小时执行，并指示"伊－123"号潜艇继续在礁脉监视敌舰。

第二天，等待美国人离去的的希望破灭了，"伊－123"号潜艇回报说，发现在弗伦奇——弗里格特礁脉附近有两架美军水上飞机。可以断定，美军已经把弗伦奇——弗里格特礁脉作为水上基地使用了。日本人只能完全放弃"K号作战"计划了。

关于这些向着令人失望的结果发展的事态，被人立即报告给了大和号上的山本五十六。"K号作战"计划受挫，意味着无法弄清目前珍珠港内敌人究竟有多大兵力。但是，联合舰队司令部仍希望，如果敌舰队从珍珠港出动以抗击对中途岛的进攻，预定

249

由小松海军中将的部队到 6 月 2 日在夏威夷和中途岛之间建立的潜艇警戒线将能够提供预先的警报以及敌方兵力情况。

6 月初，雨虽然停了，但天气仍旧阴沉沉的。云层很低，能见度很差，从"大和"号舰桥上几乎难以看到离它一千五百米远的驱逐舰警戒部队的影踪。

经过长距离的航进，此时主力部队需要与油船会合，进行加油。但军舰在会合点没有找到油船。从"凤翔"号派出的侦察机由于能见度低，没能找到油船。最后油船队按捺不住，向"大和"号发报报告了它们的位置，使会合得以实现。但因此而打破了无线电静默，日本人必须相信警惕的美国人现在已知道了他们主力部队所在的位置。

这一天内，越来越多的迹象向日本人表明，美国已经强烈怀疑到他们的舰队在向中途岛移动，甚至是发现了日本舰队。日军无线电侦察发现，从夏威夷发出的电讯明显的增加了，在所截收到电报中将近一半是急电，这非同寻常，说明局势已然异常紧张。

还有一件事更加暴露了日本人的动向。从沃特杰起飞的三架日本水上巡逻机，在沃特杰以北五百海里的大洋上空，偶然与一架美国水上飞机遭遇，并且互相用机枪进行了短暂的射击。这同时说明美国人已把中途岛岸基巡逻机的巡逻半径伸延到了七百海里。后来还有报告说，在威克岛北东和北北东大约五百海里的地方都发现了美军潜艇。这几乎肯定表明，在中途岛南西大约六百海里处，美国有一条潜艇巡逻线。

这时，中途岛输送船团已到达中途岛以西大约一千海里处，正在朝北东方向行驶。以他们航行的速度，在南云部队对中途岛进行入侵前空袭的前两天，就要驶入中途岛美国飞机七百海里巡逻半径之内了。从现在获得的情报来看，出安全方面考虑，日本的输送船团似乎是前进得太快了。

6月2日，山本部队所在海区天阴，有时有雨。由于同油船会合推迟而在6月1日开始的加油工作，这天早晨又继续进行，但当能见度低到使船只已不能安全活动时，加油工作也不得不停止了。

在作战计划中还发生了另一个不利的状况。按计划应该被派到夏威夷西北建立警戒线的第五潜艇战队，由于检修的原因耽搁了从本土起程的日期，没有按时到达指定地点。而被派往夏威夷以西建立警戒线的第三潜艇战队的潜艇，也因为"K号作战"计划流产所而耽搁，故而未能如期到达指定地点。这些潜艇实际上到6月4日开战那一天才到达，而此时美国的两支特混舰队早已由此通过多时了。山本费尽心机在中途岛与夏威夷中间设置的三道潜艇警戒线成了摆设。

既然潜艇警戒线还能及时建立，山本五十六和他的幕僚自然也就完全无从了解美国特混舰队的活动。不过，在6月2日这天，在中途岛地区进行侦察的"伊－168"号潜艇，发来了一些有关那里的局势的零星情报。

忠于职守的"伊－168"号潜艇报告说：除在桑德岛以南发现一艘警戒舰外，未发现其他舰艇；敌人似乎加强了对中途岛南西方面的巡逻，巡逻距离大概为六百海里；看来敌人在实行严格的警戒，大批敌机昼夜二十四小时在实施防御巡逻，岛上还可看到有许多吊车，说明有些设施正在扩建中。

联合舰队司令部主要依赖潜艇侦察敌情，但在中途岛作战期间，由潜艇送来的重要谍报只此一份。对敌踪知之甚少，预示着日本人的军事行动不会顺利。

在山本部队前面大约六百海里的南云部队，6月2日这天进入了浓雾笼罩着的海区。洋面上云层很低，而且开始下小雨，看样子很可能接着就要有大雾了。能见度已很低，队形中相邻的船舰彼此都几乎看不见了。

坐镇"赤城"号旗舰上的南云海军中将跟联合舰队司令部一样，不了解美国舰队的行动和计划。而且，由于"赤城"号无线电接收能力有限，加之日本舰队保持的无线电静默，使得南云能得到的情报比山本五十六还少。而那些扣押在山本五十六手中的情报几乎可以表明，美国人至少已经怀疑他们正在向中途岛移动，并且已经做出了对抗反击的架势。这正是南云部队参谋长草鹿海军少将所担心出现的情况。

草鹿在出发前再三请求"大和"号将一切重要无线电侦察情报转发给"赤城"号。但是，山本五十六显然已被对胜利的渴望蒙蔽了双眼，还在自欺欺人地希望能做到出其不意，因此认为应当继续保持无线电静默。

这样，到6月2日，日本舰队还是在恶劣天气下，逐渐地驶近目的地。直到这时，日本人所获得的情报中，没有直接证据表明任何日本部队已被美军发现。因此联合舰队中自山本五十六以下直到每一个普通船员都还希望他们仍然掌握着进行突然袭击这一宝贵的有利条件。

6月3日晨，前一天笼罩着南云舰队的薄雾已变成浓厚的大雾。南云按照计划部署在雾中航行，可是由于海上的雾过大，以至相邻的舰只往往看不见五六百米距离以外的邻舰。即使强光探照灯的灯光，也不能射透大雾，这使舰队保持蛇行前进变得异常困难。然而日本联合舰队必须这样做，因为他们正在进入美军潜艇巡逻的海区。大雾虽然增加了航进的难度，倒也有些好处，它可以帮助日军不让美侦察机发现。

但是，大雾不会妨碍装备着雷达的美潜艇的行动，而日军的反潜巡逻机却无法起飞进行巡逻。为了应付这种极度不利的情况，以防备出现其他问题，联合舰队各舰都充分作了战斗准备，加强了反潜警戒瞭望。

南云司令官和草鹿参谋长以下全体幕僚，聚集在"赤城"

号舰桥的右边。他们默不作声地望着前方，每个人的神情显得十分焦虑和紧张。在舰桥的左边，舰长青木海军大佐和航海长三浦海军中佐全力以赴，使军舰保持航向和队形。他们不断地探身窗外，竭尽全力想窥破笼罩一切的大雾。

改变航向的时间规定在十点三十分，如果打算执行时间表，航向就必须改变。但在浓雾中实行这样的航向改变之前，必须把肯定意见通报编队的各舰，以免出现迷航或掉队的情况。但能见度太低，显然不能用旗号联络，就是探照灯也不能有效地传达必要的命令。除了使用无线电外，没有别的办法。但这样做，必然会把他们的准确位置暴露给美军，这是南云和他的幕僚们都十分担心的事。

令南云烦忧的还有他被指派的了两个根本矛盾的作战任务：第一，要求他在6月5日空袭中途岛时，为登陆作战作火力准备，这就严格限制了南云舰队的行动；第二，寻机歼灭美军舰艇，这便要求南云需根据情况需要完全机动行事，于是，在搜索敌人时保持日方行踪的秘密就是十分重要的事。

南云的幕僚们根据假设，对这个问题进行了长时间的研究，目前机动部队司令长官面临需要作出最后选择的局面了。但是，现在还没有得到关于美军特混舰队的一点情报。

面对这个困难局面，首席参谋大石海军大佐首先发言说："联合舰队作战命令规定，歼灭敌军是首要任务，配合登陆作战是次要的。但同一命令又明确要求我们在6月5日空袭中途岛，就是说，如果在我们准备进攻的时候没有发现敌机动部队的话，我们必须按时发动空袭。如果不按计划把中途岛的岸基航空兵力摧毁，两天后我们的登陆作战就会受到猛烈的抵抗，整个攻略作战时间表就要被打乱。"

南云以其历来就有的直截了当的话提出了每个人心中的问题："但是敌舰队在哪里呢？"

大石回答说："由于未能侦察珍珠港，我们不知道敌人在哪儿。如果敌部队现在珍珠港，而且他们在我们进攻中途岛后出动的话，我们就有充裕的准备时间来对付他们，因为他们还得走一千一百多海里的航程才能到达战场。即使敌人已经知道我们的动向并出发迎击，他们此刻也不可能离开珍珠港很远，当然也就不可能离我们很近。所以，我以为我们要做的第一件事，就是对中途岛进行预定的空袭。"

说到这里，草鹿参谋长问情报参谋，截听到的无线电报是否提供了关于敌人动向的情报。情报参谋回答没有。草鹿又问从联合舰队旗舰"大和"号那里是否收到了什么情报，回答还是否定的。于是，草鹿参谋长向南云忠一建议说："既然我们必须不惜任何代价按计划行动，您是否同意使用我们舰队内部使用的低功率无线电发报机下达改变航向的命令？"

南云同意这个唯一可行的办法，于是就用中波发报机拍发出了这道命令。用低功率发报，可以达到南云部队的外缘，但希望不要再远了。这个办法不完全保险，但过去由于美国人粗心大意，偶尔曾经奏效。可是这一次，在南云部队后面六百海里的"大和"号清楚地收到了这个电讯，但由于美国特混舰队离这里只有几百海里，或者也有可能截听到了这个信号。

山本五十六及整个联合舰队自始即估计美国特混舰队在中途岛遭到攻击后会被引诱出来，但不可能在这之前。因此，他们对美军已经出动毫不知情，更没有料到有一支强大的伏兵正静静等待，准备适时扑向联合舰队。

整个下午直到夜里，大雾仍旧笼罩着南云部队。同"赤城"号舰桥上的紧张气氛正相反，军官休息室里充满着飞行员们无忧无虑的谈笑声。他们的想法简单，头脑里唯一关心的事就是一声令下即跳上飞机出击。原计划两天以后进行的空袭早已作好了各方面的准备，但由于天气不好，没有飞行任务。所以，飞行人员

二战人物

无事可做，只有靠打扑克来消磨时间。

在这段时间内，在后面六百海里处的山本部队那里的天气有些好转，昨天停止下来的加油作业又重新开始了。但大雾持久不散，美国人的行动完全无从发现。前面已经提到以弗伦奇——弗里格特礁脉为加油点的二式水上飞机于 5 月 31 日对珍珠港进行侦察的计划已经告吹。日军的潜艇也没有提供任何情报。唯一的情报来源就是截听敌方无线电讯了。

早在 5 月 30 日，山本的旗舰"大和"号截听到的情报说明夏威夷地区美军活动频繁，特别是他们的巡逻机。这就强烈暗示一支美军舰队有可能已经从夏威夷基地出发了。但是，联合舰队司令部竟然继续抱有那僵化的思想，没有给南云海军中将任何警报。

中途岛海战后，当南云和他的幕僚知道联合舰队司令部截听到这个无线电情报并曾经猜测美军已出动的时候，他们感到十分愤慨。联合舰队司令部为什么不把这个极为重要的敌情及时转发给机动部队，使它避免遭到任何突然攻击的危险呢？联合舰队司令部的这一疏忽之所以发生可能有两个原因：第一，联合舰队司令部轻率地认为，"赤城"号比山本部队离敌人更近，自然会截听到这些情况，南云海军中将将根据这些情况作出决策；其次，他们担心，这两支部队之间进行无线电通讯，会向美国人暴露他们自己的位置。

不管怎么说，山本五十六没有对他指挥下的部队发出必要的预防性的指示，是日本在中途岛海战中遭到重大失败的一个原因。他的过失是过分地强调保持无线电静默。在这次作战结束后，草鹿海军少将到"大和"号报告南云部队几乎全军覆没的战况时，第一次得悉联合舰队司令部的这一疏忽。

但是，不光是联合舰队司令部要对此负责。东京的军令部也有一部分责任，因为它又给联合舰队发了一个关于美军特混舰队在所罗门群岛海域活动的电报。这份电报只能理解为敌人还没发觉驶往中途岛的日本部队的行动。

第十七章　南云中途岛受挫

山本五十六

　　日本军令部虽然在一开始时曾反对过中途岛作战计划，但它最终还是同意了计划，那么对于整个战局，它所要负的责任就要比联合舰队司令部大得多了。所以在战前，日本军令部便开始动用情报部门搜集一切关于美军活动的情况。一支美国特混舰队仍在所罗门一带活动的迹象特别引起了日本情报人员的注意。

　　在日本军部看来，美国特混舰队的活动十分有力地证明了美国人还没有发觉他们的企图，因为如果美军发觉了，他们显然就会从西南太平洋召回他们余留下来为数不多的全部航空母舰。日本军令部虽然后来多次截听到夏威夷地区美军拍发的急电，但他们仍然坚持最初的判断。日本海军的作战计划没有作任何改变，各支舰队在茫茫大海上的浓雾当中继续前进。

　　炮筒林立的战列舰气势巍然，"加贺"号、"赤城"号、"飞龙"号和"苍龙"号等四艘航空母舰航行在舰队的中央。灰色的钢铁战舰，组成一支巨大的环形队列，全速开往中途岛，去迎接那未知的命运。可惜这一次，山本五十六的幸运之神离他而去，联合舰队面对的不会是好运。

　　6月4日，进攻时刻即将来临。凌晨两点四十五分，"赤城"号的舰上扩音器尖锐地响了起来。飞行员们明白需要自己的时刻

258

到来了，纷纷翻身下床，整个舰上都充满紧张的气氛。

作为日本海军中驾机轰炸珍珠港的第一个飞行员，渊田美津雄中佐本应也在这次轰炸中担当先锋，但此刻他却躺在舰上的病房里。因为在启航的第一个晚上，他得了急性阑尾炎。

联合舰队的另一名王牌飞行员源田实中佐，此刻也躺在病房里。他本应在"赤城"号舰上指挥攻击机群的行动，但却得了重感冒，不能再坚守在他的岗位上。就连这次行动的最高指挥官山本五十六，此时也正经受着胃痉挛的折磨。

源田实听见出击的广播，没换衣服，穿着睡衣，跌跌撞撞地爬上舰桥，找到南云中一海军中将，并向他保证，自己的病已经好了，可以亲自负责这次袭击。南云拍拍他的肩膀，显然是在安慰他。舰桥上的官兵，默默地注视着他们，不知是受到感动，还是预感不祥。

在甲板上，飞行人员正在匆匆地进早餐。在漆黑的大海上，日本四艘航空母舰上的探照灯都已打开，照亮了宽敞的飞行甲板。四艘航母上配备飞机的数量都在五六十架左右，这二百余架飞机足够给美国人带来毁灭性的灾难，当然，前提是美国人像半年前那样毫无防范之心。

这四艘航空母舰此时位于中途岛西北二百四十海里，正迎着风全速行驶，为舰载机起飞作准备。大约凌晨三点，飞机引擎一个接着一个发动起来，渐渐成为一片尖嘶声，"赤城"号的飞机就要起飞去空袭中途岛了。

渊田既不能站在战斗岗位上，也按捺不住要在飞机起飞时刻到甲板上去的心情，于是也吃力地从病房里走了出来。通道上没有人，全体舰员都在战斗岗位上。第一攻击波的飞机已经整齐地排在飞行甲板上，起飞的准备工作已经完成，引擎的隆隆声开始缓和下来。

渊田望了望漆黑的天空，到拂晓还要等很长时间。天空多

云，天气虽然不好，但还可以飞行。大海在黑暗之中平静地睡着。他突然想起了两个月前日军空袭科伦坡时采用过的单相搜索的情景。他心想，这不是一个高明的战术。那次在日机攻击队已经起飞去攻击敌航空基地的时候，搜索机都发现了敌水面部队。

虽然从搜索范围来看还可以，但渊田仍然认为比较好的办法是双相搜索。双相搜索是指在同一个搜索扇面上在相隔一定的时间内安排两架搜索机进行搜索。日本联合舰队的飞机这时还没有雷达，要完全靠目力观察，只能在白天有效地进行搜索。所以，为了在天亮后尽早发现敌人，一批飞机出动的时间，必须能让它在天亮时到达搜索半径的终点。这就是说，它们向外飞时，在黑暗中所飞过的地区还是没有经过搜索的，因此，应该在大约一小时后，在同一个搜索扇面内，派出第二相搜索。

双相搜索任务需要的飞行员具备较高的素质，尤其要有夜航能力。南云手下不乏这样优秀的飞行员，完全可以进行双向搜索，不过这种方法无疑需要比单相搜索多一倍的飞机。对于日本海军指挥官来说，按他们固有的观念，尽管进行充分的搜索是很重要的，但这需要从他们有限的兵力中以超出最低限度的兵力用于执行这种任务，他们对此及不情愿。他们抽出不到十分之一的兵力用于侦察活动，就已经算是出手大方了。美国人却正好相反，他们十分重视空中侦察，他们每次都派出大约三分之一的兵力用于侦察。也许，就是这样的细节决定了一场大战的胜负。

南云在飞行侦查的态度方面，和他的同僚并没有什么不同，他希望最大限度地集中兵力攻击中途岛，而不愿把飞机派出超过绝对必需的数量去进行搜索。按照日军的计划和情报收集状况，南云没有理由猜测这个地区会有美军出现，所以他认为单相搜索就足够对付意外情况了。

日本海军过分强调攻击，以致对于搜索和侦察注意不够。日本海军在飞行人员的训练和编制方面，都过分偏重于攻击，侦察只作为正规课程的一部分附带讲授，以后并无专门训练。在编制上，日本海军当时也没有相当规模的侦察飞行队。需要侦察的时候，往往是由攻击机改装，去执行侦察任务。没有专门设计的舰载侦察机。

"赤城"号和"加贺"号的搜索飞机同空袭中途岛的第一攻击波同时起飞。"榛名"号的水上飞机也在这个时候弹射起飞了。但是负责中央搜索扇面的"利根"号和"筑摩"号的水上飞机都没能按时起飞。"筑摩"号的搜索机在起飞后，引擎发生故障，加以天气恶劣，不得不中途返航。"利根"号搜索机由于弹射器出了毛病而耽误了半个小时。

这半个小时是致命的。单相搜索虽然是欠考虑的，但如一切能按计划实现，在日出前半小时派出单相搜索还是会有帮助的。但"利根"号的搜索机耽误了起飞时间，这件事成了后来日本部队在这次海战中失利的直接原因。

袭击珍珠港时，南云部队的六艘航空母舰的轰炸机和鱼雷机都用于攻击，侦察任务是由南云部队战列舰和巡洋舰的十几架老式水上飞机来担任的。这也许是南云当时决定不进一步扩大战果而立即撤退的根本原因。当决定是否对珍珠港发动第二次攻击的关键时刻，南云却缺乏本来能够由侦察机提供的重要情报。在此后的每一次作战中，南云部队老是因为缺乏这种空中侦察而吃亏。

不过，南云珍惜他的飞机也有其他原因。在1942年初，日军的搜索机在印度洋搜索英国舰队时常常迷航，以至航空母舰不得不发出无线电信号引导它们返航。但这样也就暴露了自身的位置。所以，南云和他的幕僚尽量控制派飞机搜索的做法也是可以理解的。在中途岛作战中，情况也是这样。如果日本人此时得知他们的全盘行动计划都已暴露，自然就会慷慨许多。也许更可能直接转身撤退。

6月4日上午，南云和他的幕僚还不知道输送船团已被中途岛的飞机发现并遭到了攻击。虽然只有"曙丸"一船中弹，受伤不重，仍能航行；但重要的是，美国人已经完全发觉了日本舰队正向中途岛接近，而联合舰队却依然蒙在鼓里。

就这样，日本人自以为聪明地，实则是稀里糊涂地拉开了中途岛大战的序幕。日本航空母舰上，一片繁忙景象。指挥起飞的军官挥了挥绿灯，第一架"零"式战斗机掠过灯火通明的起飞甲板，冲向黎明前黑暗的天空。甲板上的水兵们齐声欢呼着为它鼓气。接着，八架战斗机相继起飞，然后是十八架舰载俯冲轰炸机。

十五分钟内，俯冲轰炸机、水平轰炸机和"零"式战斗机各三十余架，从四艘航空母舰上陆续起飞。它们排着壮观的环形队列，轰鸣着朝向东南方的中途岛扑去。

没多久，东边的水天线升起一轮红日。天亮了。这时航空母舰飞行甲板上又摆满了飞机：水平轰炸机每机携带一条鱼雷，俯冲轰炸机每机携带一颗二百五十公斤炸弹。飞机停在甲板是为了一旦发现美国特混舰队，便可迅速起飞迎击。

负责指挥俯冲轰炸机队的是"苍龙"号上的江草海军少佐。他被人看作是日本海军俯冲轰炸的头号专家。他在很早之前就对俯冲轰炸机队进行了强化训练，以摧毁美国的航空母舰为最终目标。袭击珍珠港那天，因为航空母舰刚好不在港内，没给他们一显身手的机会。但随后在印度洋作战中，俯冲轰炸机队抓住了表演的机会，击沉了英国"竞技神"号航空母舰、"多塞特郡"号和"康沃耳郡"号重巡洋舰，显示了他们的高超技能。如今，日夜盼望的时机到来了，他们的高昂的情绪一时难以平复。

鱼雷机队的指挥官是"赤城"号上的村田重治海军少佐，他是个有头脑的下级指挥官。最初考虑袭击珍珠港的时候，高层曾认为那里港湾水浅，无法实施空投鱼雷的攻击，但经村田重治

263

的认真研究，最终成功地解决了这个问题。他率领鱼雷机队在袭击珍珠港时给美国战列舰带去了毁灭性的灾难。此时，在广阔的海面上，更有利于他大展身手。

制空队的指挥官是"赤城"号上的板谷茂海军少佐。他以丰富的飞行经验和辉煌的战功著称于日本空军，同上面两位一样，是海军中老资格的王牌飞行员。只不过他的攻击目标不是船，而是飞机。

的确，这三位队长可以说是执行这项任务的最佳人选，而且他们的飞行员也是日本海军航空兵的精华。在训练、经验和能力方面，在整个日本海军中，再没有比他们更好的战斗集体了。南云海军中将已断定，在他的部队所在处附近没有敌人的航空母舰队，但为了防备万一敌人航空母舰出现，他还是谨慎地把第一流的部队留在手上来对付它们。

所以，一切看来都已准备就绪，甚至也作了应付意外的准备，但是这种准备在当时则显得太不充分了。当时在空中为南云舰队护航的总共不到二十架战斗机！一旦遭到敌机攻击，这些兵力是根本抵挡不住的。

而此时中途岛的美军却已有准备，正严阵以待南云的第一批突击飞机。美国海军太平洋舰队司令尼米兹上将，在了解到日军即将进攻中途岛的意图后，往这个弹丸小岛上调集了大批飞机。机种包括侦察机、战斗机、水平轰炸机、俯冲轰炸机和鱼雷攻击机。

清晨五点三十分，中途岛上的雷达发现了来袭的日军机群。岛上的战斗警报尖锐地响了起来。此时友永大尉率领的日军一百零八架攻击机群，离中途岛大约还有一百五十公里。

尼米兹上将命令岛上的所有飞机立即起飞。他命令用战斗机迎击敌机群，轰炸机和攻击机全部飞往海上寻歼日军舰队。

六架"复仇者"鱼雷攻击机和四架装有鱼雷的 B－26 轰炸

机，起飞后径直朝北面的敌人航空母舰方向飞去。十九架 B‑17 轰炸机和三十七架俯冲轰炸机，跟随它们前进。

二十架"水牛"式战斗机和六架"野猫"式战斗机则向西北飞去，迎击向岛上飞来的敌机。

清晨六点十六分，中途岛上的所有飞机刚刚起飞完毕，美国战斗机就同日机相遇。

日本护航的"零"式战斗机队，在美国战斗机还来不及冲入轰炸机群时，就和它们打了起来。双方的飞机俯冲、跃升，相互紧咬追逐。日本的战斗机不但在数量上超过迎击的美机，而且在性能上也比对手优越。

空战的结果，美军战斗机十七架被击落，七架被击伤。日军"零"式战斗机未受损失，也没让"野猫"式战斗机击落一架日方轰炸机。

日本攻击机群扑向中途岛的目标，再也没遭到飞机拦截。轰炸机冒着猛烈的高射炮火频频俯冲，肆意轰炸了二十分钟，炸中了岛上建筑物、油库和一处海上飞机库。

可是，日本轰炸机要在中途岛消灭对方航空力量的企图却落空了。它们所能找到的轰炸目标，不过是空的飞行跑道和几座空机库。岛上所有的飞机都已飞向高空。

而第一攻击波飞机弹药已尽，油料也所剩无几，只得返航了。这时太平洋中部时间是早晨七点。领队友永大尉从飞机上向南云舰队发出电报："突击机群返航，有必要再次袭击。"他的机群在轰炸中途岛的过程中，被地面的防空炮火击落了三分之一。

就在南云的突击舰队向中途岛发动第一波空袭的同时，美国方面也在积极准备发动对日本入侵舰队的反击。

6月4日黎明，日出前半小时。美国海军第十七特混编队指挥官弗莱彻少将，从"约克城"号航空母舰上派出了十架侦察

二战人物

机去搜寻敌人的舰队。不过首先发现日本航空母舰的，还是从中途岛起飞的"卡特莱纳"式水上侦察机。

清晨五点二十五分，霍华德·艾迪上尉驾驶一架从中途岛起飞的"卡特莱纳"水上侦察机，在靠近南云突击舰队航行的海域，恰巧钻出了云层。当他发现那一大批灰色的舰只时，着实吓了一跳。

"发现敌人的航空母舰！"艾迪用无线电向基地报告。

弗莱彻少将接到敌人舰队的确切情报后，却不能从他所乘坐的"约克城"号航空母舰上派出舰载机首先出击。因为他所派出的十架侦察机的燃油快用完了，需要把飞行甲板空出来，先让侦察机降落。

清晨六点零七分，弗莱彻少将向"企业"号航空母舰上的斯普鲁恩斯少将发去电报，命令第十六特混编队首先向敌舰队发起空袭，第十七特混编队随后跟上。

斯普鲁恩斯少将本来计划再航行三小时，也就是当天上午九点，再出动舰载机进行攻击。因为到那时，他同日本舰队之间的距离，将缩短到一百六十公里以内。这对于航程有限的舰载攻击机和战斗机，作战比较有利。不过他的参谋人员提出了不同意见。

特混编队参谋长米切尔·布朗宁上校认为，如果把出击时间定在上午七点而不是九点，那么就能使出击的飞机在日军航空母舰最脆弱的时刻，也就是在他们空袭中途岛的飞机返回母舰降落的时刻，正好抵达敌舰上空发动攻击。这是一个大胆冒险的主意。因为飞行距离比原计划远了，危险也增大了。他的攻击机和护航的战斗机都可能由于油料耗尽而无法返航。要是在平时，斯普鲁恩斯是不会冒这个险的。而这一次，由于有可能给日本舰队来个突然袭击，他也就把危险置之度外了。

上午七点零二分，十四架"毁灭者"式鱼雷攻击机，三十

二架"无畏"式俯冲轰炸机在十架"野猫"式战斗机护航下，从"企业"号航空母舰上起飞；十五架"毁灭者"、三十五架"无畏"在十架"野猫"护航下从"大黄蜂"号航空母舰上起飞。这样，总共二十九架鱼雷攻击机，六十七架俯冲轰炸机，在二十架战斗机的护航下，离开航空母舰，远程奔袭敌人舰队。他们的油料只够勉强返航，但是飞行勇士们义无反顾，杀奔战场。斯普鲁恩斯少将只留下八架"无畏"式俯冲轰炸机和三十六架"野猫"式战斗机来保卫自己编队的安全。

　　弗莱彻少将率领的第十七特混编队跟在斯普鲁恩斯后边大约十五海里。他过了一个半小时才命令飞机起飞。他的"约克城"号航空母舰载机九十五架。等到十二架"毁灭者"式鱼雷攻击机和十七架"无畏"式俯冲轰炸机在六架"野猫"式战斗机的护航下飞离"约克城"的甲板，已经是上午九点零六分了。

　　南云突击舰队在送走袭击中途岛的第一波攻击机群后，第二批突击飞机立即从各航空母舰的下层甲板，一架一架地由升降机提升到上层的飞行甲板上。

　　当四艘航空母舰的飞行甲板再次停满飞机时，初升的红日，像耀武扬威的日本国旗，已经完全跃出了太平洋海面。

　　这次留在航空母舰上等待出击的第二批飞机，大部分是中岛B5N2"97"式舰载鱼雷攻击机。鱼雷机的飞行员是日本海军航空兵的精华。尽管这支日本舰队的所有指挥官都确信，在附近根本不可能有美国的航空母舰。根据山本五十六的估计，美国航空母舰最早也要到6月7日，才能赶到中途岛海域。不过南云中将为了防备万一，还是把他最优秀的飞行员留在舰上，以便对付美国舰队的进攻。

　　"97"式鱼雷攻击机是当时世界上性能优越的舰载轰炸机，盟军方面称其为KATE轰炸机。时速三百七十八公里，载弹八百公斤。它既可挂鱼雷，攻击对方的航空母舰或其他舰只，也可以

挂炸弹，轰炸机场等地面目标。这时，它们挂的都是鱼雷。

6月4日凌晨六点，南云的旗舰"赤城"号发现空中有美国侦察机在活动。它就是艾迪上尉驾驶的"卡特莱纳"水上飞机。日军舰队开始感到不安，担心遭到随之而来的空袭。

七点，南云中将收到了友永大尉发来的关于需要对中途岛施行第二次攻击的电报。他还来不及作出反应，七点十分，处于舰队最前方的一艘驱逐舰打出了旗语："发现敌机。"信号旗在日舰桅杆上升起，警报声响彻海空。

六架"复仇者"鱼雷攻击机和四架 B－26 轰炸机在"赤城"号航空母舰右舷出现。这是从中途岛起飞的第一批美国攻击机群。它们从一千二百米高度的云层中钻出。日本主力战舰重炮齐鸣，高射炮的连发炮火震耳欲聋，二十多架"零"式战斗机扑来阻击。美国飞机列成单行，不顾猛烈的炮火，朝着"赤城"号扑来。

"零"式战斗机迅速击落了三架，其余七架鱼雷攻击机继续向日本航空母舰进逼，越飞越近。它们轮番丢下鱼雷，又跃上高空。其中一架几乎同"赤城"号相撞，接着被击中焚毁。

这十架美国轰炸机的全体飞行人员，在没有战斗机护航下，自知难以生还，仍然视死如归。只可惜它们发射的鱼雷都错过了目标，无一命中敌舰。最后只有一架"复仇者"和两架 B－26 返回了中途岛。

遭到美机首次空袭之后，南云判定这些美国飞机必定来自中途岛。他感到必须尽快把中途岛的航空力量消灭干净。再加上友永刚才发来的再次袭击的建议，南云终于下令再次进攻中途岛。为了空袭中途岛，就要把已经停放在"赤城"和"加贺"号航空母舰飞行甲板上的飞机，重新用升降机运回下层甲板，以便将挂在机身下的鱼雷卸下，再往飞机上配挂炸弹。为鱼雷机改挂炸弹的命令，是七点十五分发出的。

　　当机械兵忙于把这些飞机从飞行甲板上降下时，可以想见，航空母舰上忙乱成一片。其实，南云没有下定决心改装鱼雷机，他的参谋长草鹿劝服了他。草鹿认为，对他们的航空母舰来说，此时来自中途岛的飞机，比可能碰上的美国舰队更危险。

　　可是，不久后的一个消息证明了草鹿的想法是错误的。在舰上飞机换装炸弹的作业还不到十五分钟的时候，传来了令人震惊的消息：日本的一架远程侦察机，完成了五百公里的弧形搜索任务准备返回时，突然发现一支美国舰队正在向东南方向破浪前进。这时大约是上午七点三十分。

　　南云接到这个报告大吃一惊。他的航图室迅速计算的结果表明，美国舰队离日舰只有三百多公里。如果那美国舰队中有航空母舰的话，那么南云的四艘航空母舰此刻就处于非常不利的境地。此时"赤城"、"加贺"两艘航空母舰上的鱼雷机，几乎全在下层甲板上重新装挂高爆炸弹，因此无法立即派出去攻击美国舰队，而对方的航空母舰却可能已经派出飞机前来攻击。

　　日本人确实运气不佳。那架发现美国舰队的侦察机，如果不是因为弹射器出了故障而推迟半小时起飞，本来会在鱼雷机降到下层甲板去换装炸弹之前发现美国舰只的。那样的话，日本的鱼雷攻击机此刻就可以起飞攻击美国舰队了。就这样，日本人丧失了先机。

　　面对突如其来的不幸消息，南云只得下令暂停对鱼雷机的换弹，他需要重新估计一下形势。不过，美国人没打算给南云时间，在他还来不及做出新的决定之时，美国的第二次空中袭击又开始了。这次飞来的是中途岛的后续轰炸机。领头的是十六架"无畏"式俯冲轰炸机。这种舰载机是美国陆军 A－24B 陆基攻击机的改型，时速和航程都十分出色。但它们没有战斗机护航，自然不是日本"零"式战斗机的对手。还没有靠近敌人的航空母舰，就被击落了一半；其余的也被驱散。

269

美国人没有休息的意思，马上又飞临了一批战机。这次是十五架B-17"空中堡垒"轰炸机。它们从六千米高空朝海面星罗棋布的日本舰队水平投弹。可惜高度太高，瞄准精度又差，结果一颗也没有命中。接下来的十一架"守护者"俯冲轰炸机，也没有战斗机的护航，在日舰的防空炮火和战斗机的阻击下，未能突破日军防线。

中途岛美机对南云舰队的攻击，虽然未能给日本人带来伤害，但是却彻底打乱了他们的作战计划。美军多机型的轮番进攻，先是鱼雷机，再是俯冲轰炸机，还有高空重型轰炸机，给南云很大的压力，使他重新审视了中途岛空中火力。就在中途岛的飞机第二次袭击的高潮中，南云收到了那架尽职的侦察机发出的令人宽慰的消息："十艘美国军舰乃是五艘巡洋舰和五艘驱逐舰。"没有航空母舰的美国舰队是伤害不了南云舰队的。于是，南云下令继续准备攻击中途岛的陆地目标。

日军航空母舰的甲板上再次陷入混乱：飞机继续卸下鱼雷，换挂普通炸弹。可是十分钟后，南云又收到了那架侦察机的新消息："发现敌舰队，后方似乎随有航空母舰。"舰队的参谋们不相信。因为附近如果真有美国的航空母舰，他们早该发动进攻了。但是草鹿少将相信这个报告，南云也相信。这位日本海军中将根据经验判断：具有这样规模的敌人舰队，至少会有一艘航空母舰。

南云随即下令停止往飞机挂炸弹，换装鱼雷，以发起对美国舰队的攻击。面对敌方航母的威胁，日本人只得把中途岛暂时丢开了。三分五次截然相反的紧急命令，使日本航空母舰的甲板上乱成一团。为了争取时间，卸下的炸弹，都堆放在甲板上。

没多久，袭击中途岛的友永机群已经返回，盘旋在日本舰队的上空。现在，南云的麻烦大了，陷入了进退维谷的境地。他派往中途岛的第一批突击飞机，已经返航，需要立即让他们在母舰上降落，而第二批突击飞机还未能起飞。还有那些保护航空母舰的"零"式战斗机，燃料快要用完了，也要降落加油。这正是所有航空母舰司令官们最害怕发生的事情，变幻莫测的战局搞乱了他的布阵。

要不要把飞行甲板上的攻击机派出去攻击敌舰呢？这些飞机还没有换装鱼雷，只能用装在弹架上的杀伤力较低的炸弹去空袭，而且也没有战斗机护航。没有战斗机护航的轰炸机去攻击防卫森严的航空母舰，恐怕只会落得个同刚才那些美国飞机同样的下场。

草鹿少将同样十分焦急，他心想如果马上发动进攻，舰上的跑道被起飞的飞机占用，那么油箱空空的友永机群，就无法返回母舰，日本海军就将白白损失几十名最优秀的飞行员。于是他征求渊田中佐的意见。渊田焦虑地望着盘旋在母舰上空的友永机群，许多飞机油箱中的燃料早已所剩无几，而那些飞行员大都同他有私交。于是停在"赤城"和"加贺"两艘航空母舰甲板上的飞机再次入库，给急待补充油料的"零"式战斗机和从中途岛归来的精疲力竭的袭击者腾出地方。这一大批飞机，一架接一架着舰，总共花了四十分钟的时间。当最后一架飞机的轮子触到甲板时，已经是快到九点二十了。

这时，南云中将命令他的舰队把时速增至三十海里，把前进方向从东南改为东北，以求暂时避开美军舰队所在的方向。他不得不等到舰上的飞机重新装备好，才能发挥出他那庞大的海空力量。日军四艘航空母舰上的人员，都在拼命地为三十六架俯冲轰炸机、五十四架鱼雷攻击机及为他们护航的战斗机，做着出击前的最后准备。尽管工作人员都很尽力，但这项准备工作还是需要长达一个小时的时间。日本的攻击机都挂装了致命的"长枪"攻舰鱼雷。时间紧迫，海员们来不及把卸下的炸弹送到下面的弹药库中去，而是匆忙地把它们堆在一边。

271

山本五十六

虽然日本人避开美国舰队的方向，但美国飞机还是如影随形地找到头上来了。从美国"大黄蜂"号起飞的十五架"毁灭者"鱼雷攻击机，低低掠过海面朝"加贺"号右舷飞来。

美国飞行员们经过两小时二十分钟的远程飞行才到达这里，已经相当疲劳了。更糟的是，为他们护航的十架"野猫"战斗机，此刻也同他们失散了。他们的情形和之前的战友没有区别，不得不在没有战斗机护航的情况下投入进攻。

几十架"零"式战斗机向他们扑来，二十毫米的机炮喷出猛烈的炮弹，打得这些老式的鱼雷机毫无还手之力。当空中十五个黑点中的全都消失在天际之时，在舰上观战的日本水兵欣喜若狂，狂呼喝彩。然而在他们还在兴高采烈的时候，在舰队边缘警戒的驱逐舰就接连发出紧急警报："敌鱼雷攻击机正从低空飞向右舷！"

这时从美国"企业"号上起飞的十四架"毁灭者"鱼雷攻击机，也抵达了日本舰队上空。他们同样与自己的护航战斗机失散了。尽管如此，他们还是英勇地扑向了"加贺"号航空母舰。他们发射的鱼雷，有几次险些命中目标。但是在日本猛烈的防空炮火和顽强的战斗机阻击之下，美国人的进攻又一次失败了。只有四架"毁灭者"死里逃生，返回了中途岛。

早有准备的美国人没打算给日本人喘口气的时间，上午十点整，美国舰载鱼雷机的第三次攻击又开始了。这次是来自"约克城"号航空母舰上的十二架"毁灭者"鱼雷机，他们的运气较好，有六架"野猫"战斗机护航。可惜这样的力量是无法威胁日本的航空母舰的。当美军鱼雷机逼近"苍龙"号航空母舰时，数量远比"野猫"多的"零"式战斗机，已经把美国的护航机团团围住。

失去护航的美国鱼雷机，对"苍龙"号的攻击，自然不能取得什么战果。最后只有两架美国攻击机，逃脱了被击落的命运。其他美国飞机，全部丧身海底。这样，从三艘美国航空母舰上派出的四十多架鱼雷攻击机损失惨重，只有六架勉强返航。

从黎明到现在，日本人虽然屡遭袭击，但毫发未损，可谓顺风顺水。上午十点左右，南云的四艘航母上飞机出击的准备已经完成，第一架护航战斗机已经滑出甲板起飞。日本的航空部队开始反击美国人了。这群强大的飞机若是飞临美军舰队上空，那就轮到美国人倒霉了。

不过，日本人的好运似乎到了尽头。差不多就在这个时候，三十余架"无畏"式俯冲轰炸机在美国海军克拉伦斯·麦克拉斯基少校率领下，已经到达了日本舰队的上空。这批俯冲轰炸机是早晨七点多钟从美军航空母舰"企业"号上起飞的，已经飞行了三个小时。它们本不必非得这么久，只是南云的突击舰队改变了航向，让麦克拉斯基少校扑了个空。在预定的海域没有发现目标，麦克拉斯基少校决定转向中途岛。可是到了中途岛也没有发现敌人，于是又朝北飞回来搜寻敌舰。

接近十点时，麦克拉斯基少校在高空发现了一艘掉队的日本驱逐舰。他判定这艘日舰是要追赶它的航空母舰编队，他不能放弃这个机会，于是便悄悄地尾随着它。这艘驱逐舰正朝东北方向行驶。麦克拉斯基少校的飞行编队跟在驱逐舰后飞行了二十分钟，但是并未发现什么。这种类似赌博的选择消耗了美国机队的燃料，已经被减少到了可能不足以返航的程度了。但是飞行员们不甘心，决定再往前飞一两分钟。

就在这时，麦克拉斯基少校和他的"无畏"式俯冲轰炸机的飞行员们，从高空看到海面上的日本航空母舰，正在掉头转到迎风的方向，准备让舰上的飞机起飞。麦克拉斯基立即下达攻击敌舰的命令。他命令理查德·贝斯特上尉率领的中队去攻击"赤城"号航空母舰，而威尔默·加拉赫上尉率领的中队，则跟随他一同攻击"加贺"号航空母舰。苦盼这一刻太久的飞行员

273

们，毫不犹豫地驾机冲向日本的军舰。

摆在美军俯冲轰炸机的飞行员面前的是一幅壮观的景象：在洋面上阵容庞大的战舰，组成一个巨大的环形队列，这个巨环实际上是一个护卫圈，拱卫着当中的四艘航空母舰。对于美军战机来说更绝妙的是，在舰队的上方和周围，连一架日本护航飞机的影子都没有；所有的飞机都排列在航空母舰的甲板上，对它们的即将到来的灾难毫无察觉。

第一个冲下去的美军飞行员，把目标定在了"加贺"号航空母舰飞行甲板上的太阳旗，他投下了第一颗炸弹后，迅速拉起飞机。从俯冲轰炸机上落下的炸弹，准确地、毫无阻拦地砸在了"加贺"号的飞行甲板的后部。接着，又有三颗炸弹飞往这艘航空母舰，在飞行甲板的前中后部分别炸开。飞行甲板上那些排得整整齐齐等待起飞的飞机，以及上面日本海军精锐的航空兵，瞬间被大火吞没。他们没有机会飞向天空战斗，在生命的最后一刻体会到了半年前珍珠港上的美国飞行员的感受。"加贺"号这艘巨舰在几分钟内就被彻底摧毁了。

在"赤城"号的草鹿少将被发生在"加贺"号航空母舰的一幕惊呆了，包括他在内的所有日军高级将领都没有注意到那群扑向他们的美国俯冲轰炸机。突然，一道明亮夺目的爆炸闪光，照得"赤城"号航空母舰舰桥上的日本军官眼花缭乱。一支往上高窜的火柱将他们掀翻在地。几乎同时，舰上火焰乱窜，浓烟四起。

俯冲轰炸机投下一枚接一枚炸弹，穿透"赤城"的飞行甲板，在舰体深处爆炸。舰上飞机及其炸弹和鱼雷，接二连三连锁爆炸。大火蔓延到胡乱堆放在甲板上的燃料和弹药，再度引起大爆炸，把飞行甲板整块整块地炸飞到空中。舰桥就像发生了地震一般。南云几小时前的慌乱指挥，终于酿下惨痛的恶果。不过，对于美国人来讲，乃至整个反法西斯阵营，则是幸福的蜜果。

　　几秒钟内，飞行甲板上的飞机便淹没在炽烈的大火之中。此时船尾的舵机也失灵了。这艘巨大的航空母舰，在大海上绝望地颠簸摇晃，顺便把甲板上燃烧着的飞机扔进的大海。短短的数分钟之内，"赤城"号便退出了战斗序列。

　　就在此时，从"约克城"号航空母舰上起飞的十七架俯冲轰炸机，在马克斯韦尔·莱斯利少校的率领下，也感到了这里。本来美国人已经失去了目标，没能找到日本的航空母舰，但是，麦克拉斯基少校和他的航空队在"加贺"号和"赤城"号上制造的浓烟成了上佳的信号弹，指引了尚在日本舰队东南方约十公里外的马克斯韦尔·莱斯利少校。

　　透过云层，马克斯韦尔·莱斯利少校瞥见了"飞龙"和"苍龙"号两艘航空母舰。他立即下令全队进攻，从四千五百米的高空向"苍龙"号猛冲下去。一颗四百五十公斤的炸弹首先击中"苍龙"号的飞行甲板，几分钟内，又有两颗炸弹命中，"苍龙"号很快就被大火吞没了。最后，"苍龙"号航母的舰长柳本柳作大佐不得不下令弃舰。美国飞机的袭击于十点半结束。

　　前后短短的几分钟，日本三艘航空母舰遭受了毁灭性的打击。几分钟前还是那么威风凛凛，转瞬间就变成了漂浮在海面上的巨大火球。在不久之后，它们都没能逃过坠入海底的最终命运。

　　现在，南云的突击舰队现在只剩下"飞龙"号一艘航空母舰了，这是日本反击的最后希望。"飞龙"号的舰长山口多闻少将向船上的飞行员通告了刚才的战况。舰上飞行员听到舰长的训示时，不禁大吃一惊。这些飞行员们很难相信，几分钟之前，他们对美国舰队的寻歼，还是胜券在握；可是转眼之间，却变成要同优势之敌决一死战，不仅仅是为已遭覆灭的三艘巨舰报仇，而是避免自身覆亡的命运。

　　就在日本舰队遭袭十分钟之后，十八架"99"式俯冲轰炸

275

山本五十六

机，在六架"零"式战斗机的护航下，从"飞龙"号航空母舰上起飞，前去搜索攻击美国航空母舰。单靠他们自己本来是找不到的，但莱斯利少校率领的返航机群成了他们的向导。这些轰炸机无意中把敌机带回了弗莱彻将军的"约克城"号航空母舰。

美国人早有准备，此时有十二架"野猫"式战斗机在空中护航。它们居高临下，冲入日本机群进行阻击，一举击落日机六架。但这不能阻挡日本人复仇的决心，日本轰炸机不顾危险迅速向下低飞，进行俯冲轰炸。虽然有更多的日机被炮火击毁，但还是有三颗炸弹命中"约克城"号。炸弹在巨舰体内爆炸，美军人员死伤无数。当日本飞机消失之后，洋面上一片沉寂，留下十三架"99"式轰炸机和三架"零"式战斗机的残骸。返航的日本机群立即向山口少将报告：命中"约克城"号，敌航空母舰爆炸起火。

但是靠着"约克城"号航空母舰上全体人员的奋力抢救，舰上的火势被扑灭了，母舰不仅能低速航行，而且飞行甲板上的飞机还能继续起飞。可是好景不长，从"飞龙"号上起飞的第二批突击机群此时到达了。它们由十架日本"97"式鱼雷攻击机和六架"零"式护航战斗机组成。他们错把已经不再冒烟的"约克城"号当作了美军另外的航空母舰，对它再度发起攻击。日本飞机发射的鱼雷，击中了这艘航空母舰的右舷和中部，破坏了舰上的全部动力、照明和通讯设备。

"约克城"号剧烈地向左侧倾斜摇晃，听任风浪的摆布。舰长伊利奥特·巴克马斯特上校尽可能地坚持，最后还是发出弃舰的命令。这样，美国方面只剩下斯普鲁恩斯少将指挥的两艘航空母舰了。此后，受伤的"约克城"号依然在海上漂浮，由一艘扫雷舰拖向珍珠港。

两天后，一艘日本潜艇发现了受伤的"约克城"号，暗地

277

里偷偷向它发射了两颗鱼雷，还向为它护航的驱逐舰发射了一颗鱼雷。驱逐舰当即被击沉，舰上的战士有三分之一丧身大海。航空母舰虽中了鱼雷却还在坚持，直到6月7日早晨，它的舰身突然倾侧翻转，最终还是倾覆了。

6月4日下午，一架美国侦察机发现了可谓残兵败将的日本南云舰队。它们还剩下两艘战列舰，和为数不多的巡洋舰与四艘驱逐舰，以及由这些战舰护卫着的"飞龙"号航空母舰。这一情报被迅速传到了"企业"号航空母舰。斯普鲁恩斯将军马上集结起所有还能作战的飞机，去送南云的最后一艘航空母舰去海底陪它的同伴。二十几架"无畏"式俯冲轰炸机轰鸣着飞离"企业"号的甲板，向"飞龙"号飞去。

傍晚时分，在已成惊弓之鸟的"飞龙"号水兵看见在西南方，从夕阳映照的灭际，窜出一长串飞机，宛如一条长蛇。这可怕的情景，使他们个个胆战心惊。水兵们大概已经能够猜到自己不久之后的命运。

六架"零"式战斗机猛扑过去进行最后的阻击，打下了两架美国飞机。但是，日本人的努力不足以挡住美国战机。其余的美国飞机继续俯冲了下来。它们从耀眼的太阳方向钻出，呼啸着向日本航空母舰冲去。最初的炸弹没能命中，在舰旁激起一柱柱水浪。最后，接连投下的四枚近千磅重磅炸弹，穿透飞行甲板，相继轰然爆炸。

正当"飞龙"号上的水兵挣扎着同烈火搏斗的时候，由中途岛飞来的B-17"空中堡垒"轰炸机又出现在高高的天空。飞行员们怜悯地看着下面这些小如蚂蚁的日本人，然后冷漠地投下了重磅炸弹。炸弹们激起越来越多的水柱最终将"飞龙"号埋在了火海里。

中途岛西北海面成了一片火海。晚上七点十五分，"苍龙"号带着七百一十八名已死或被困在舰内的日本官兵，包括那位把

自己绑在舰桥上而拒不离开的舰长柳本大佐慢慢地沉入海底。

"飞龙"和"赤城"两舰上的大火仍在猛烈地燃烧，无法控制。经过整夜的燃烧，6月5日黎明前，"赤城"号的舰长请求山本允许把该舰沉掉。山本热泪盈眶。多年前，他曾在"赤城"号上当过舰长。他无可奈何地表示："那就让驱逐舰向'赤城'发射鱼雷吧。"有二百余名日本官兵随该舰沉没。

6月4日晚上，海水大量涌入，"飞龙"号发生了倾斜，随后完全失速。"飞龙"的舰长山口多闻将军，决定让驱逐舰"凤云"号将"飞龙"炸沉。"飞龙"号在这次最后的作战中，除自愿与舰共存亡的两位指挥官外，还有四百多名船员丧生。

南云损失了四艘主力航空母舰后，而美国的两支特混舰队除"约克城"遭创外，其余仍完好无损。南云不得不对原来的作战计划予以重新考虑。最终他无奈地下令舰队向北西撤退。

第十八章　战争的转折点

　　大雾弥漫的大海在清晨显得格外宁静，一切仿佛都沉醉在梦中，就连太阳也懒洋洋地坠在海中，仿佛正在沐浴。在距离中途岛西北方向大约八百海里的地方，一艘舰艇在雾气中穿梭，隐隐约约能看清飘扬的旗帜，不错，这正是山本五十六乘坐的联合舰队旗舰"大和"号。

　　此时，"大和"号上的气氛倒是与周围宁静的环境相一致，舰桥上静寂无声，仿佛能让人窒息。舰桥上站着一个人，后面不远处站着几个毕恭毕敬的随从模样的军官，不难猜想，这个人就是山本五十六。只见山本额头上涔涔冒着虚汗，正是连日剧烈的腹痛让他难以保持威严的仪表。

　　这次中途岛战役是日本海军发动的一场最大的战役，一旦成功，山本必定会功成名就，这也正是他强忍病痛接任联合舰队总司令的一部分原因，而另一个原因则是因为中途岛突出的地理位置，中途岛属于亚热带气候，属于波利尼西亚群岛，距离火奴鲁鲁西北差不多两千公里，地处于太平洋东西两岸的中途，位置关键，具有十分重要的战略意义。

　　中途岛由沙岛和东岛两个主要岛屿组成，还有一个由环礁围成的泻湖，是天然良港。原来的中途岛荒无人烟，没有居民，堪

称荒岛，1867 年被美国占领后，于 1903 年成了美国海军基地，同时也是夏威夷和菲律宾之间的海底电缆站。现在处于第二次世界大战期间，中途岛更是具有非凡的战略意义，作为美国海军和空军的重要前进基地，中途岛成为美国的前方观察哨所，对美国固守珍珠港起决定性作用，也限制了日军侵占整个太平洋的野心。为了实现大日本帝国一统太平洋的目标，中途岛一战势在必行。

海上弥漫的浓雾遮盖着一切，从"大和"号上根本连附近舰只的外貌都看不到。望着白茫茫的大海，山本心中万分焦急，因为此时南云的突击舰队正在同美军激战着。虽然山本极力地保持着一种非常镇静的态度，但从眼神中依然能够看出他内心的焦急不安，他是如此迫切地想得知南云那一边的战况，同样的，身后舱中的所有日本官兵们也同样等待着南云突击舰队的消息，他们都担心南云在大雾中丢失方向，如果这种事情真的发生，整个作战计划都会被打乱。

太阳终于出来了，雾气也散去了一些，海上顿时明亮起来，波浪折射着太阳光，星星点点地撒在舰艇身上，海鸥挥舞着翅膀在空中悠闲地飞着，时不时俯冲到海中叼起一尾小鱼美丽的，一派安详和谐的海上晨景让山本心情顿时豁然开朗，他的幕僚们也慢慢放松下来，情绪已经没有刚刚那么紧张了。

终于，"大和"号收到来自"利根"号搜索机的电报，电报中说在附近发现了一架敌水上飞机。听到下属的汇报，山本和他的幕僚们没缓和多久的心又焦急起来，他们一致认为这架美国巡逻机很快就能发现南云部队，但是这只是猜测，实际情况还要继续等待后续电报。

大约半个小时后，"利根"号的搜索机又发来电报，报告说有十几架敌机飞来，不用想也知道南云可能马上就要遭到攻击了。不过，联合舰队对此并不担心，因为这时候空袭中途岛的攻

二战人物

击队已经安全起飞，他们认为以南云部队的实力来看，区区十几架美国飞机根本不是日本战斗巡逻机的对手。

战争的序幕已经拉开，一切都按照原定计划进行着，山本以及舰艇上的官兵只能等待。现在，天地间的万物再也吸引不了舰桥上人们的注意力，他们把所有目光都集中在从无线电室接过来的扬声器上，因为通过扬声器他们能听到有关战况电报的转播。扬声器中终于传出了友永海军大尉的消息。友永海军大尉是空袭中途岛攻击队的指挥官，在他的报告中空袭任务已经完成，并建议实施第二次空袭。

听到幕僚们喜气洋洋的报告，一直心神不宁的山本五十六突然有了如释重负的感觉，脸上也露出了一丝发自内心的微笑，欣喜若狂的幕僚们也都纷纷握手相庆。包括山本在内，"大和"舰的官兵们都满心期待着第二次攻击胜利的消息，认为中途岛上的美国航空兵就要全军覆没了，没有人质疑南云方面作战进行得顺利与否，他们把胜利想得太过简单了。

时间一分一秒地流淌，每一秒都是生死攸关，每一分都是存亡关头。有个成语叫作"出人意料"，用来形容此时山本等人的心情是再合适不过的了，第一次空袭成功而产生的乐观情绪仅仅持续了片刻光景，就因为美国舰队的出现而烟消云散，接下来几个小时的时间，山本始终都没有接到有关南云部队的任何消息。

此时的南云面对的是美国由巡洋舰、驱逐舰以及航空母舰组成的舰队，处于震惊下的南云立刻指挥舰队向北撤退。在美军出其不意的攻击下，毫无准备的日军毫无还击之力，只好四处躲避轰炸机的攻击。

南云看着蔓延的火舌，看着吐着黑烟的航空母舰，心惊胆战地为"赤城"号航空母舰的命运感到担忧。然而，当他看到"加贺"号和"苍龙"号两艘航空母舰时不禁呆若木鸡。在数颗炸弹的袭击下，三艘航空母舰的命运都已经在死神的手中翻腾了，火舌一点点吞噬着残破不堪的母舰。

当这个消息从"利根"号搜索机传到山本等人耳中，幕僚们都觉得难以置信，其他所有的官兵也都惊得目瞪口呆。山本的信心崩塌了，眼前的整个世界在眼前逐渐缥缈虚幻起来，他几乎要精神错乱了，他的黄粱美梦被惊醒了，能够为他赢得荣誉和尊称的强大舰队被打败了，这不仅是他的奇耻大辱，也是天皇的耻辱，是日本的耻辱！

拿着"利根"号呈送的电报，山本沉痛地看着黑纸白字，很显然，南云四分之三的航空母舰已经失去了战斗力，唯一能够继续作战的只有"飞龙"号一艘。南云的失利极有可能影响到整个计划，为了保证整个作战计划的实施，唯一的办法就是集中战场上的全部兵力，依靠数量上的优势压倒敌人。

主意一定，山本立刻亲自指挥手下的几艘战列舰前去支援遭到严重打击的机动部队。大雾如鬼魅般再度降临，本来就心惊胆战的士兵此时更加恐慌。由于雾气太大，部队集结遇到了障碍，时间一点点流逝，每一秒都是至关重要的。一个小时后，部队终于启航了，情况危机之下舰艇航速非常快，在大雾中保持这样的速度是极其危险的，航海人员都觉得不可想象。

针对中途岛美军的情况，各个部队都接到了山本的命令：近藤部队作为中途岛的攻略部队，主要任务是派遣部分兵力护送输送船向西北方向撤退；角田部队作为第二机动部队火速加入第一机动部队，支援南云部队；第二和第五潜艇战队在丙警戒线上展开攻势，随时准备攻击。

初步计划完成以后，山本和他的幕僚们并没有放松，因为从现在开始必须认真考虑进行下一步作战计划的制定，而其中的关键就是美军在中途岛部署的航空兵力到底还有多少。山本就像一个精明的商人一样在心中算计着，除了进行水面夜战，即使南云部队三艘航空母舰都失去了战斗力，完好无损的"飞龙"号也

283

可以用来攻击美军的航空母舰，另外也可以采取其他攻击手段。

这时，山本遇到了难题，如果要攻击敌人岸基航空兵力就只能依靠机动部队，这就需要知道第一次空袭中途岛的结果，然后才能进行兵力调整，贸然进攻只会适得其反。鉴于友永海军大尉对中途岛实施第二次空袭的建议，山本认为对中途岛的第一次空袭不成功的概率应该是十分之八九。

愁眉紧锁的山本不安地走来走去，因为他担心如果不立即实施行动摧毁中途岛的航空基地，一旦夏威夷的美军调来大量飞机支援，占领中途岛就会难上加难。采纳黑岛派遣水上部队夜炸中途岛的建议，山本五十六立即将这个任务交给了近藤攻略部队主力，其一是因为近藤部队距离中途岛最近；其二，近藤部队拥有高速军舰。为了安全分起见，山本还决定在歼灭敌军航空母舰后在实施中途岛和阿留申群岛的登陆作战计划。

在山本的命令中，将集中中途岛和阿留申群岛方面的全部战斗力量与美国舰队进行战斗，这一作战方法被称为"攻击敌舰队C法"。在山本下达一系列命令和作战计划前后的几个小时中，南云部队曾经两次与其他机动部队进行联络，其中第二次来电是发给在阿留申以南巡航的角田少将第二机动部队的。电报中不难看出南云窘迫的处境，因为他急切希望第二机动部队能够迅速与他汇合，也期待角田少将能够派遣"龙骧"号和"隼鹰"号两艘航空母舰迅速南下进行支援。

事实也正是如此，此时的南云正焦急地等待着，他不时地登上剑桥向远处观望，期望能够看到日本舰只的身影，然而收到来自角田少将的复电后，南云更加愁眉不展，因为电报内容实在不令人欢欣鼓舞。电报内容的意思清清楚楚，不管南云如何期待，角田部队都不可能在8日下午之前到达中途岛地区，因此南云指望角田部队参加战斗更是异想天开。

自古以来，战争之事就是几家欢喜几家愁，此时被愁云包围

的不只是南云部队，就连联合舰队司令部也是阴云密布，因为侦察不利根本得不到关于美军航空母舰兵力的准确情报。知道下午四点左右，联合舰队司令部才从山口将军发来的无线电报中得知美军的实力，除了被重创的两艘航空母舰外，美军还有重巡洋舰、驱逐舰共计二十艘、未受攻击的航空母舰一艘。

在不到两个小时的时间里，联合舰队司令部又接连收到几分电报，有关于美军撤退的，也有请示进一步行动的，然而，最令人惊愕的是来自南云中将的电报。原本山本还期待着近藤部队发动夜战扭转战局，但是南云部队仅存的"飞龙"号航空母舰中弹起火的消息一传来，山本意识到通过夜战挽救失败这唯一的机会也丧失殆尽了，南云部队航空母舰全军覆没就意味着日本进攻的前锋被彻底摧毁了。

可能是为了提高日军已经濒临崩溃的士气，联合舰队司令部向手下所有指挥官撒下弥天大谎，声称与日本发生遭遇战的美国海军几乎全军覆没，美国舰队侥幸逃生的残余部队正在向东败退。山本还下达了一道命令，要求附近的联合舰队各部队整装待发，一旦发现敌人逃匿的踪迹就立刻追击，同时向中途岛航行，准备占领中途岛。

从命令来看，山本大有力挽狂澜之势，然而实际情况却一点也不令人欣喜，"大和"号上人们个个处于高度紧张的状态，布满血丝的双眼早已经失去了光彩，每个人都忧心忡忡。夜战一直是日军非常热衷、也很拿手的作战方法，此时此刻"大和"号上没有人不渴望发动一次夜战，都期望借助夜战为所遭到的损失报仇。

夜战的希望实现起来困难重重，作为前锋的南云部队也在掩护中弹的"飞龙"号火速撤退，尽管如此，山本仍然决意要进行夜战。任何作战行动都离不开统一的指挥，没有指挥部队就会人心涣散，因此山本命令近藤作为夜战部队的指挥官，统率夜战

285

部队执行作战计划。

因为山本允许近藤能够最大限度地按照自己的意图分配部署，因此近藤可以直接向夜战部队下达命令。命令的内容有两个：第一，近藤部队作为攻略部队主力于6月5日凌晨三点从固定地点向东行进，一旦发现敌人的踪迹立即展开夜战；第二，第一机动部队立即从原定攻击地点返航，以最快的速度加入夜战部队。收到命令的"大和"号顿时陷入一阵鼓舞声中，山本也对近藤的调动感到十分满意，亲自给近藤部队发去了充满鼓励的电报。

中国有"机不可失，时不再来"这样一句俗话，用来形容日军的这次行动真是无比贴切。在攻打中途岛时，日本没有重创美国海军，已经错失良机，在美国海军撤退后再安排夜战当然是徒劳的。从夜战行动展开之时算起，几个小时过去了，日本舰队密集的搜索根本毫无收获，不知不觉已经到了拂晓，全速向东行进的日本海军仍然没有看到美国舰队的踪影，这就意味着夜战就此泡汤了。

一无所获的消息传回"大和"号，山本失神地坐在座位上，猩红的双眼犹如赌输的恶棍，他的希望落空了，"大和"号旗舰上日本官兵们所抱的最后一线希望，也像冰天雪地中的一簇火焰，慢慢地熄灭了。远在东京的日本军令所也对当前战局的发展心怀担忧，尤其是在"飞龙"号继"赤诚"号、"加贺"号和"苍龙"号之后也遭到了致命打击的消息传到东京后，几乎所有人都感到这次具有重大意义的战略部署已经一步步偏离了成功的轨道，失败俨然已成定局。

按理说，目前的形势对日本军令所的每个人来说都是最令人担心的，然而他们似乎早就意识到攻打中途岛是铤而走险的行动。的确，如果没有美国偷袭日本东京的故事，这次行动按照计划应该在六个月后才开始实施。或许是因为这个原因，又或许是

因为日本海军在太平洋上的军舰舰种与美国海军相比实力悬殊，永野大将和他的部下并不担心作战计划被延缓了，甚至对四艘航空母舰的损失也无动于衷。

久久等不到日本军令所中止作战的指示，以山本为首的"大和"号联合舰队司令部在被迫放弃夜战的想法后，转而开始考虑下一步行动。战争就像赌博，越是感到败局已定就越是不甘心，总想与对手扳平，起码也要捞回些什么为失败镀层金。虽然联合舰队司令部觉得形势已经无法逆转，但是他们还是像溺水者一样，拼命地想抓住一根救命稻草。为了力挽南云部队的败局，山本决定孤注一掷，投入全部兵力与敌人死拼。这也正是东京军令所真正担心的事情，因为中途岛地区美国航空兵力占压倒性优势，但是这个理由也没让军令所的高级军官产生对山本加以干预的念头。

海上一片平静，太阳也慵懒地挂在空中，时不时钻进云层纳凉。今年的夏天来得特别早，才刚刚步入六月五天而已，天气已经十分闷热，虽然在海上，也仍然没有一丝凉风。漂着白沫的海面上数十艘舰艇随着波浪轻轻晃动着，舰艇上的日本国旗耷拉着脑袋一动也不动。这数十艘停滞不前的舰艇正是山本五十六的部队，此时，山本和他的参谋们正在舱内研究下一步作战计划。

本来是本着"众人拾柴火焰高"的目的，山本允许在座的各位参谋都可以各抒己见，结果众说纷纭，反而彼此吵红了脸。其中一位航空参谋主张组建一支航空队，集合轻型航空母舰"瑞凤"号和"凤翔"号上为数不多的飞机、战列舰和巡洋舰上的全部水上飞机攻击敌人舰队，按照这位参谋的理论，这样攻击可以有效地削弱敌人的有生力量军，对敌人航空母舰也能造成沉重打击，能够为日本扭转战局提供更大的希望。

尽管一番理论听起来颇有道理，但是仍然引来了一片反对声，一位枪炮参谋仍然坚持夜战计划，支持近藤部队仍然按照原定计划出动重巡洋舰，趁美军不备对中途岛航空基地进行夜间炮轰的方针。甚至还有一些参谋极其乐观，认为单靠战列舰的高射炮火就足以击退敌航空母舰对山本部队的攻击，因此尽管大胆地长驱直入就可以。

听了这些满是妇人之仁的论断，相信任何人都能猜到日本战败是必然的，当然这都是后话。不过，黑岛根据众参谋的意见制定的初步方案也是荒唐至极。这个方案提交到宇垣少将手中，他立刻意识到这是一个为了保全面子而不顾一切蛮干的方案，如果执行这个方案，必然会自取灭亡，于是他没有一丝犹豫、直截了当地否定了这个方案。从宇垣少将的反应不难猜出这个方案的内容，如果按照方案所说，日本海军将于 6 月 5 日白天集合包括"大和"号在内的所有舰艇，从敌人驻守力量薄弱地区逼近中途岛，用各舰艇的主炮轰击敌人在中途岛的航空基地。

事实上，宇垣少将是明智之士，取消黑岛拟定的方案也是明智之举，然而仍是遭到了许多人的抨击。究其根本，主要是因为有些人无法忍受将要为战败承担的责任，即使只是为了争取一个挽回面子的机会，他们也决定孤注一掷尝试一下。众人不清醒不明智，主帅也不能随波逐流，必须要有自己的主张和见解，山本权衡利弊后，最终决定放弃黑岛的计划，命令包括第七巡洋舰战队在内的中途岛攻略部队和第一机动部队立刻终止这种自杀行为，与主力部队汇合。

下达命令的同时，山本五十六还忍痛作出击沉"赤诚"号的决定，作出这个决定的山本极其痛苦，因为在大日本帝国海军历史上从来没有过击沉自己军舰的行为。事实上，在早些时候"赤诚"号航空母舰的舰长青木就向山本发出批准击沉"赤诚"号的请求，但是由于山本部队和近藤部队正在推进中，因此山本一缓再缓，然而现在已经失去了与敌人交战的希望，山本再也不能借故推迟击沉"赤诚"号的决定了，这个重大责任必须由山本承担。

下达了击沉"赤诚"号的命令后，"大和"号紧接着又发出了一道来自联合舰队司令长官的命令，命令中再一次要求中途岛攻略部队和第一机动部队在最短的时间内与主力汇合，输送船团向西撤出中途岛敌机的攻击范围，并宣布撤销中途岛作战计划。日本进攻中途岛战役早就露出了失败的迹象，然而正是这道命令肯定了日本联合舰队中途岛作战计划的失败。

为了能够尽早与从作战地区撤退的近藤和南云部队汇合，山本五十六在下达了撤销中途岛作战的命令后仍然命令手下的几艘战列舰的在 6 月 5 日当天黑夜继续向东高速前进。此时此刻，"大和"号上的所有官兵几乎都满怀悲壮，每个人都要抱着必死的决心，因为山本的这一命令会使整个部队处于敌人攻击范围内，日军也可能会因此受到更多伤亡和危险，这一点"大和"号上的每个人都心知肚明，但是每个人都义无反顾。

再看角田海军少将作战的阿留申地区，一番争战下来也是各有胜负。昨天，由战斗机、俯冲轰炸机和水平轰炸机共二十余架组成的一支精锐部队冒着恶劣的天气再次空袭了荷兰港。由于云层较厚，这批飞机充分利用多个云层的掩护遮盖行踪，在敌人尚未察觉的时候就摧毁了荷兰港的油库、机库和大型商船等多个目标，取得了骄人的战果。但是在返航的途中却与数架美国飞机发生了遭遇战，损失了战斗机、轰炸机共四架，另外，"汉曼"号驱逐舰也被美军的鱼雷炸成两段，刹那间就被巨浪吞噬了。到此为止，第二机动部队对阿留申群岛美军基地的攻击也结束了。

黑夜在"大和"号的前进中悄悄流逝，太阳喷薄而出，日本联合舰队离开日本帝国本土十天以来，从没遇到过比这还要好的天气。天气晴朗、万里无云，此时"大和"号上的全体官兵心情也不由得一扫阴霾，重新恢复了生气。舰队井然有序地行进着，各个岗位的士兵都各司其职，严密地监控着数次接近的美国

二战人物

289

舰队。各舰只都严阵以待，随时防范被美军发现派来空袭的飞机，因为自从开战以来从来没有与敌人这样近距离接触过，不能不以防万一。

一直以来，人们都认为日出是最美的，而海上日出更是夺人眼目。此时，正是日出时分，橘红的太阳像一位羞涩的出浴少女，半遮半掩地垂在海面上；海天相接的地方被一层朝霞覆盖着，仿佛少女绯红的脸庞；海中的鲸鱼不时地喷洒数十米的水柱，在朝阳的映照下别具一番梦幻的色彩。然而，如此美景也没勾走联合舰队官兵的目光和视线，每个人都专心致志地观测周围的形势。

日出后不久，按照原来的估计和计划，山本部队的军舰终于看到了近藤的攻略部队主力，但是南云部队却没有如期到达。在山本的命令下，"凤翔"号派出了一架搜索机朝南云部队大体的位置寻找，接近中午十分南云部队的舰只也赶到了舰队的集合地。站在舰桥上的山本看着周围聚集的舰只，心中感慨万千，想想十天前从本土出发时浩浩荡荡的大军，再看看这时面目全非的联合舰队，山本满眼失落。的确，日军在这次战役中遭受了严重打击，不仅航空母舰已荡然无存，就连驱逐舰也只剩下了原来的一半。看到这番情景，齐集的官兵都深深感到这次失败之惨。

来不及哀伤和叹息，新的搜索报告又递交到山本手中，原来受命寻找南云部队的"凤翔"号搜索机发现了被摧毁的"飞龙"号的漂流残壳。"飞龙"号真可谓命途多舛，在与美军作战时中弹却仍能胜利撤退，然而由于受创无法按计划与主力汇合，还有可能暴露目标，山本命令担任警戒任务的驱逐舰在几个小时前给了"飞龙"号最后的致命一击，但是就目前的情况来看"飞龙"号仍然没有沉没，而且报告中提到还有生者。

经过商量，南云海军中将立刻派"谷风"号驱逐舰前往"飞龙"号所在坐标地点进行人员营救活动，并命令来自"长

良"号的一架水上飞机进行协助搜索。谁知，当"长良"号的水上飞机飞到"飞龙"号所在地的地点后，却没发现"飞龙"号的踪迹，就像人间蒸发了一样。"谷风"号也进行长时间、高密度搜索，却仍然一无所获。

中国自古流传着"福无双至，祸不单行"这样一句话，此时"谷风"号也真是时运不济，在搜索"飞龙"号的过程中不慎被美军发现，美国立刻派舰载机对"谷风"号展开了猛烈轰炸。似乎是幸运女神有意庇护，这艘驱逐舰在经受了美军三番两次的轰炸后，只因为一颗近弹爆炸才受到了轻微损伤，不仅战斗力并没有受到影响，而且在还击的过程中击落了美军一架飞机。

有失必有得，正是由于敌机的注意力全集中在"谷风"号附近，在附近集结的日本舰只才躲过了敌人舰载轰炸机的追捕，舰只上的士兵争分夺秒，利用宝贵的时间紧张有序地进行人员转移工作，被转移的人员都是四艘沉没的航空母舰上的幸存人员。未受到敌人干扰的驱逐舰满载幸存人员立刻向"雾岛"号、"榛名"号、"长门"号和"陆奥"号四艘战列舰靠拢，对所有人员进行转移。

海上风急浪高、波涛汹涌，驱逐舰根本无法向战列舰靠拢，距离太近随时都有发生碰撞的危险。为了安全起见，全舰队接到了停航的命令，使用舰只上的小船实施转移。天黑了，厚厚的云层遮盖了所有星星，小船在风浪中飘摇，让人为它的命运担忧。经过全体舰员拼命的努力，转移工作终于在深夜完成了，就连重伤员也被士兵用担架抬上了战列舰。

检查结果表明幸存人员已经全部转移到主力舰只上后，联合舰队又接到了继续航行的命令，日本全部军舰彻夜航行，终于在天将拂晓时脱离敌人中途岛陆上飞机的攻击范围。但是山本心仍然悬在嗓子眼里，因为如果身后有跟踪追赶的美国航空母舰，那么他们实际上仍然处于敌人航空母舰飞机的攻击范围之内，此时日本舰队的处境好比深陷虎口的羊群，哪有不惊慌的道理？

在舰队向西撤退的途中，舰只上所有的官兵都神色凝重，几乎每一个人都因为帝国海军遭到惨败而痛心疾首，然而，除此之外没有人知道彼此心中都作何感想，或许有人因为虽损失了四艘航空母舰但战列舰"主力"仍然完好无损而聊以自慰，或许有人痛切地认识到单凭大炮是打不赢的，失去航空母舰就意味着舰队失去了攻击力量的台柱。

本来6月6日是原定要攻克中途岛的日子，然而这一天清晨，以"大和"号为首的联合舰队却已经远离中途岛、执行返回日本的计划。天气就像当初前来进攻中途岛时一样，浓雾再次笼罩了一切，然而，一来一回的心情却是截然相反的。想当初，山本是如何意气风发地下达命令，士兵们又是多么的壮志凌云；反观今日，整个联合舰队犹如丧家之犬仓皇逃跑，怎能不令人心寒。唯一能使人得到一些安慰的，倒是这恶劣的天气可以为舰队提供天然屏障，防止敌机的攻击，因为美特混舰队仍然是日本舰队的心头大患。

从"大和"号向左后方看，隐隐约约能够看清"长良"号旗杆上飘扬的南云海军中将的中将旗，想必此时的南云中将心中也感到羞辱难耐，曾经在半年间无敌天下的人如今却惨败而归，幸而南云将军有泰山压顶不弯腰的坚强精神，他坚信终有一日自己能够一雪前耻。单看这一点，就不得不令人对南云中将产生敬佩之情，细数涓涓历史长河中的无数枭雄，有很多都是因为一朝失败而以死谢罪。

此时真正令人担心的不是应该接受何等惩罚，"大和"号的舰长正站在舰桥上神色紧张地发号施令，因为每个人都担心后面有敌机或敌潜艇追击。此时此刻，山本在"大和"号的作战室中，与众多参谋人员彻夜商谈，不安的情绪弥漫在整个作战室中，与参谋人员充满烦恼的呼吸纠缠在一起，几乎令人窒息。山

山本五十六

本等人一直担忧着，他们的潜意识告诉他们这一战役并没有结束，事态还在继续发展。

负伤的两艘巡洋舰"三隈"号和"最上"号在两艘驱逐舰的护卫下安全地行进着，然而没多久就遭到了在舰艇附近活动的美国航空母舰和其他军舰的追击。在美舰载机第一次攻击中，两艘负伤的巡洋舰幸运地受了些轻伤，但是在接下来的攻击中却失去了幸运女神的光辉，多次中弹后损失越来越严重。

经过三个多小时的袭击，"三隈"号似乎再也支撑不住了，炸弹引起了全舰大火，不得不被迫停航。舰艇上的海军人员迅速实行灭火措施，然而迅猛的火势张牙舞爪地样子让人望而却步，最终军舰因为大火引起舰内爆炸而回天乏术。在敌机的又一次轰炸下，"三隈"号身中数弹后消失在茫茫大海中。除了南云部队损失的四艘航空母舰外，"三隈"号是被击沉的最大的一艘日本军舰，它曾经参加过雅加达海战、安达曼群岛和缅甸攻略作战以及孟加拉湾上的作战，今天为了保护"最上"号而遭到了毁灭。

在这次空袭中，"三隈"号的姊妹舰"最上"号以及担任护卫任务的两艘驱逐舰的形势也很不乐观，不过由于采取了及时有效的紧急措施，"最上"号不仅没有沉没，而且击落了八架美国战机，担任护卫的驱逐舰也并没有因为损伤影响航行能力。载着从"三隈"号救起的幸存人员，"最上"号的舰长指挥着三艘舰艇继续向西撤退。

根据遭遇敌人的情况进行判断，山本认为敌人舰队舰种丰富，应该有航空母舰、巡洋舰和驱逐舰等，而且数量最少在十艘左右。就目前的情况来看，日本海军舰队可能还不会与敌人发生遭遇战，但是如果敌人继续追击，近藤部队极有可能在夜里就与敌人交锋，山本的全部军舰最晚在第二天上午就会与敌人发生决战。如果要想摆脱敌人的攻击，最首要的任务就是要歼灭敌人的空中力量。

293

作为联合舰队的总司令，山本无愧于这个职位，思维缜密、行动果断、领导能力十足，为了达到歼灭敌人空中力量的目的，山本权衡利弊后调动了所有可以调动的飞机，并决定制定策略利用有限的空军力量尽可能地全歼敌机。山本的计划很简单，利用从轻型航空母舰"凤翔"号和"瑞凤"号、战列舰和巡洋舰等集结起来的百十架飞机实行"诱拐"战术，将敌机引诱到日军威克岛数十架中型轰炸机的作战范围内，一起剿灭敌机。

经过仔细的分析和考虑，山本五十六向他指挥的所有军舰发出了作战命令：第一，联合舰队各部队配合威克岛航空兵的在攻击范围内歼灭敌人的机动部队；第二，作为岸基航空部队的冢原部队要不惜利用一切机会进攻敌人；第三，担任警戒任务的高须部队尽可能给予北方部队以最大的支援；第四，主力部队山本部队和南云指挥的机动部队调转方向追击敌人。

这不能不称为是一个宏大的计划，不过却并不成熟，由于各种原因最后山本不得不放弃徒劳无功的行动，命令联合舰队所有军舰继续向日本本土撤退；同时，美国方面考虑到可能继续追击可能会遭到威克岛上日本飞机的攻击，因此取消了追击计划。就这样，在双方一致的行动下，战斗就此结束了，一场壮观的、具有历史意义的中途岛战役画上了句号。

从世界范围来看，中途岛对整个太平洋战争造成了深远的影响，也是日美继一个月以前的珊瑚海大战后在战略相持阶段爆发的第二场意义深远的海战。中途岛战役后，尽管日本海军在水面舰只的数量上仍然占据优势，但是接连经历了两次沉重打击后，即使是训练有素的精英之士，也终究产生了无法愈合的创伤。

不得不承认，自称无往而不胜的日本海军官兵在这次海战中，不管是从心理上还是精神上都经受了沉重的打击，得到惨败消息的东条英机以及日本大本营陷入极度的恐慌之中，不仅把海战实况列为"绝密"，而且想尽一切办法严密地封锁了消息，将

二战人物

295

参战归来的所有人员集中"软禁",并要求东京电台大肆吹嘘战果。这种自欺欺人的行为可以蒙蔽日本国人的眼睛,然而却无法挽回日本失去的一切,抛开损失的大型航空母舰、飞机和数千名士兵的性命,日本还因此而丧失了在战争初期夺得的海空控制权,也无力再紧紧握住战略主动权,战略上的全面进攻被迫停止了,种种进攻作战计划也就此搁浅。

如果硬要说日本在这次失败中也有胜利,那么唯一可以聊以自慰的便是日本部队攻占了阿留申群岛的两处基地的微小胜利。另外,北方作战进行的也很顺利,虽然此计划曾经一度撤销过,不过重新恢复看来是个明智之举。然而,尽管阿图岛和基斯卡岛在北方作战中被占领,但是与舰队在南面遭受的惨重损失相比,这点收获显得实在是有些微不足道。

再看美国,虽然也有战舰、飞机损失和人员伤亡,但是与日本相比却显得寥寥无几。更重要的是,中途岛一战是美军在太平洋战争中取得的第一次决定性胜利,不仅一雪珍珠港之耻,而且扭转了太平洋盟军被动的不利态势,极大地鼓舞了反法西斯力量,可以说,中途岛战役是太平洋战争的转折点,日本侵略者从此以后不敢在辽阔的太平洋战场上随心所欲地发动进攻了,美国海军逐渐掌握了太平洋上的主动权。

中途岛战役之后,日本每况愈下,直到最后投降。

第十九章　大战萨沃岛

　　瓜达卡纳尔岛是西南太平洋所罗门群岛中最大的岛屿，它地处热带，气候炎热，潮湿多雾，热带雨林密不透风，面积约是美国长岛的两倍。岛上多山，山上一片葱绿，地形崎岖，海岸曲折，溪流湍急。瓜岛上还有色彩缤纷的珊瑚礁。林中蛇蝎出没，毒蚊成群，亦不乏各类珍禽异兽。美丽的白鹦鹉在丛林间雀跃欢唱，使这个人烟稀少的小岛呈现出一派世外桃源的气息。然而，这样一个人迹罕至的小岛却是控制所罗门群岛及其周围海域的一把钥匙，成了日美在南太平洋争夺的焦点。

　　中途岛战役结束后，日本陆军打算在所罗门群岛一线发动新的攻势。陆军计划首先夺取新几内亚和所罗门群岛，然后再攫取远一些的斐济、萨摩亚、埃利斯群岛和菲尼克斯群岛。这时，山本五十六把注意力转向了南方，因为他已经认识到：尽管日本海军在兵力上还暂时保有优势，但它没有能力继续两线作战了。陆军的这一计划直接目的是切断美国对澳大利亚和新西兰的补给线，巩固其外防御圈，同时，攻占所罗门群岛可以为他们在拉包尔的海空军基地提供一道保护屏障。

　　美参谋长联席会议于 1942 年 4 月初正式通过了攻占所罗门群岛的作战计划—"瞭望塔"作战计划，而且美军早在 1942 年

春就研究了南太平洋的反攻问题，美军的目的是以攻占所罗门群岛为跳板，继而夺取日军在西南太平洋上的军事重镇拉包尔，最终夺取新不列颠岛、新爱尔兰岛和新几内亚地区。后来，美国在新喀里多尼亚的努美阿设立指挥部，任命罗伯特·戈姆利海军中将为司令官，以及数支特混舰队组建成南太平洋舰队。

日本海军也同样认识到瓜岛是控制所罗门群岛岛链和邻近海域的一把钥匙，于是日本海军于1942年6月底派遣工兵部队在瓜岛修建机场，工期将近两个月。

中途岛海空战之后，也就是在日本海军工兵部队还在积极修建瓜岛机场期间，"瞭望塔"作战计划由美参谋长联席会议以命令的形式正式下达。然而，就在命令下达的第二天，"瞭望塔"计划的制定者尼米兹将军获悉了日军在瓜岛修建机场的消息。尼米兹将军考虑到：一旦日军利用这个机场，那么将直接威胁到美澳交通线上的重要基地——新赫布里底和新喀里多尼亚。若是那样，那么形势对今后作战将是非常不利的。

尼米兹将军感到事态极为严重，因此他立即决定将夺取瓜岛及其附近的图拉吉作为执行"瞭望塔"作战的第一步，以打乱日军部署，牵制它在新几内亚的作战，从而使其陷于被动。随着尼米兹将军命令的下达，瓜岛，这个控制所罗门群岛岛链和邻近海域的钥匙成了美军必须首先夺取的目标。

尼米兹将军于7月10日下达了夺占瓜岛和图拉吉的命令。尼米兹任命美第一海军陆战师师长范德格里夫特少将为登陆部队指挥官。特纳海军少将指挥的南太平洋登陆运输队满载着美海军陆战第一师近两万人将于不久后从斐济等地出航。

为了保证万无一失，尼米兹将军特地派出两支支援兵力进行护航。一支是由英国海军少将克拉奇雷指挥的有八艘巡洋舰和一个驱逐舰警戒群；另一支是由美海军少将诺伊斯担任指挥官的空中支援编队。这两支支援部队都由弗莱彻海军中将任战术指挥。

戈姆利海军中将担任这次作战的全面战略指挥。

1942年8月初，就在日本瓜岛机场刚刚修建好的两天后，美舰载机接到了进攻命令，纷纷从航空母舰上起飞。"无畏"式俯冲轰炸机开始对瓜岛、图拉吉岛实施航空火力准备。惊天动地的空中轰炸和海面炮击，把还在朦胧的晨雾中酣睡的瓜岛震醒。转瞬间，瓜岛上空硝烟弥漫。

进击瓜岛的美军进展很顺利，攻击部队劈波斩浪，势不可当。美军部队很快穿过了阴森恐怖的洋面，驶入瓜岛和图拉吉岛海域。为数不多的日本工兵无论从人数还是战斗力上都不是美海军陆战队的对手，范德格里夫特指挥的登陆部队蜂拥而上，将那些毫无防范的甚至有些还在睡梦中的日本兵打得狼狈不堪。8日下午，美军已经顺利地夺取了瓜岛机场。

美军夺取瓜岛机场后，为纪念在中途岛上空战死的陆战队飞行英雄洛夫坦·亨德森中校，美军将瓜岛机场命名为"亨德森"机场。

美军在瓜岛登陆完全出乎日军统帅部的意料之外。就在美军已经攻占瓜岛的同时，日军甚至还坚持美军在瓜岛登陆很可能只是一次侦察性的进攻。日军统帅部认为美军不会这么快就开始反攻，即使这次登陆确是反攻的开始，那么美军还没有充分准备，日本陆海军夺回瓜岛也不会有什么困难。统帅部的意见很一致，即美国将在1943年下半年才能开始反攻。然而，8日黄昏的一个消息再次震惊了日军统率部：经过激战，美军已经成功地占领了瓜岛北面的图拉吉岛。

两岛接连告失，日海军部首脑大为恼火。军令部总长永野修身海军大将气急败坏地下令：联合舰队必须以重克瓜岛作为其第一个目标，不重克瓜岛誓不罢休。于是，瓜岛争夺战的血腥战幕拉开了。

山本五十六刚刚蒙受了中途岛失利之辱本来就已经感到心里

很不舒服，当他听说美军在瓜岛登陆的消息后简直是怒火中烧，急忙调兵遣将，决心与美海军决一死战，以报中途岛之仇。在以后六个月的时间里，潮湿闷热、疟疾流行的瓜岛及其周围的水域，成了浴血搏斗，残酷厮杀的场所。山本五十六铺开南太平洋的作战地图，紧紧地攥起拳头狠狠地砸向瓜达卡纳尔岛："三川，给我出击！"

随着山本五十六的一声令下，数十架日式战斗机从拉包尔起飞，奉命作几乎难以返航的五百海里的远程轰炸。也正是随着这一声令下，一幕又一幕残酷激烈的争夺战在这个大雨滂沱、泥泞遍地，瘴气弥漫的热带丛林岛上演出，令人毛骨悚然，惊心动魄；一场又一场规模空前的大海战在波涛怒吼、恶浪翻滚、硝烟弥漫的洋面上展开，使人不寒而栗。

山本五十六派出的日军战机在瓜岛上空遭到了美机凶猛的拦截。这使远在日本柱岛泊地的山本五十六焦急万分，他再次向三川发出命令，让三川亲自出马尽快夺回瓜岛与图拉吉岛。三川接到命令后毫不迟疑，立即号令军队，整装待发。

黄昏时分，在三川中将亲自指挥下，重型巡洋舰"鸟海"号，轻巡洋舰"天奋"号、"夕张"号和驱逐舰"夕风"号于圣乔治水道与重型巡洋舰"青叶"号、"加古"号、"衣笠"号、"古鹰"号等四舰会合。八艘黑黝黝的战舰像一群"恶鲨"一般驶离圣乔治角。战争的矛头直指瓜岛。夜幕沉沉，波光暗淡，瓜岛之战胜败难测，福祸难卜。

望着深不可测的夜空，一个大胆而绝妙的作战计划在三川的脑海中酝酿，同时，那也埋藏着危险的种子……

三川中将和参谋人员聚集在作战室里，连夜研讨着作战计划。旗舰"鸟海"号上的三川军一依然踌躇满志。三川所指挥的第八舰队，经过常年的苦练，训练有素，尤其善于夜间舰对舰的炮战和鱼雷战。由此，三川决心以己之长攻敌之短，身为中将

300

的三川断然决定于 8 日午夜隐蔽进攻瓜岛与萨沃岛海面，在夜战中摧毁美军登陆部队的驱逐舰，炸沉正在卸载的运输船，然后于天亮前撤离战场。

使整个编队在光天化日之下渡过宽阔的布干维尔海峡，这几乎是不可能的事情。但三川决心铤而走险，大胆一闯。三川中将在 8 日凌晨派出了五架水上飞机进行扇面空中侦察，用以摸清敌情，预防不测。侦察机不久后送来情报："在图拉吉岛和瓜达卡纳尔岛海区有美军战列舰一艘，巡洋舰六艘，驱逐舰十九艘和运输船十八艘。"

三川接到情报后，立即下令突击。日舰队迎着清新的海风，飞驰南下。令人难以置信的事情发生了——幸运的三川竟然奇迹般地在光天化日之下顺利地通过了美机严加巡逻侦察的布干维尔海峡。三川编队进入新乔治亚海峡后，用闪光灯向各舰下达了一个简单而具体的战斗指示：首先对停泊在瓜达卡纳尔锚地的美舰进行鱼雷攻击，然后横渡到图拉吉港区用舰炮和鱼雷攻击那里的美舰船。三川编队按计划将由萨沃岛以西高速进入，再由萨沃岛以东撤退。

要想取胜，必须要一鼓作气，让士兵们抱有必胜的信心。为了鼓舞士气，三川发出战前训词："此次帝国海军传统夜间袭击战斗，关系重大，众将士务必竭尽全力，沉着奋战！我大日本帝国海军将攻无不克，战无不胜，勇往直前。"万事准备就绪，一万吨级的三川旗舰"鸟海"号一马当先，在黑暗中高速向尚且蒙在鼓里的美澳瓜岛登陆舰船队扑去……

各种类型的舰船拥挤在瓜岛、图拉吉岛之间已经令特纳海军少将深感不安。特纳意识到如果再不采取相应措施，那么美军舰队必然成为日军极好的猎物。特纳越来越感到进行认真可靠的侦察的必要性，在增强海军实力的同时，必须使用航空兵和潜艇！三川中将在山本五十六的命令下已经杀气腾腾地扑向瓜岛美军的

驻地，然而就在这时，美军方面却连连发生了令人难以置信的疏忽与失误。

美军已经在多个方面加强了侦察工作，在海底，大批美军潜艇设伏在俾斯麦群岛周围以及特鲁克和所罗门群岛之间。在空中，麦克阿瑟将军指挥的航空兵负责对俾斯麦群岛方面进行不间断的空中侦察。严密的海底和空中侦察，使美军在作战中少走了很多弯路。麦克思少将把他的空中罗网撒向了特鲁克群岛和马绍尔群岛方向，除此之外，特纳担心日军一旦由拉包尔出发进攻瓜岛水域的美军运输舰船会造成对美军不利的局面，因此，他立即要求麦克思派水上飞机沿"峡口"海峡加强对西北方向的侦察。

不久，特纳少将收到麦克阿瑟将军的"飞行堡垒"式机在卡维恩以南海区第一次发现日军舰只的情报。然而，收到此情报的特纳少将却认为在日海军基地附近发现日本军舰，无须大惊小怪，这份看似很普通实则相当重要的情报没有引起特纳的足够重视。这实际上是三川正在调兵遣将。

在圣乔治角以南海区巡逻的美军潜艇发回无线电报告，报告中明确指出"有两艘驱逐舰和三艘类型不明的较大舰只正高速向东南航行。"其实，这已经是美军第二次发现日本舰队了。然而，事情往往都坏在了粗心大意上面。正在吃早点的克拉奇雷在获得电报后，却轻描淡写地说："这支编队是否要袭击我军，还须看以后的侦察报告才能确定。"

美军部队有着多次发现日本海军三川舰队的机会，然而他们却多次与击退日本舰队擦肩而过。一架澳大利亚侦察机发现了三川舰队，当时日本舰队与特纳的旗舰仅相距约三百多海里。然而，由于该驾驶员还没有完成侦察任务，因此他没有立即打破无线电静默向基地报告，也没有驾机返回，而是继续侦察。直到下午这份极不准确的报告才几经辗转到达克拉奇雷和特纳手中。而且，获此电文的麦克阿瑟司令部以及特纳和克拉奇雷都对敌情作

出了错误的判断。

美军司令部方面断言，日军一定要在肖特兰德岛修建一个水上飞机基地，这样他们可以在第二天派水上飞机对瓜岛进行空袭；特纳则认为日本水上飞机母舰会停泊在圣伊萨贝尔岛的瑞卡塔湾，作为第二天出击的起脚点。因此，日军暂时对美军还构不成什么威胁，因而当夜他们都放松了防范。

美军的防御攻势暂时显得十分松弛，麦克恩也没有遵照特纳之命派飞机去弥补"漏洞"。由圣埃斯皮里图岛起飞的"空中堡垒"式机，在距向东南航行的三川舰队只有六十海里时就决定返航了。六十海里的距离不是一个可以忽略的长度，美军由于疏忽大意因而没有发现日本舰队。在一场战役中连连失误，连连大意，其结果当然是十分可怕的。正是由于美军连连失误，使三川舰队一次又一次成功地突破了美军侦察网，侥幸成了漏网之"鱼"，渐渐接近瓜岛海域。

正当克拉奇雷指挥各巡逻大队在瓜岛海面游弋巡逻时，弗莱彻由于一直担心自己航空母舰编的队命运，因此他给远在努美阿的戈姆利发了一封电报，电报中弗莱彻以具体数字表明战斗机的数量已经减少，而且由于敌军在这个地区有大量鱼雷机和轰炸机，弗莱彻建议把他指挥的航空母舰立即全部撤出。弗莱彻已经接连失去了航空母舰"列克星敦"号和"约克城"号，因此他一心寻找借口想尽快离开这个是非之地！

电报中，弗莱彻还因为燃料已快用完，请求特纳立即派油船前来支援。特纳收到弗莱彻的电报后十分恼火，因为他的运输船队一刻也不能离开空中保护伞。况且弗莱彻在没有任何请示的情况下就擅自向东南撤退，这样一来，特纳的登陆运输船队的处境极为险恶。为了应付眼下的危局，特纳立即召开紧急会议，克拉奇雷和范德格里夫特与特纳在"麦克考利"号旗舰上对相关情况进行了研究与讨论。

山本五十六

　　"麦克考利"号上面，特纳、克拉奇雷和范德格里夫特正在为如何应对当前局面争得面红耳赤。与此同时，三川舰队正劈开惊涛骇浪，在茫茫黑夜中直趋瓜岛水域。望着图拉吉岛和瓜达卡纳尔岛附近停泊着的运输船，三川目光坚定，斩钉截铁地说："这正是我们要进攻的主要目标！在登陆场西面有美军巡洋舰，这是我们进攻所遇到的最大阻力，为此，在攻击美运输船以前，必须先把他们干掉！"

　　瓜岛上空一架神秘的飞机在夜空中盘旋，立刻被在北口水域巡逻的驱逐舰"塔尔波特"号发现了。"塔尔波特"号发出了警报，可是相距仅仅二十海里的特纳旗舰"麦克考利"号居然没有收到。收到警报的美军军舰也丝毫没有引起警惕，有的美舰舰长看到飞机上有航行灯，还以为这是友机呢。可见，美军的一次又一次失误，给日本军队提供了一个又一个绝好的机会。

　　浓浓的雨云弥漫在翠一般漆黑的海面上，远方，闪电霍霍地发亮。三川把他的战斗舰编成一字长蛇阵，旋风般杀入海湾。日舰观察员在黑暗中发现美警戒驱逐舰"布鲁"号模糊不清的舰体，立即做好了射击准备。望着仍旧全速向西南驶去的丝毫没有察觉的"布鲁"号，三川军一内心一阵窃喜，并自言自语地说道："这次真他妈的是碰见鬼了！"

　　三川小心翼翼地率舰队左躲右闪，避开美军巡逻队的巡查，神不知鬼不觉地插入萨沃岛和埃斯帕斯斯角之间的海域。当晚三川即已发出战斗警报，他不断发出通知："萨沃岛南面有重巡洋舰三艘。"……"准备发射鱼雷"……"各舰战斗部位提高警惕"……9日凌晨，三川下达了总攻击令。

　　美军驱逐舰"帕特森"号突然在正前方发现一艘舰船黑影，那是一艘未判明的舰船正在进港。"帕特森"号立即用无线电发出警报，但为时已晚，一架日机已经凌空投放了照明弹，周围一片通亮，把美舰"芝加哥"号和澳舰"堪培拉"号的舰身映得一清二楚，令人毛骨悚然。

　　日军舰队看准了机会，迅速用主炮轰击。日舰"鸟海"号、"青叶"号、"古鹰"号抓住这稍纵即逝的一刹那，将炮弹打在"堪培拉"号的左舷上。很快，日军在几分钟前发射的鱼雷也发挥了威力，该舰右舷被两雷击中，舰体向右倾斜十度，火灾蔓延到整个上甲板，浓烟滚滚。"堪培拉"号顽强地回击了两条鱼雷和几发炮弹后，主机就不转了。一些伤重而生命垂危的水兵仍在挣扎着把烈火烤得灼热的炸弹抛到海里去，以防引起连锁爆炸。焚烧的甲板上布满了尸体，舰长也被击毙。慢慢的，对"堪培拉"号的拯救工作被证明是一场徒劳，不可救药的"堪培拉"号终于还是沉入大海。

　　美巡洋舰"芝加哥"号舰长、接替去开会的克拉奇雷暂任"南区"指挥官的包德上校正在蒙头大睡。此时在这炮声震荡海面，闪光划破夜空的激战之初，包德上校被唤醒。他在朦胧中听到了瞭望哨的飞报："右舷发现鱼雷航迹！"紧接着，瞭望哨发现左前方又有鱼雷扑来。"芝加哥"号一会儿右掌舵，一会儿向左转，力图在鱼雷航迹中穿来穿去，但终未能逃脱厄运——"芝加哥"号的舰首被一条鱼雷击中了。

　　鱼雷很快发挥了作用，随着一声巨响，爆炸掀起的水柱使前甲板涌满了海水。几乎是在同一时间，"芝加哥"号的前桅又被日军巡洋舰发射的一发炮弹击中，舰面弹片横飞，烈焰冲腾，死伤惨重。"芝加哥"号的舰长无可奈何地命令"芝加哥"号暂时脱离编队，孤独地向西安全地带缓慢行驶，宛如一堆漂浮在海面上的废铁。

　　"帕特森"号最先发现日军舰队，在用无线电发出警报之后，"帕特森"号便立即投入战斗。舰长瓦克中校由于没有利用任何扩音设备就立即高喊"发射鱼雷！"，在那样混乱的环境下，下面的人压根儿没有听到他的命令。"帕特森"号与美军部队展

山本五十六

306

开了一场炮战，在激烈的炮战中，"帕特森"号以高速作"Z"字运动，但仍被日舰击中一弹，打燃了副炮弹药仓，即刻，美军的两门炮被炸成了哑巴。

在"南区"的激战中，日军舰队发射的鱼雷击中了三条美军军舰，同时还倾泻了大量炮弹，美军舰队编队溃不成军。相比之下，三川舰队主动出击，攻势猛烈，却未损一根毫毛。第二天凌晨，日本舰队分成两支，开足马力，驶向"北区"。

由于南北两区的巡逻舰相距较远，在遭到突袭时，双方无法迅速联合，配合作战。这是克拉奇雷所布阵势的弊端之一。更糟糕的是，被打得晕头转向的"南区"美澳舰只没有将敌情转告"北区"巡逻队，因而当"北区"巡逻队面临极大的危险时，竟还蒙在鼓里。北区还没有得到三川进攻的情报，三川编队却已经兵分两路，在夜幕的掩护下，向"北区"猛扑过来。

天刚过子夜，当"阿斯托里亚"舰长威廉·格瑞曼上校还在熟睡时，旗舰"鸟海"号强烈的探照灯光捕捉住"阿斯托里亚"号，并果断向其开炮。"阿斯托里亚"舰长威廉·格瑞曼上校从睡梦中惊醒，此时，从"鸟海"号上发射的炮弹已经暴雨般倾泻而来。"阿斯托里亚"号变成一片火海，成了黑暗中日舰十分醒目的活靶子。被炮弹击中的"阿斯托里亚"号很快失去了战斗力，舰上设备也遭到严重毁坏，航速大减，伤亡相当惨重，当已经奄奄一息的"阿斯托里亚"号用尽气力向"鸟海"号发出最后一次齐射时，灼热的大火又引起副炮弹药库爆炸，"阿斯托里亚"号最终沉没。

三川中将紧接着又派出日舰"青叶"号从后方接近了美舰"昆西"号，在距美舰"昆西"号不远处，日舰突然打开探照灯，把"昆西"号照得通亮。日军随即进行凶猛的齐射。"昆西"号舰长穆尔上校下令向亮着探照灯的日舰开火，同时向"鸟海"号、"古鹰"号射击。"昆西"号的炮击很有成效，"鸟

307

海"号被击中，其中一弹将三川参谋人员的海图室击毁，几十人被炸死。

就在形势渐渐好转之时，美军又一次出现了决策性错误。两次齐射之后，"昆西"号舰长后悔了，他坚信这是在自相残杀。舰长马上下令打开识别灯，但是青年军官坚决反对。战斗还在继续，"昆西"号舰长却和青年军官你一句我一句地争论起来。正当他们争执不下的时候，右转中的"昆西"号被一发炮弹击中，舰上飞机起火，该舰顿时成了黑暗中一支巨大的火把，可怜的"昆西"号立刻召来了"鸟海"号及"古鹰"号等舰的交叉射击，转瞬即逝间成了日军又一个征服的猎物。"昆西"号左舷被一条鱼雷击中，舰首下沉，不久舰体也开始慢慢下沉。"昆西"号葬身海底。

美军军舰相继遭到袭击，没过多久，三艘日舰的强光紧紧盯住了"文森斯"号。美巡洋舰"文森斯"号舰长黎科尔上校大为恼火，他认为这肯定是"南区"巡逻队在同他开玩笑，他命令下属用无线电告诉南区巡逻队不要在这种时候开这种玩笑，马上把探照灯关掉！

然而，下属还没有来得及执行命令，日舰"加古"号的炮弹铺天盖地打来，"文森斯"号舰体腰部中弹，飞机起火，炽热的火焰发出耀眼的光亮，"文森斯"号已经完全暴露在日军的面前。"文森斯"号顽强地开炮还击，但被击中的"文森斯"号已经经不住日舰更猛烈的炮火了。舰长下令右转逃走，但是军舰的左舷又被三条鱼雷击中，军舰的处境相当危险了。

"文森斯"号舰长万分着急，这时，从另一方向射来两道探照灯光，舰长黎科尔上校以为救兵已到，连忙下令在前桅升起军旗，不料驶来的是一艘日舰。军旗的升起使日军更容易分辨目标，日舰看到升起的军旗，以为是将官旗，看来这是美军的重要舰队，于是，日军更是咬住不放，衔尾穷追，决心要打沉它。日

山本五十六

军的火力越来越猛，"文森斯"号舰体逐渐向左舷倾斜，在一片火焰中倾覆沉没了。

在萨沃岛北部海域担任早期预警的"塔尔波特"号舰长加纳罕少校，怎么也不会想到自己的后方会突然冒出敌舰。当日舰"大龟"号、"古鹰"号、"夕张"号组成的一支编队向"塔尔波特"号开火时，加纳罕少校还以为射击他的是友舰，急令打开识别灯，用无线电高呼自己的代号。日舰不知什么原因，忽然停止了射击。正当"塔尔波特"号舰长加纳罕少校以为真的是友军舰队时，"夕张"号又突地向它开炮，"塔尔波特"号只得硬着头皮还击。

"塔尔波特"号在慌乱之中一连发射了四枚鱼雷，可是均没有击中日舰。而自己却被日舰炮火击中，舰面燃起大火，幸而骤雨突起，日舰才放弃追击。"塔尔波特"号歪着倾斜二十度的躯体，于当日下午狼狈不堪地驶回图拉吉港。

此时美"南区"巡逻队已经溃不成军，"北区"巡逻队几乎全军覆灭，三川军一如果在这时乘胜进击，全歼瓜岛美军运输舰船真可谓是探囊取物，易如反掌。然而，就在这千载难逢的关键时刻，袭击珍珠港时南云所犯的纵虎遗患的错误又在三川身上发生了。大喜过望的三川突然下令："全军返航！"

旗舰"鸟海"号加速驶到纵队前头，经"峡口"海峡撤离战场。返航中的日舰队在到达布干维尔海峡前，兵分两路，一路驶返拉包尔港，另一路向卡维恩返航。在向卡维恩返航的途中，日舰被美军潜艇发现，美军潜艇出其不意地向"加古"号发射了四条鱼雷，"加古"号躲闪不及，不久就倾覆沉没了。"加古"号是萨沃岛海战中唯一损失的一艘日舰，它是在凯旋途中，在庆贺胜利的时刻葬身鱼腹的。

萨沃岛海战仅历时半小时，就击沉了盟军四艘巡洋舰，这是瓜岛海面战斗祭坛上的第一批牺牲品。是日军打的一场漂亮仗。

三川军一率舰队回到拉包尔后，受到了当地驻军的热烈欢迎。山本五十六在得到三川军一萨沃岛海战胜利的消息后，向三川舰队拍发了嘉奖电。在以后漫长的浴血拼搏中，日美双方无数钢铁战舰在此倾覆沉没，沉舰遍布海底，因而，这片海底墓地上的水域被称之为"铁底湾"。

山本五十六看着情报部发来的电报："……美军方面重伤巡洋舰一艘、驱逐舰两艘，被打死、淹死或被鲨鱼吞噬的官兵有千人之多，而我军军舰无一重伤、无一沉没，仅几十人死亡。"山本五十六又想起了袭击珍珠港时，南云忠一没有听从渊田的建议，发动第二次攻击，摧毁珍珠港的军工厂、修理设施和重油罐等战略目标，在返回途中也没有空袭中途岛，从而留下了很大的后患。正是由于南云的优柔寡断，才给美军在中途岛一役中创造了更多的"翻盘"机会。

此次三川军一虽然取得了较大的胜利，但是这种胜利并不彻底，将这些稍纵即逝的机会丢掉，实在是太可惜了。山本五十六对三川没有将攻击进行到底，一举摧毁美军的运输船极为不满，因此他一想起这件事，心头便隐隐作痛！山本认为，在这一海战中，三川中将本应当牢记自己的根本使命是歼灭美军运输船队，因为这关系到瓜岛战役今后的前途。

由于三川在萨沃岛海战中缺乏破釜沉舟的决心，结果功亏一篑，从而使他已经取得的胜利果实暗淡无光。据说日舰当时的鱼雷即将用完，而且在日舰攻击完毕后，天色将明，三川中将担心会遭到弗莱彻的舰载机的袭击因而放弃了攻击。令日本人感到遗憾的是，三川对弗莱彻已经率航空母舰撤离瓜岛海域这一重要情报竟然一无所知，因而未能做出正确判断。

日海军在萨沃岛海战中夜袭美澳舰队，大战"铁底湾"，暂时掌握了瓜岛海区的制海权。但是，美海军陆战队仍占据瓜岛一隅，控制着瓜岛机场。在山本的命令下，三川中将几乎每夜都

派出巡洋舰和驱逐舰沿"狭口"海峡直下"铁底湾",把充满死亡和象征毁灭的炸弹倾泻到美军阵地上,炮击结束后又乘黑夜迅速返航。美军士兵将这一攻击称之为"东京快车"。

二战人物

311

第二十章　大战所罗门

　　萨沃岛大战是太平洋海战中一场罕见的海战。在此次海战中，日军可谓是大获全胜，而美军则经历了一场浩劫。

　　8月上旬，日军用飞机进行空中轰炸，他的巡洋舰队和驱逐舰又对瓜岛进行两次震天动地的轰击，炮击后即迅速返航。炸弹的弹片在灌木丛中乱飞，岛上腾起冲天的浓烟和熊熊的大火。对瓜岛的美军进行了试探性的进攻之后，岛上残留的日军受到了鼓舞，当即组织反击登陆的美军，这一次美军的防御组织更加有序，日军反击未获成功。

　　东条英机认为瓜岛战事应当速战速决，于是，他下令把瓜岛地面作战的指挥权移交给陆军。日陆军第十七军军长百武晴吉中将接到命令后，决定与海军协同作战，乘敌军在瓜达卡纳尔立足未稳之机迅速夺回该岛。百武晴吉在研究了瓜岛形势之后，认为只要有六千人就足以夺回瓜岛，于是百武晴吉决定先派一支先遣队去攻击美军，然而，百武晴吉做梦也没有想到，瓜岛此刻拥有近两万名美军士兵！

　　夜里，一木大佐奉命率领的先遣队分乘六艘快速驱逐舰向瓜岛进发。这是一支曾受过专门训练，原准备在攻占中途岛时使用的精锐部队。这一次，胜利的天平开始向盟军方面倾斜。马丁·

克莱门斯率领的十名高级情报员为范德格里夫特带来了日军集结的种种情报。对于日军采取的一系列行动，范德格里夫特已经了如指掌。同时，美军陆战队的无线电网也截获了一份日军急电："援军在途中，万岁！"

凌晨一点左右，一木支队的先遣队向守卫在特纳鲁河口一条四十米长狭窄沙洲上的美军发起了猛烈冲锋。令一木吃惊的是，在日军追击炮、机枪和自动枪声以及日军刺耳的狂叫声中，美军的反应却不大。原来，入夜不久，海岸美军哨兵已经发现了闪闪发光的航迹，一批舰只正迅速向东驶来，他们已经发现一木支队趁黑夜登上了瓜岛。美军依托防御工事，隐蔽不动，待日军冲到近前再一起开火。

在美军猛烈的火力下，潮水一般涌来的日军被打得人仰马翻，死伤无数。幸存者又潮水似的退了下去。第二批日军又展开突击，结果无一日兵能冲到美军阵地的铁丝网前。范德格里夫特少将向来嫉恶如仇，当他获悉日本伤兵竟残酷地杀害了前往救护他们的美军医疗队人员时，勃然大怒，立即下令斩尽杀绝那些日本残兵。在激战中，日本彻底溃败，恐惧而绝望的一木烧掉团旗后开枪自杀了。

此时，三川、百武等已经清醒地意识到迅速占领瓜岛，已是当务之急，他们一致要求由整个日本联合舰队负责掩护支援，再派一支援兵部队登陆瓜岛，力争把瓜岛上的美海军陆战队赶入大海，为一木先遣队报仇。

山本五十六派出第二舰队、第三舰队的大部和驻泊在提尼安岛的第十一航空舰队前往拉包尔岛，加强那里的防御力量。就在美军联合舰队司令部意识到事态发展的严重性时，山本五十六已经亲率联合舰队司令部及其"大和"等舰只，前往特鲁克岛，亲自指挥联合舰队夺回瓜岛。

长期以来，山本五十六一直想抓住机会同美国的太平洋舰队

二战人物

山本五十六

进行一次大决战，他绞尽脑汁，成功地偷袭了珍珠港，但并未完全如愿。在认为必胜无疑的中途岛海战中，南云的四艘航空母舰白白搭了进去，输了个精光。在中途岛失败而归后，山本就一直窝着一肚子火想同美太平洋舰队一决高下。如今美军登陆瓜岛，山本当然不会放过这个决一死战的大好机会：美国太平洋舰队主力为了掩护陆战师和补给船队，必将汇集瓜岛海域。歼灭美国太平洋舰队的时刻来到了！

山本五十六决定将联合舰队主力集结在瓜达卡纳尔岛北方海域。紧接着，近藤中将指挥的第二舰队驶离本土。南云中将指挥的第三舰队以及山本的旗舰"大和"号先后由内海西部南下出击。"大和"舰在驱逐舰和邮船"春日丸"的护卫下驶离柱岛泊地，经丰后水道，绕过佐田岬转向偏东，再经冲岛进入外海，径直向南方驶去。月亮已落，海面一片漆黑。舰队在行进中还要高度警惕着随时都可能出现的美军潜艇。

天近黎明时分，山本五十六从"大和"号上眺望着远方茫茫的大海，完全沉浸在海景中的山本回过神来，他忍不住回头瞭望，日本岛已渐渐从舰队的视野中消失了。这一次日本舰队倾巢而出，这使山本禁不住感慨万千，心中似乎有一种不祥的预感。

日本舰队主要由三部分组成：一支是由第二舰队和第三舰队组成的实力雄厚，拥有航空母舰"翔鹤"号、"瑞鹤"号，战列舰"陆奥"号、"比睿"号、"雾岛"号以及若干艘巡洋舰和驱逐舰组成的瓜岛支援舰队，由海军中将近藤指挥。另一支是由包括田中少将指挥的瓜岛增援运输船团以及三川中将的掩护舰队，外加岸基航空兵的一百多架战机组成的东南海区部队，由海军中将冢原指挥。第三支是由小松中将指挥的远征舰队，主要兵力是九艘潜艇。

山本五十六将联合舰队的兵力组建了五个战术群：以"龙骧"号轻型航空母舰作"诱饵"的牵制群；"雾岛"号为主力的

315

前卫群；南云中将指挥的航空母舰主力群；以战列舰"比睿"号、近藤中将指挥的先遣队；九艘潜艇编成的侦察群以及在后方跟进的瓜岛增援群。

庞大的舰队集结在所罗门群岛东北二百海里的洋面上。"五把尖刀"劈开黎明平静的海面，驶离特鲁克军港。

山本五十六拨起了他的如意算盘：山本要以"龙骧"号航空母舰为"诱饵"，将所有的美舰载机吸引过来，日军可以抓住美机油尽返航的时机，迅速出动南云航空母舰上的全部日机，一举击沉美军航空母舰。日舰队再乘胜挥师，向瓜岛挺进，以猛虎下山之势，直扑"铁底湾"，炮击"亨德森"机场。为了避免留下后患，山本还打算遣送登陆兵上岸，彻底消灭美国海军陆战队，攻占瓜岛机场。山本五十六将他的这一想法称之为"KA"作战计划。

山本五十六的"KA"作战计划一旦得逞，不仅瓜岛上的美军会由于丧失海空补给而陷入坐以待毙的绝境，而且美军还会由于丧失瓜岛这一重要的攻占所罗门群岛的前哨基地，而导致"瞭望台"战役的破产。如此一来，美军面临的将是一场大劫难。

然而，山本五十六的一举一动，都没有逃出美军侦察机和澳大利亚海岸观察哨的眼睛。美军已经接到侦察机发回的报告，对日军的驻军地点和军队组成早已经侦察得一清二楚。澳大利亚皇家海军情报部门的"沿海警卫队"也掌握了日本舰队的最新动向，并立即给戈姆利拍发了警告电："日舰队在迅速逼近！"美军审时度势，开始了紧张的战备工作。戈姆利立即指令弗莱彻海军少将务必保护通往所罗门群岛的航线，并即刻筹划迎敌之策！

"亨德森"机场的飞行员们把自己的部队称作"仙人掌航空部队"，"仙人掌"为瓜岛的密码代号。两个飞行中队的野猫式战斗机和无畏式俯冲轰炸机从"长岛"号护航航空母舰起飞，

在"亨德森"机场降落。远在万里之外的金上将命令刚下水不久的三万五千吨级的战列舰"南达科他"号和"华盛顿"号以及担任护航的巡洋舰、驱逐舰取道巴拿马运河，星夜赶赴所罗门海域，"大黄蜂"号航空母舰也兼程前来为弗莱彻助战。

日军长期以来对瓜岛上的美军驻地实行的突然袭击和夜间"东京快车"摧毁性的炮击，使瓜岛充满了恐怖气氛。美军官兵们由于睡眠不足，导致食欲不振，疟疾流行，病魔缠身。军队的战斗力大不如以前。虽然他们日渐消瘦，但仍然顽强地坚守着阵地。

作为"五把尖刀"中的一把，由日本海军少将田中率领的瓜岛增援群，从特鲁克岛拔锚起航后迅速南下。四艘低速驱逐舰和辅助巡洋舰"禽龟丸"组成的登陆运输船团载运着一大批训练有素的登陆兵进击瓜岛。为该运输船团护航的是田中少将的旗舰"神通"号以及八艘驱逐舰组成的编队。然而，田中南下的行踪很快就被美军发现了。

一架从水上飞机母舰"麦金纳克"号上起飞的美侦察机发现了田中编队，于是他立即向弗莱彻发回急电，报告了田中编队的具体情况："该编队由巡洋舰两艘、驱逐舰三艘护航的日本登陆输送队，正快速向瓜达卡纳尔岛行驶。"

弗莱彻接电后立即行动起来。他马上指挥加强第六十一特混编队在瓜岛东南海域的巡逻。由弗莱彻亲自指挥的以航空母舰"萨拉托加"号为主，外加巡洋舰"明尼阿波利斯"号、"新奥尔良"号和五艘驱逐舰组成的第十一特混编队、由金凯德少将指挥的由航空母舰"企业"号，巡洋舰"波特兰"号、"阿特兰塔"号和六艘驱逐组成的第十六特混编队、由海军少将诺伊斯指挥的以航空母舰"大黄蜂"号为主的第十八特混编队组成了一支具有强大打击力量的特混编队。

此时此刻，这支实力强大的美特混编队正在马莱塔岛以东的

洋面上游弋，枕戈待旦，严阵以待，随时准备出击。

弗莱彻于 23 日下午派出由三十多架轰炸机和六架鱼雷机组成的攻击队呼啸着飞离航空母舰，前往预定海域空袭日军瓜岛增援群。不久，瓜岛上的"仙人掌航空队"也派出二十多架飞机前往助战。一支小小的美国海军陆战队对遥远的南太平洋海岛上的一座丛林机场的突然袭击，本来只是一个无足轻重的军事行动。然而现在，两支空中力量无疑将给日本瓜岛增援群以致命的打击，看来，这次田中似乎难逃厄运。一场决定太平洋战争前途的大海战即将展开了。

美机到达指定地点后不禁大吃一惊，只见海面一片茫茫，日舰船队早已无影无踪。弗莱彻派出侦察机分批次进行搜索，均一无所获，几次侦察都无功而返。原来，老奸巨猾的田中看到自己被美军侦察机发现，顿感事态不妙，为确保船队安全，他已经命令船队"航向西北，全速前进"，将船队规避到美军轰炸机的战斗活动半径之外，使美机连连扑空。随后，由近藤中将指挥的实力雄厚的瓜岛支援舰队也相继转向西北。

由于被派出的美军侦察机均没有发现日本编队，据此，弗莱彻少将断言："在最近几天内不会发生大的战斗。"随后，他便放心大胆地命令诺伊斯率领的以航空母舰"大黄蜂"号为主的一支特混编队到南方加油去了。这一次，弗莱彻犯了一个极大的错误。日军作为"诱饵"的以"龙骧"号为主的牵制群于 8 月 24 日黎明前首先转向东南，早上六点，全部日舰也一齐转向东南。

随着山本五十六的一声令下，日本舰队直接驶往所罗门群岛。日本舰队气势汹汹南下杀来，东所罗门海战处在一触即发的危急时刻。诺伊斯编队到南方加油去了，日军气势汹汹而来，弗莱彻在临战前的关键时刻却少了三分之一的兵力。更令人吃惊的是弗莱彻对山本五十六的大兵压境，竟然毫无觉察。

日海军舰队在大雾弥漫的海面上时隐时现，而美军却对此毫无察觉。没过多久，南云指挥的"翔鹤"号、"瑞鹤"号航空母舰在田中东面四十海里的方位作掩护，此时，田中增援群已驶至位于瓜岛以北二百五十海里处。以"龙骧"号为主的牵制群在南云部队的右前方。

几乎在田中增援群驶至位于瓜岛以北约二百五十海里处的同时，一架由恩德尼岛起飞的水上飞机发现了山本精心设计的"诱饵"——轻型航空母舰"龙骧"号。"龙骧"号是一艘日本建造最早的航空母舰，在此次战斗中，以"龙骧"号为主的牵制群在南云部队的右前方不仅充当"诱饵"，还受命对"亨德森"机场进行空中轰炸。

美侦察机发现目标后，立即将目标的具体情况向弗莱彻发回报告。弗莱彻少将接到报告后将信将疑，此前，他已经派出三批美机前去侦察，但都未发现日本舰队。现在怎么会忽然发现敌军舰队呢？难道这一支是从海底冒出来的吗？弗莱彻马上命令"企业"号立即派飞机进行扇面侦察。这次的侦察结果完全出乎弗莱彻的意料之外，侦察机和轰炸机升空不多时，美军的雷达警戒舰忽然发现很多空中目标，距离一百海里，向瓜岛方向飞驰。

侦察机发回了令弗莱彻沮丧的消息：由"龙骧"号起飞的十几架战斗机和六架轰炸机与从拉包尔起飞的日本轰炸机在瓜岛上空会合后对"亨德森"机场进行了联合轰炸。弗莱彻闻讯后不得不立即采取行动，下令"萨拉托加"号航空母舰上的轰炸机和鱼雷机前往攻击"龙骧"号。但此时，情况对弗莱彻率领的美军来说已经越来越不妙了。弗莱彻紧接着又收到了一连串不祥的情报：

"在'龙骧'号不远处又发现了日军航空母舰一艘！"

"……发现两艘航空母舰，……"

"……又发现日军前卫群的四艘巡洋舰和多艘驱逐舰，

319

……"

日军大军压境，弗莱彻如坐针毡。更令弗莱彻感到恼火的是航空母舰与升空飞机之间的通讯联络极不通畅，他欲令那批攻击"龙骧"号的美机中途转向，去攻击日本的那两艘航空母舰，但是，指挥中心与执行攻击任务的美机根本联系不上，无奈之下，弗莱彻只好组织现有兵力迅速迎敌。从"萨拉托加"号起飞的美机神不知鬼不觉地于下午三点到达"龙骧"号上空。"龙骧"号此时正转向逆风行进，美机抓住这一攻击时机，立即展开了围剿。刹那间，有四颗炸弹在"龙骧"号甲板上爆炸。

美鱼雷机看准时机，与轰炸机进行配合作战，从目标前方同时进入，迅速投雷，顿时有一条命中目标，"龙骧"号全舰被大火和浓烟所笼罩，舰体向左倾斜，转眼间"龙骧"号已不可救药，最终沉没在大海之中。遗憾的是山本五十六的一个如意算盘拨错了，他苦心投放的这只"诱饵"最终落入了鱼腹，而鱼儿却没有上钩。

"龙骧"号成了山本五十六计划中的牺牲品。然而，当"龙骧"号受到美机如狼似虎般的攻击时，南云中将反而喜形于色。他以为美军这次中了调虎离山之计，当一架日侦察机在被击落前发回了美舰编队的确切位置的报告后，南云中将立即派出大批日机对美航空母舰进行首次打击。南云断定，此次必能大功告成。对于这一次出击，南云可谓是信心满满，胜利在握。

日军铺天盖地飞来的轰炸机很快便进入了美军的雷达监测圈，美军"企业"号上的雷达发现了许多空中目标，立刻确定这就是前来进攻美舰的日军机群！弗莱彻急忙下令甲板上待命的飞机起飞前往截击。不久，空中待命的"野猫"式战斗机已达数十架。在弗莱彻的指挥下，"企业"号上的轰炸机和鱼雷机也与"萨拉托加"号上的五架鱼雷机和轰炸机合兵一路，共同前往攻击日本舰队。决心背水一战的弗莱彻已经把全部家底都摊了

山本五十六

出来，押上了他的全部赌注。

日军的俯冲轰炸机和鱼雷机组成的第一攻击波，在战斗机群的掩护下，渐渐逼近美军舰队，等待已久的美机立即迎了上去，双方机群在浓密的云层中摆开阵势，一场殊死的空战就此展开了。周围几千米的天空中充满了飞机刺耳的喧嚣声，天空中火药弥漫。令弗莱彻感到高兴的是，攻击"龙骧"号后返航的美"无畏"式俯冲轰炸机和"复仇者"式鱼雷机也不失时机地赶来参加这场空中恶战。由于美机勇敢地冲击，打乱了日机队形，在日机还没有来得及进入轰炸航线时，就已经有六架战斗机被美机击落。

激烈的空战还在继续进行，几十架日本俯冲轰炸机在混战中突破拦截网，直取航空母舰"企业"号，美军"企业"号在这万分危急的时刻奋力反击。"北卡罗来纳"号战列舰射出的炮弹也在空中频频炸响，纷飞的弹片和黑色的硝烟在航空母舰上空构成一道阻止日军继续行进的屏幕，数架日机中弹后爆炸，但仍然有多架日本俯冲轰炸机接连地突破火网。进入目标的日机快速进行俯冲，在不到五百米的高度上不断投弹。

"企业"号舰长阿瑟·戴维斯海军上校拼命用大舵角急转，规避炸弹。一位美国军官在恐慌之中竟拔出他的手枪朝着直冲下来的轰炸机射击，直到把子弹打光为止。但日机单机鱼贯而入，每隔几秒就有一架不顾死活地进行俯冲轰炸。到了晚上，"企业"号已经被三颗炸弹击中，舰面烈焰腾空，上百人阵亡。

这一次较量，美军和日军均损失惨重，"企业"号的舰体倾斜，舰面上大火升腾，一片混乱。经过消防人员的奋力扑救，"企业"号上的大火终于被扑灭。然而此时的"企业"号已经身负重伤，幸好经过简单的处理后，"企业"号的航速仍可达二十四节，依然可以掉转船头，迎风顶浪，接候返航的飞机。弗莱彻命令一艘巡洋舰和四艘驱逐舰为"企业"号护航，驶返珍珠港

321

二战人物

进行修理。

在此次激战中，"萨拉托加"号为了分散日军的攻击力量，与"企业"号拉大了距离。当"企业"号遭难之际，"萨拉托加"号趁乱逃离，避免了厄运。然而不久，日军又发起了猛烈的进攻，美军舰队又面临着极大的危险。由日轰炸机，鱼雷机和战斗机组成的第二攻击波已经渐渐向弗莱彻逼近。这一次，美军化险为夷了，因为当日机飞抵美舰以西约五十海里处时，忽然发觉燃油即将耗尽，不宜与美军进行正面冲突，日机被迫返航，美舰队幸运地避免了一次日机的致命打击。

弗莱彻决定在夜间向南撤退，以避免与日军夜战，而日军则合兵一处，高速向南追击，但由于没有发现美舰踪影。日舰队不久就开始向特鲁克基地返航了。返航的日本飞行员报告了他们的战绩非凡，驻拉包尔的三川中将认为美国的两艘航空母舰已被击沉，于是立即向曾一度改变航向的瓜岛增援群发出了警报解除的信号，命令他们继续向瓜岛进发。

田中在利用暗夜继续南下的途中命令护航队的五艘驱逐舰先行驶入瓜岛海面，炮击"亨德森"机场，由于从"企业"号上起飞的美机没有找到目标，这批美机在燃油即将用完时，不得不扔掉炸弹和鱼雷返航了，因此日航空母舰"翔鹤"号、"瑞鹤"号在这次海战中安然无恙。另外，田中还派巡洋舰担任掩护任务，利用水上飞机向美军阵地投掷小型炸弹进行骚扰。从"萨拉托加"号上起飞的鱼雷机和轰炸机于下午天将黄昏时发现了近藤麾下的支援群，这支单薄的空中打击力量击伤了日军水上飞机母舰"千岁"号。

25日黎明，美国曼格仑少校率领的"仙人掌航空队"发现了正在向瓜岛航进的日军登陆输送船团。此时的日军距离瓜岛已经不到一百海里。曼格仑少校立即派出数架"无畏"式俯冲轰炸机对日军护航的轻巡洋舰"神通"号进行集中式攻击，大型

运输船"禽章丸"也被炸伤。驱逐舰"睦月"号闻讯后立即赶来救援。

由圣埃斯皮里图岛起飞的美军"飞行堡垒"式轰炸机也嗡嗡地飞来了，但正在救援的"睦月"号舰长烟野健次海军中佐对这种高空水平轰炸机满不在乎。通过这些日子与美军的较量，他从来还没有见过这种飞机曾准确地命中过目标。因此，烟野健次海军中佐丝毫没有将这支空中力量放在眼里。不料凌空而下的炸弹恰恰有三颗命中了"睦月"号，刹那间就把它炸沉了。当人们把落汤鸡似的烟野舰长从海里打捞上来后，他还在那里愤愤不平地说："便宜怎么都让美军给占啦。"

日本海军司令部看到瓜岛登陆运输船队处境险恶，急令田中回撤至肖特兰德群岛的费希港，取消了向瓜岛运兵的计划。东所罗门海战由此落幕。东所罗门大海战粉碎了山本五十六妄图孤注一掷，击溃美太平洋舰队，迅速拿下瓜岛机场的战略图谋，同时也为日军最终在瓜岛一败涂地的结局埋下了种子。东所罗门大海战未能一决胜负，因而新的海空激战又在酝酿之中，一触即发。

二战人物

323

第二十一章　大战圣克鲁斯

日美双方在经过萨沃岛海战和东所罗门海战之后，都在陆海两条战线上加码，争取对瓜岛有绝对的控制权。双方之间的战争愈演愈烈，都在各自谋划，企图不费吹灰之力就能把对手吃掉。不过这只是他们各自的理想，就形势来看，双方可以说是势均力敌，相持不下，这样瓜岛战局成了胶着状态。

胶着状态的持续让日本人心里很不安，为了防止意外的发生，日本人做出了派兵增援瓜岛的决定。日本人在东所罗门海战中的运兵失败让他们吸取了教训，这次增兵瓜岛他们改用了"东京快车"，运兵的时间定在了8月。海上的天气是说变就变，而且8月正是海洋风暴的频发时期，但是日本人顾不了那么多了，8月末就开始运送援兵。没有想到的是，在运兵的第一天，由驱逐舰组成的"东京快车"不知是什么原因，在白天就傻头傻脑地钻进"狭口"海峡，美军"仙人掌航空队"发现了日军，就对日军进行了攻击，日军损失惨重。

日军没有因为这次的损失而止步不前，他们选择了继续运送援兵。天公不作美，白天乌云就黑压压地聚集在海面的上方，到了傍晚，海上起风了，风越来越大，卷起了两米多高的巨浪。日军还在继续运送兵力，浪头越来越大，乘坐登陆艇，做了伪装的

日兵被巨浪所阻，无法上岸。一整晚，海浪都在翻滚着，日兵乘坐的登陆艇在海上随着浪起伏着。

天亮了，呼啸整晚的海浪仿佛是累了，渐渐地平息下来。美国的"仙人掌航空队"出现在海面的上方，巡视敌情。他们发现了伪装的日兵运输艇，没有犹豫，马上发起了攻击，这登陆艇上的日军只有少部分幸存下来，大部分都葬身海底了。

日军运送援兵的计划以失败告终，倒霉的田中少将也因此丢失了官职。日军大本营对这样的失败不甘心，大本营中的将领心中燃烧着熊熊怒火，经过几次会议，最后决定把瓜岛作为日本在南太平洋上的首要作战目标。命令百武晴吉将军在新几内亚方面的作战转入防御，集中力量挥戈对付瓜岛。实力雄厚的第八舰队和东南亚地区航空队的全部兵力都将作为进攻瓜岛的强大后盾。

9月12日的深夜，日军发动了攻击，数千名日军分成三路出击，扑向瓜岛。日军为了能控制整个局面，把重要的攻击地点定在了"亨德森"机场南面可以控制该飞机场的一道山岭上。信号弹从山岭下的丛林中射入高空，明晃晃地照亮了黑漆漆的夜空，看到信号的日本兵，端着明晃晃的刺刀，口中喊着"万岁"，分批冲了上来。美军在日军的猛烈攻击下，被迫后撤。但在第二天凌晨，在巨炮的狂轰滥炸之后，美军发起冲锋，重新占领了这道山岭。

日军对这样失去占领地不甘心，在此后的几天内，接二连三地发动攻击，甚至展开了残酷可怕的肉搏战。美军步兵在他们"仙人掌航空队"的帮助下，成功的守住了这个山岭。"仙人掌航空队"在战斗中大显神威，将日本兵炸得人仰马翻，残存的日兵逃回到了丛林中。战斗结束后，山岭上尸横遍野，血流成河，此后，这道山岭便以"血岭"而著称。

屡攻不克，惨遭痛击的战斗，使日本人渐渐感到此战非同小可，胜败的结果必将牵动全局。当时的一份日本文件曾这样写

道："重新占领瓜达卡纳尔的成败……是敌胜或我胜道路上的转折点。"

为了能得到最终的胜利，日军大本营决定再次迅速增援瓜岛，发起决定命运的最终进攻。

战争的局势变得紧张起来，为了鼓舞美军士兵的士气，美太平洋舰队司令尼米兹乘坐"空中堡垒"亲抵"亨德森"机场。美军也在大量的派增援的部队上岛，短短几天功夫，美军的地面兵力已超过两万人。与此同时，大批武器装备也源源不断地运到岛上。

百武晴吉将军也要去瓜岛亲自坐镇指挥，他制定的作战计划是集结两万多人，跨过马塔尼考河发起进攻。让他没有想到的是，美军却先于他发起了进攻。战斗持续了两天，结果是日军丢下了千余名死去士兵的尸体，再次大败而归。百武晴吉给大本营去电，要求再次火速增援瓜岛。美军戈姆利将军也从日军的大规模进攻中认识到，瓜岛之战是一场重大战役，它决定着最后的战争，因此，戈姆利将军也迅速向瓜岛调兵遣将。

双方停战后不久，数千名全副武装的美军士兵乘坐运输船和驱逐舰，从新喀里多尼亚的努美阿拔锚起航，前往瓜岛实施增援。这个时期，日本海军的"东京快车"一场活跃，瓜岛的制海权仍掌握在日本人的手里，因此，弗莱彻对运兵一事格外小心。

为了做到万无一失，他派三支海上支援舰队为登陆输送船队保驾。一支是以航空母舰"大黄蜂"号为核心的特混编队，在"亨德森"机场西南方向的海域集结待命；另一支是以战列舰"华盛顿"号为主力的战列舰群，在马莱塔岛以东海域伺机而动；第三支是美海军少将诺曼·斯考特率领的特混编队，作为运输船队护航的前卫舰队。

斯考特率领的这支前卫舰队拥有重巡洋舰"旧金山"号、

"盐湖城"号，轻巡洋舰"波伊斯"号、"海伦娜"号和驱逐舰。这些战舰不但都装有雷达，而且舰上的水兵还经过集中的夜战训练，专门用来对付猖獗一时的"东京快车"。他接到的命令是：搜索并击毁日军的舰船和登陆艇，以进攻行动保护美军的登陆输送船队。

日本"东京快车"在海上的猖狂，终于让戈姆利决定对它实施一次严厉的惩罚性打击。但是，让美军没有想到的是日军也在同一天，准备向瓜岛进行大规模增援。一列"东京快车"在当日的午夜开始运送日陆军第十七军军长百武晴吉中将和一批部队前往瓜岛。

这列"东京快车"包括：第二师团一部分官兵乘坐的驱逐舰以及该师另一个大队的乘坐水上飞机母舰"日清"号、"千岁"号。除了第二师团的官兵，这些舰艇还载运百武晴吉手下的大部分炮兵，坦克、充足的弹药和医疗物资。"东京快车"的行进路线是穿过"狭口"海峡，在塔萨法隆格角登陆，指挥官是第十一航空母舰支队司令海军少将定岛。

后藤少将的接到的任务是掩护定岛少将，重巡洋舰"衣笠"号、"青叶"号、"古鹰"号和两艘驱逐舰合编而成的第六巡洋舰支队归他指挥。除了负责掩护定岛少将之外，他还一个任务就是以毁灭性的炮火从海上摧毁"亨德森"机场。

在双方运兵的这一天，一架美军远程巡逻机在瓜岛西北方向处发现了日军庞大的"东京快车"正在向瓜岛逼近，巡逻机立即发回警报。斯考特接电后马上率舰队向埃斯帕恩斯角——萨沃岛一带海域前进。在前进的途中，斯考特又接到两次巡逻机发回的发现日军的急电。

晚上，月亮没有出现，海面上升起了浓重的雾气。这时斯考特接到的报告是：日军舰队距萨沃岛已经不到一百海里。而此时的斯考特正以高速朝萨沃岛猛进，试图抢在日军前面，严阵以

山本五十六

待。接近午夜的时候，斯考特率领的舰对已经绕过瓜岛西海岸，向埃斯帕恩斯角挺进。为了知道日军的方位，斯考特命令巡洋舰的侦察机起飞，前往搜索日舰。

可是没有想到的是，一架正准备起飞的美侦察机忽的燃起了大火，火光照亮了黑沉沉的海面。斯考特很是恼火，马上派人去查，到底是怎么回事。这种事情无疑等于是自我暴露，等于直接给日本人送情报，后果不堪设想！后来那边传来报告，是"盐湖城"号上的飞机发生了照明弹事故。

而此时，庞大的日本"东京快车"，正兵分两路，从瓜岛北面和西北面海域渐渐逼来。后藤少将这指挥着他率领的舰队，在雾气蒙蒙的海面上像个"幽灵"似的小心翼翼地前进。夜越来越深，后藤率领的舰队已经到达埃斯帕恩斯角西北距斯考特舰队只有几十海里远了。突然，后藤看到了一团火光，这火光其实就是斯考特那边飞机的照明弹燃烧，但是后藤却坚定的认为这是日本第二师团在登陆海滩上点起的篝火信号。

惊喜万分的后藤马上命令舰上的信号兵用闪光灯和对方联络，信号打了过去，可是对方迟迟没有回答。后藤身边的副将起了疑心，认为可能是美军，就劝说后藤不要擅自行动。可是，后藤不听副将的劝言，坚信美国舰队是决不敢在黑暗中向擅长夜战的日军挑衅的。而且后藤也想，即便是美军舰艇在登陆海区，也可以通过闪电灯信号把他们引出来，在夜战中将其歼灭。

海面上的雾气随着夜色的加深越来越浓，日舰闪电灯的微弱信号没有穿透过雾气，让美军发现。双方在黑暗的海面上继续摸索着接近。

"发现目标，方位二百八十五度，距离六海里。"

斯考特接到了敌情报告，他暗暗叫苦——日军舰队就在眼前，可他的先头驱逐舰队在刚才已经脱离了队形，黑暗中又有浓重的雾气，根本就看不到他们的影子。其实斯考特大可不必担

二战人物

329

心，日本人那种猫一般的夜战眼睛在浓浓迷雾的暗夜中也丧失了视力，后藤舰队正处在"盲人骑瞎马，夜半临深池"的境地。

日军舰队和美军舰队在逐渐地接近，近了，近了，近了……日军没有发现美军舰队，就像在萨沃岛遭到奇袭的克拉奇雷的舰队一样，完全蒙在鼓里，这正是斯考特进行攻击的绝妙时机！

接近到了最佳射击方位，"海伦娜"号首先开火，其他美舰也相继跟随，大炮小炮一起朝日军的舰队招呼去。刹那间，炮火的光芒划破黑暗的夜空，划开浓重地雾气，炮声震撼海面。日军舰队行驶在最前的舰是后藤少将所在的"青叶"号，它突然被照明弹照得雪亮，成为显眼的目标，首先遭到美舰"盐湖城"号、"波伊斯"号、"海伦娜"号的集中炮击。

一发炮弹落在了"青叶"号上，舰上顿时腾起一团火球，舰上的士兵乱成一团。在惊恐和混乱中，后藤以为这炮弹是定岛指挥下的日舰发射的，因而特别恼火。他气势汹汹地传令，让个舰队相继转向，脱离接触，以其能摆脱炮弹的袭击。没成想命令刚刚下达，一颗重炮弹便在他的旗舰"青叶"号的瞭望台附近，"轰"的一声，猛烈爆炸了。舰上顿时火团腾腾，后藤也被炮弹的弹片击中，这位日本少将临死前还以为自己是遭到了日舰误击。

美军的炮火把日舰打得是晕头转向，还没有搞清目标在哪，就胡乱的放了一通炮火。等他们发现时，他们的主立舰只重巡洋舰早已经是腾起大火，遭受重创，只有两艘重巡洋舰发现情势不好，擅自转向，逃脱了美军舰艇雨点般的炮弹轰击。

这时美军"旧金山"号向斯考特报告，发现在西北方向有一艘神秘的舰与其并行，斯考特看了自己舰队的分布图，发现不是自己方的舰队，他感到十分困惑。就在疑惑不解时，这艘身份不明的舰向"旧金山"号发出奇怪的红、白两色灯光，这一愚蠢之举立即露出了它的马脚。"旧金山"号打开探照灯一看，认

出这是被打得破烂不堪毫无防御能力的日驱逐舰，几乎在这同时，所有的美舰都看到了这艘日舰，他们集中火力，炮弹铺天盖地朝日舰打去，这艘愚蠢的日舰没两分钟就发生了爆炸，沉没于海底了。

炮火停了，海面上一下子寂静下来，又恢复成黑漆漆的样子。日军和美军都在海面上潜伏着，等待着一丝的契机。斯考特大意了，他命令各舰打开识别灯，编成单纵队，再发起攻击。可是这个举动却给了溃不成军的日舰一个机会，他们向有信号指示的美舰发起了炮火反击，并用了鱼雷。

日军的反击只持续了几分钟，海面上就突然地沉寂下来，一会听见舰艇向远处驶去的声音。原来他们发现后藤阵亡后，便仓皇逃窜了。

这次深夜海战，日军要比美军损失相当。但是，这场海战对美军而言有很大的意义，美军首次击溃了日军的"东京快车"，使自称为夜战行家的日本海军损兵折将；又粉碎了日军对"亨德森"机场进行夜间炮击的企图。

在特鲁克的山本五十六连续接到了坏消息，埃斯帕恩斯角海域日军"东京快车"大败而归；定岛的增援部队和物资被美机炸得一塌糊涂，他的心情可想而知。在瓜岛的拉锯战中，日本海军在战斗中的每况愈下，没有取得过让他满意的胜利。他给堀悌吉写了一封信，内容是这样的：

"这里诸事相当棘手，非短期内所能奏效。在瓜岛之争中，美国也付出了相当的牺牲，断不会就此息鼓收兵。近已拉开寸步不让之势，可见其决心已定，誓决雌雄。形势的发展正如我们当初之所料。事已至此，我方也只得针锋相对，破釜沉舟，背水一战了。回顾当初，我已进言再三，陈述意见，无奈，那些视希望为结果的乐观家们，执意不从。但愿他们是幸运的……"

山本对战局的发展产生了悲观的情绪，但是他认为：他还没

有输，他手中还有实力雄厚的联合舰队，他还在做着"时来运转"的美梦。几次失败让他决定对美军实施报复，他要派出最强的阵容。

这是自中途岛海战以来日军派出的阵容最为强大的舰队，舰队将为第二师团的日兵登陆瓜岛提供火力支援。第二师团的日兵将配合瓜岛百武中将发起的进攻，并占领"亨德森"机场。除了对陆上进攻提供活力支援，如果美军太平洋舰队胆敢露面，也要让美军有来无回。

日本大本营对这次作战充满了必胜的信心，因为在他们看来，这次陆海联合进攻，夺取瓜岛的作战计划制定的是那么完美无缺。他们认为"把美军赶出所罗门的日子已经为期不远了！"山本五十六在舰队集结完毕后，视察了。他看到己方威武的舰队，也盲目地开始自信，认为尽管美国人在瓜岛的几次战斗中取得了胜利，但是他们也要招架不住了。只要用强大的联合舰队这只"重锤"一敲，美军就会全线崩溃。

危机向美军一步步逼近。美军太平洋舰队的司令尼米兹海军上将在观察形势时说："形势确实很危急，但并非毫无希望。"他最担心的问题是关于南太平洋部队和地区的将帅问题。平心而论，戈姆利的资格很老，也有过很多功劳，是一位小心谨慎、勤恳的人。但是他的小心谨慎往往会成为他的绊脚石，使他缺乏在艰苦环境中激励士兵士气的品质。特别他一开始就对瓜岛登陆持有怀疑态度，这当然对指导战争是极为有害的，因而他不适合担任这次战斗指挥官。

经过几番考虑商讨，尼米兹与他的参谋人员一致认为：越是在形势危急的时候，就越需要有一个更积极、更强有力的指挥官。海军中将哈尔西无疑具有这项特点，因此，决定南太平洋部队和地区司令这一职务由哈尔西担任。瓜岛的争夺战已经处于白热化，美军的处境岌岌可危。尼米兹在这个时候断然起用哈尔

西，可谓知人善任。

一般美军大都知道哈尔西，他有个知名的外号"蛮牛"。但他骁勇善战、敢打敢冲、胆大心细，可以说是一位充满自信而又积极进取的战将。

哈尔西出生于 1883 年，他选择海军这个职业和他的父亲有很大关系，他的父亲是一位海军上校。在 1900 年的时候，哈尔西就考入了海军军官学校，在之后扩建海军的年代里，他提前从学校毕业，到战列舰"密苏里"号上服役。第一次世界大战前，他已经是一名合格的驱逐舰舰长。在第一次世界大战期间，哈尔西被任命为一支驱逐舰编队的指挥官，因为出色的完成上面交给的任务，获得了海军十字勋章。

多年的指挥驱逐舰生涯，让哈尔西对舰有了深刻的认识。他认为，飞机在将来的海战中占有首要地位，因此他又去彭萨科拉海军航空兵学校学习。刻苦的学习让哈尔西提前获得了飞行员证书，1938 年，他被任命为"萨拉托加"号航空母舰舰长。没多久，又被任命彭萨科拉海军航空兵学校的校长。1940 年，他晋升为海军少将。

哈尔西成为南太平洋的美军指挥官，让美军官兵兴奋。他们从藏身的战壕中爬出，跳着笑着。

哈尔西接到就职命令后，马上就去了在设努美阿的司令部。没等第二天，他就去瓜岛视察，部署兵力。在他上任的第六天，日本人就发动了猛烈攻势。美军抵挡了日本人的攻势，战事才停两天，大规模的圣克鲁斯大海战便爆发了。

日本联合舰队已经准备就绪，出发前，山本五十六来到舰队的官兵前面训话。他说："你们作为大日本帝国的栋梁，要不辱使命，竭尽全力取得胜利，报效天皇。"

基本上舰队的使命就是在百武将军拿下瓜岛机场后，先遣舰队冲进狭窄的海峡炮击瓜岛，消灭岛上美军。在完全占领瓜岛机

二战人物

场之后，日舰载机立即进驻，日海空力量将全力以赴地捕捉并歼灭所罗门海区内的美舰队和增援兵力。并且，一旦陆军占领瓜岛机场，立即发射绿、白、绿三颗信号弹。海军见到信号后，水面舰只马上出动，配合战斗。

日本联合舰队从特鲁克拔锚起航了，他们浩浩荡荡地奔赴瓜岛，舰队被命名为"瓜达尔卡纳尔支援队"。其中包括海军中将近藤兼任指挥的先遣队和南云中将指挥的航空母舰编队，共拥有"翔鹤"号、"瑞鹤"号、"瑞凤"号、"隼鹰"号、"飞鹰"号航空母舰；"金刚"号、"榛名"号、"比睿"号、"雾岛"号战列舰，外加巡洋舰和驱逐舰群。

然而，这只是日本方面的一厢情愿，不仅日军在准备，瓜岛的美军也进行了充分的备战。这就使瓜岛日军攻占"亨德森"机场的任务变得极为艰巨。时间是一拖再拖，原本定好的战斗结束时间，结果到那天战斗还没打响。还不容易准备进攻了，右翼的川口部队却没有到达集结地点，丸山将军满腔怒火，当即撤除了川口的职务，总攻时间又被迫推迟了。

这时的日军联合舰队已经在海面上巡航了两个星期了，山本按捺不住了，通知瓜岛陆军：如果不立即夺取瓜岛机场，联合舰队将因燃料不足而马上撤退！

接到山本通知的百武晴吉中将慌了手脚，立即命令部队发动进攻。并同时夸下海口："当天夜晚就可以占领瓜岛机场！"

夜幕降临了，丛林、海洋和天空都笼罩在夜幕之下，瓜岛瞬间就寂静下来，这种风雨欲来的寂静让人的心里七上八下。第二师团的进攻开始了，天气仿佛也在配合着空气中的气氛，一道闪电划过天际，雷声紧跟而来，大雨瞬间就下了起来。

攻击的命令已下，日本兵冒雨爬出藏身的树丛扑向美军阵地。美军抵挡住了攻击，日本兵没有放弃争夺胜利，一批又一批的日本兵陆续扑了上来，发起一次又一次冲锋。在日本兵不要命山本五十六

335

的攻击下，美军几处阵地被日兵突破，丸山兴奋异常，没有等到最后的结果就发出"已经攻占瓜岛机场"的电报。可是，美军没有放弃被占领的阵地，对于突入阵地的日军，给予打击。枪炮用不上，就近身搏斗。

美军强悍的炮火攻击让日军狂热的第二师团武士们也胆战心惊，他们在攻击过程中，看到了自己的同伴的尸体，有时是整整一个纵队还保持着行军时队列的尸体。久攻不下，第二师团溃败到丛林中隐蔽起来，丸山向百武发电："攻占机场尚有困难。"

不知是什么原因，一名执行侦察任务的日本飞行员向联络官发出捷报，说看到了绿、白、绿三颗信号弹。联络官接到报告后很高兴，马上就向山本报告："我军已经占领瓜岛机场。"

山本这边接到报告，马上命令强大的炮击舰队出动。不料，舰队出动不久，就来了第二份报告："飞机场还在美军的手中，战斗仍在飞机场附近继续进行。"到了后来，联络官干脆来电：前两次报告有误。

山本听到这样的报告十分恼怒，但是他也没有办法，只好赶紧制止从海上炮击瓜岛的行动。日军舰队停泊在瓜岛的北面，静观战况的发展，等待命令。

日军的攻击已经进行了一夜，还在持续进行着。到了第二天下午，驻瓜岛的联络官报告："因为地形复杂，部队调动困难，几次进攻都失败了。"山本闻讯，气得是两眼乱冒金星。

几次攻击的失败，让老奸巨猾的山本意识到，一场恶战已经不可避免，而且是航空母舰之间的大战。他那被几次失败引起忧虑的心房又微微紧缩起来，他看着那地图，不断地推测："美国海军的航空母舰究竟在哪里？"

瓜岛的血战正在寸土必争，哈尔西已经派出他的全部兵力来到瓜岛海域助战。到了第三天黎明，美海军少将金凯德指挥的由航空母舰"企业"号、战列舰"南达科他"号、巡洋舰"波特兰"号、"圣胡安"号以及几艘驱逐舰组成的第十六特混编队，开到了瓜岛东南的海面上。

同时，美海军少将莫雷指挥的由航空母舰"大黄蜂"号、巡洋舰、驱逐舰组成的第十七特混编队也向同一方向急驶。这两支特混编队奉命在圣埃斯皮里图岛东北偏东方向会合，在圣克鲁斯群岛以北海区巡航，随时准备截击可能出现的日本舰队。

晚上，山本五十六不耐烦了，两次向部属发出通报，通知百武中将在夜间再次向瓜岛机场发动猛攻。这样，美军舰队为了支援瓜岛，很可能在东北海域出现，到时联合舰队会设法将其消灭。山本严令日机，不论天气和美机的活动情况如何，日机都要继续侦察和追踪，务必查明美舰的数量和类型。

夜越来越深了，丸山将军指挥瓜岛上成群的日本兵趁着夜色钻出丛林，分两路发动"最后的决死进攻"。他们冲入美军的火力网中，强大的火力网让日军的进攻在次以失败告终，丸山狼狈而逃。这在第二师团的战史上也是空前的惨败，至此，日军攻占瓜岛机场的计划已经彻底成为泡影。

山本还没有收到瓜岛陆军传来的噩耗，海上的日舰队又突然处在危急之中。凌晨时，美侦察机向上级报告，说发现日本舰队，方位西北。三小时后，还是同一架美侦察机报告，说发现航空母舰一艘和其他类型军舰六艘，方位同前。

美侦察机先发现了日舰队，这是很有价值的情报，它为美军舰队实施先发制人的进攻提供了可能。可是这份很有价值的情报，金凯德没有收到，日军舰队躲过了一劫。

这份情报没有引起圣埃斯皮里阻岛的美军第六十三特混编队司令部的重视，天快亮时，才经由这里转发给远在努美阿的哈尔西。哈尔西一接到这份情报，迫不及待地发出指令："进攻！进攻！再进攻！"可是就在哈尔西接到情报时，也不知是哪一环节除了差错，金凯德还是没有收到发现日本舰队的报告。

山本五十六

没有办法的金凯德，从"企业"号上派出了十多架美侦察轰炸机，分三组成扇面形，在一定海域内进行搜索。天亮了，美军侦察机首先发现了南云麾下以战列舰"比睿"号、"雾岛"号为主力的前卫群；紧接着，又发现南云指挥下的航空母舰"瑞凤"号，这艘日军航空母舰距离美军的"企业"号非常近，在"企业"号的西北方向。

就在美侦察机发现日军舰队时，南云舰队也发现了美侦察机是舰载机，南云忠一接到报告，他预感美军的航空母舰就要出场了，便立即在"翔鹤"号、"瑞鹤"号、"瑞凤"号的甲板上部署了几十架日机，准备随时出击。

才刚刚部属完毕，日军侦察机也发来了紧急报告："方向东南，发现美军航空母舰一艘和其他类型军舰五艘。"

日机起飞了，兴奋地吼叫着，箭一般的射向天空像美舰队扑去。不久，近藤中将麾下的"隼鹰"号航空母舰也派出了十几架舰载机，前往美舰所在海域，实施攻击。

日舰载机刚刚离舰奔美舰飞去，美军的第三侦察机组的轰炸机就飞临在南云舰队的上空。轰炸机是斯特朗海军上尉和欧文驾驶的，他们隐蔽地向日军轻型航空母舰"瑞凤"号袭来。"瑞凤"号也发现了美军轰炸机，就迅速掉头躲避，同时放出浓浓的烟幕，企图掩护自己。

轰炸机扔下了数枚炸弹，大多没有打中，但是仍有两枚炸弹准确击中了"瑞凤"号，舰尾起火，飞行甲板也被炸开一个十几米长的裂口。"瑞凤"号的损失不算严重，因为舰上的飞机大多数已经奔美舰而去，但是航空母舰已经无力投入战斗了。至此，日军可以作战的航空母舰只剩下了三艘。

上午，日军航空母舰"瑞鹤"号和"翔鹤"号上又起飞了二十多架轰炸机、鱼雷机，他们的任务还是同样，前往攻击美舰！

　　情报是否及时很重要，日军发动的空中攻击比美军特混舰队发动的攻击早了二十多分钟。谁发动攻击，谁就占有主动权。美军"大黄蜂"号和"企业"号的轰炸机、鱼雷机、战斗机也相继起飞，前面的起飞后不久，"大黄蜂"号又派出数架轰炸机、鱼雷机、战斗机。这样，美军就有三组机群向日军航母飞去，可是匆忙的起飞，让三个机群没有来得及编成战斗队形。

　　从"大黄蜂"号起飞的轰炸机和战斗机逼近了日本的"翔鹤"号航空母舰。看见了日本的航母，美军轰炸机不顾一切地向下俯冲，炸弹除了命中"翔鹤"号的飞行甲板外，还命中舰尾部升降机附近。"翔鹤"号的舰长见事态不妙，就命令调转船头，撤出战斗。美军的这次轰炸让"翔鹤"号在以后整整九个月内都无法参加战斗。

　　就在美机攻击日军舰队的时候，美国航空母舰的位置也被日军发现了，日军派出的轰炸机和战斗机飞向目标。美军在他的航空母舰上面也战斗巡逻的"野猫"式战斗机，可是由于巡逻区域配置的不合理，它们没有发挥出应有的作用，等它们发现日机时，日机已经向"大黄蜂"号俯冲了。"大黄蜂"也发现了日机，密集的防空火力射向日机，虽然也击落了二十多架日机，但是自己也是多次中弹。

　　战斗异常激烈，火力形成了网状，这时，一架日军舰载俯冲轰炸机在中弹后，实施自杀性攻击，向"大黄蜂"号的飞行甲板撞去。机上携带的炸弹连同飞机一起爆炸了，"大黄蜂"的舰面上腾起一团惊人的烈焰，强大的气浪把舰面上停留的飞机掀翻到大海里，大火瞬间吞没了这艘巨型航空母舰。

　　鱼雷也没有放过千疮百孔的攻击，鱼雷机也对着"大黄蜂"发射了鱼雷，倔强的"大黄蜂"还是不肯入水。到了傍晚，后来的日本舰又发射了几条鱼雷，这艘美军主力航空母舰才沉入大海。

339

山本五十六

　　日机也没有放过"企业"号，最开始直奔"大黄蜂"号，是因为"企业"号恰好躲在一块厚厚的积雨云下方，不利于日机发起攻击。"大黄蜂"号遇难不一会儿，天空中的热带雨云吹散被海风吹散，"企业"号航空母舰也就暴露在日机的面前。

　　同样，日机对"企业号"发动了猛攻。"企业"号防空火力较强，所以日机没能向打击"大黄蜂"号那样顺利。这又是一次前赴后继的殊死攻击，一架被"企业"号击落，另一架又马上跟进，"企业"号的强大火力持续的击落日机。剩余的日机还在重组编队，向"企业"号袭来，幸运没有一直伴随着"企业"号，它也深受重伤。双方混战，日机占有明显的优势，"企业"号趁乱逃出了战场。

　　自从太平洋战争开战以来，日美双方进行了四次航空母舰之间的海空厮杀。头三次是珊瑚海大海战、中途岛大海战、东所罗门大海战，而这次的圣克鲁斯大海战是日美双方在战略相持阶段中，进行的又一次航空母舰之间的大搏斗。海战以日本胜利告终，美军的损失要比日军多上很多。但是日军损失了近百名训练有素，实战经验丰富的飞行员，这对日军联合舰队来说，是一个无法弥补的损失。而正是这个原因，山本五十六在战斗结束后解除了南云忠一的职务。

　　日本人在圣克鲁斯大海战中取得胜利，是他们在整个太平洋海战中取得最后可以称道的胜利。但是，就算取得了胜利，日军大本营制定的陆海联合进攻占领瓜岛的计划流产了，山本五十六妄图通过这次海战彻底击溃美舰队的梦想也破灭了。

第二十二章　瓜岛大撤退

　　瓜岛的血战已经持续了四个月之久，日美双方各有胜负，成了僵局状态。双方都在对瓜岛增援，也都在想方设法阻止对方的增援，可惜都没有成功。日美军方都为此焦虑不安，加紧酝酿进行最后的决战。

　　久拖不决绝对不是山本五十六的性格，在停泊于特鲁克的豪华的"大和"号旗舰上，山本五十六为战局的发展而愤怒。老谋深算的山本算计着美军的兵力：自太平洋战争以来，美国损失了"黄蜂"号、"列克星敦"号、"约克城"号和"大黄蜂"号四艘航空母舰，而另外两艘"萨拉托加"号和"企业"号航母也正在船坞中抢修。目前，哈尔西没有一艘航母可以在战斗中使用，他能够指望的只有两艘战列舰。

　　想到美军损失惨重，山本脸上露出了得意的笑。决定乘胜追击，一定要把美国人赶出瓜岛，于是召集幕僚们开会，研究怎样能一举攻克瓜岛的作战计划。战斗的发展让山本知道，要想顺利的夺取瓜岛机场，就要掌握制空权，这才是整个战斗的关键。

　　为夺取瓜岛机场，日本陆军、海军是将赌注一押在押，企图要将前几次失败挽回。这一次，山本准备孤注一掷、破釜沉舟地与美国人大干一场。他计划用十几艘快速运输舰把陆军第三十八

341

师团的一万多人运送到瓜岛增援。这个计划真是大胆，这支增援兵力也是非同小可，因为在过去的几个间，日本人经过那么多次的战斗、增援，至今在瓜岛的兵力不过几千人。

为了确保这批兵力能安全地运送到瓜岛，特意派遣了一支庞大的护航舰队。护航舰队是这样的阵容：海军中将近藤指挥的先遣队，拥有轻型航空母舰"隼鹰"号、"飞鹰"号，战列舰"比睿"号、"雾岛"号、"金刚"号、"榛名"号以及十几艘巡洋舰、几十只驱逐舰；三川中将指挥第八舰队，统率支援群和田中少将指挥的增援群这两支舰队。此外，草鹿中将指挥的岸基航空兵和小松中将指挥的远征队也进入临战状态。

山本和幕僚们制定的整体作战计划是这样的：先由田中率增援群载运登陆部队和补给品先行出发，在登陆部队快到瓜岛前，突击群对瓜岛机场进行毁灭性炮击，为登陆部队开道。而庞大的舰队负责海空支援，在拿下瓜岛机场后，占领整个瓜岛。

这边山本五十六摩拳擦掌，准备大干一场，那边在努美阿的"蛮牛"哈尔西在跃跃欲试，准备倾其囊底，与山本决一雌雄。哈尔西的词典里是没有"退缩"一词的，他决定要尽快斩断日军伸向瓜岛的运输，还要加速对瓜岛的增援。

日美双方都在为这一次的战斗做着积极地准备，但是哈尔西再一次捷足先登，他把数千名的美军陆战队的士兵和步兵分成两批，并定了登陆时间，美军的登陆时间要比日军提前了两天。

美军的第一批增援部队在海军少将斯考特的指挥下，乘坐武装运输船从圣埃斯皮里图岛起航了，巡洋舰"亚特兰大"号和四艘驱逐舰负责护航。在第一批增援部队起航的第二天，美海军少将特纳指挥第二批运输舰群，在两艘巡洋舰和三艘驱逐舰的护航下，离开了努美阿。

同时，为了保证增援部队的能顺利的登陆，哈尔西又派了另一支由海军少将卡拉汉指挥的支援群。支援群包括几艘巡洋舰和

驱逐舰，这队支援群将在圣克里斯托巴尔岛海域和特纳合兵一处，然后一起驶向瓜岛。为了确保绝对的安全，美"仙人掌航空队"的力量也得到了加强。

日本联合舰队的频繁调动没有逃过美侦察机的眼睛，它们首先发现了特鲁克岛、拉包尔港和肖特兰德岛的日军舰船活动与平时不同。不久，潜伏在布干维尔岛上的澳大利亚海岸哨兵也发出了警报："日本大规模舰队正在逼近！"

侦察机和哨兵的警报送到了哈尔西的面前，哈尔西看到这样的报告，本来就对能否安全运输增援部队和补给的紧张神经，变得更加紧张了。他满面愁云，不知派往瓜岛途中的运输舰，能否安全卸载？能否阻止日军大批增援部队登陆？

为了解决这种困境，哈尔西下令把正在努美阿的船坞中等待维修的"企业"号调了出来，海军少将金凯德任指挥官，立即赶赴瓜岛助战。

"企业"号航空母舰接到命令后，带着满身的伤痕，载着抢修的机械师、技师和海军工程兵，艰难地起航了。同"企业"号一起出航的还有没有完全修复的"南达科他"号和"华盛顿"号两艘战列舰以及两艘巡洋舰和十艘驱逐舰。

虽然救援舰队已经起航，但毕竟远水救不了近火。就在救援舰队起航的同时，斯考特指挥的第一批增援船队刚刚在瓜岛落脚，从日本航空母舰"飞鹰"号起飞的飞机轰炸，斯考特被炸了个灰头土脸，但是损失不大。

特纳指挥的第二批增援部队和卡拉汉指挥的支援群，在前进的途中被日机发现，为了赶在日军的前头，他们在凌晨到达隆加湾后，特纳就下了急令，命令快速卸载。特纳的担心没有错，下午还没有卸载完，美海岸观察哨就传来报告："日本轰炸机和战斗机正向瓜达卡纳尔岛飞来！"

特纳马上下令，停止卸载，起锚编成防空队形迎战。与此同

343

时，"亨德森"机场的美机也起飞，前往隆加湾拦截日机。这场空战只有几分钟就结束了，日机不敌美舰上的炮火，最终逃脱了。但是美军方面，一架被美舰炮火击中的日机自杀性撞击上卡拉汉的旗舰"旧金山"号，致使"旧金山"号损坏一些装备，还伤亡数十人。而就在日机逃跑的同时，强大的日舰编队正向瓜岛逼近。

傍晚，特纳率舰船驶往圣埃斯皮里图岛，卡拉汉护送特纳安全出航后，就掉头返航。他把舰队排成一字长蛇阵：驱逐舰"库欣"号、"斯特雷特"号、"拉非"号、"奥巴朗"号领先；巡洋舰"旧金山"号、"亚特兰大"号、"波特兰"号、"海伦娜"号、"朱诺"号居中；驱逐舰"艾伦沃德"号、"巴顿"号、"蒙森"号、"弗列彻"号断后。舰队潜伏在"铁底湾"，随时准备歼击可能出现的日舰编队。

深夜，一支威力强大的日本炮击舰队在阿部海军中将的率领下，气势汹汹、浩浩荡荡地杀向瓜岛。这支炮击舰队的阵容的确很强大，战列舰"比睿"号和"雾岛"号的长就百米多，更不用它们的排水量；而轻巡洋舰"长良"号以及十几艘的驱逐舰也都是设备精良。阿部中将自恃兵力雄厚，认为美军已经没有什么可用的兵力了，更何况日落后，美军那不怎么样的舰队肯定不能待在"铁底湾"，于是放松了警惕。可是万万没想到的事，就是这支不怎么样的美军舰队，已经在"铁底湾"里虎视眈眈，严阵以待，准备在漆黑的夜里给他当头一棒。

美军在瓜岛争夺战开始之后，就研制除了一种新型雷达，并给舰队装备了这种雷达。这种雷达的侦察能力很强，侦察范围也很大。日军没有这种效能极高的雷达，因此，山本五十六在知道美军装备这种雷达后，就非常不安，日军不知道究竟哪艘美舰上装了这种雷达。

这次美军巡洋舰"海伦娜"号就装备了这种新式雷达，它

山本五十六

在预先发现日舰方面起到了作用。凌晨，"海伦娜"号通报各舰："左前方发现日舰编队，距离一万四千五百码，航速二十三节，航向一百零五度。"

这时的日美两支舰队正在接近。忽然，美舰编队领头舰"库欣"号突然发现日驱逐舰两艘，就在前方位置由左向右行进。"库欣"号立即报告了敌情，随后向左转向，准备发射鱼雷，后续各舰也跟着急转。

日舰没有装备雷达，因此，阿部中将对即将到来的大祸一无所知。日机在"亨德森"机场上空投下照明弹，正准备开炮的日军舰队突然发现正前方的美舰编队！紧急通报立即传遍整个日军舰队，阿部中将万分惊慌，因为他的战舰甲板上堆放着轰炸瓜岛机场的高爆炸弹，如果美舰炮击，落下一颗炮弹，那整艘舰都会炸毁的。因此，阿部中将下令，全部火炮换成穿甲弹，接到命令的日本兵慌乱地卸下高爆炸弹，改装上穿甲弹，匆忙做好了应战准备。

卡拉汉趁日舰忙乱时率领美舰冲入日舰中，准备给日舰致命一击。没有想到的是，在这样关键的时候，美舰的通讯系统不好使了，当美军各舰收到攻击的命令时，那两艘先被发现的日舰已经溜掉了。接近凌晨两点的时候，美舰才开始正式攻击，一场钢铁巨舰之间的大混战展开了。炮弹的闪光撕破了夜幕，冲天的火光把黑夜映成白昼。

混战，混战，混战。美军"亚特兰大"号巡洋舰击中了横在其航向上的日驱逐舰，当它准备再向一艘日轻巡洋舰射击时，被日军舰发射的鱼雷击中了。舰体主机损坏，舵机失灵，在海面上原地打转。日舰趁机发射密集的炮击，只见"亚特兰大"号腾起惊人的大火球，斯考特少将痛苦地倒下了，他的参谋人员以及多名舰员也立时毙命。

美舰纵队最前面的四艘驱逐舰，也勇猛的冲向日舰"比睿"

号。美驱逐舰"库欣"号已经中弹，但是它轻伤不下火线，仍紧紧咬住"比睿"号不放，连连发射鱼雷，可惜没有一条鱼雷射中"比睿"号。于是，"库欣"号往"比睿"号方向接近。终于赶上了，正当它准备再攻击时，一道探照灯光罩住了它，日舰密集的炮火立即向它打去，"库欣"号一命呜呼。

美舰"拉菲"号也勇猛的向前冲去，可是冲劲过大，几乎与"比睿"号撞上。千载难逢的机会，"拉菲"号利用这个机会向"比睿"号发射了鱼雷。可惜，两舰距离太近，鱼雷保险装置还没有打开就被"比睿"号雄厚的舰舷装甲弹了回来。攻击没有成功，"拉菲"没有放弃，顽强地用机关炮向"比睿"号的舰桥上射击，"比睿"号当然也反击。"拉菲"号被火力强大的"比睿"号用大口径炮弹和鱼雷击中，很快就起火爆炸沉没了。

向前猛冲的还有旗舰"旧金山"号，它四处出击，先攻击在它右侧的日舰，然后对"比睿"号猛烈开火。但是，四处出击也让它完全暴露在日舰射程之下，它遭到日舰的火力夹击，舰上的卡拉汉少将当场毙命。

日美双方在"铁底湾"交战才十几分钟，美军就失去了斯考特海军少将和卡拉汉海军少将，这两位久经战争考验的舰队指挥官战死沙场，这在以往的海战中是没有出现过的情形。同时，美军一艘巡洋舰和两艘驱逐舰也被击沉。

美巡洋舰"波特兰"号被右侧的日舰射中后，又被鱼雷集中舰尾。舰体不由自主地在水中旋回，等舰体稳定之后，它又向千米之外的"比睿"号开火。

战斗在激烈的进行，美舰编队的后面的四艘驱逐舰也投入到战斗中，虽然它们没有接到战斗命令。

驱逐舰"艾伦沃德"号也作战英勇，它针对一艘悬挂识别灯的日舰，一口气将它击沉，但是当它把炮口转向另一目标时，被后面的日舰击中，炮火指挥仪被击毁。

山本五十六

美舰"巴顿"号也猛冲入到群舰中,在舰群中对着日舰连连发射鱼雷。冲劲太大,为了避免碰撞而急速刹车,不料被后面日舰发射的鱼雷击中,舰体折断,立即沉没。

美军舰队作战勇猛,但是损失惨重。日方的损失也是相当严重的,"比睿"号中弹几十发,遍体鳞伤。舵机和通讯系统损坏,射击能力完全被破坏了。日驱逐舰"晓"号和"夕立"号被击沉,还有一艘遭到重创,除了这些比较严重的,其他各舰也都有不同程度的损伤。

阿部中将在日舰和美舰交战时坐镇"比睿"号指挥,由于交战的初始就被美舰集中射击,致使他对战斗的实际进展根本就没有搞清楚。因此,在双方激战不长时间,他就命令"比睿"号、"雾岛"号向北撤退。他的这个命令虽然是放弃了原定的炮击"亨德森"机场的计划,但是却使他的第一流战舰得以幸存。这场战事,是美军在瓜岛争夺战中这次战局的一个良好开端;可对于日本人来说,则是一个不吉利的开端,山本庞大的作战计划在开始就遭到了挫折。

山本五十六对没有按照计划炮击瓜岛机场很恼火,而后接连的战败,让山本更是火冒三丈,在 1942 年 12 月的时候就将阿部撤职。

阿部的出击以失败告终,但山本并没有接受现实,仍在加紧实行他的作战计划。就在阿部率舰队仓皇回撤的同时,日海军中将三川率领一支新的舰队,从肖特兰德岛出航,前往瓜岛,同样的任务,炮击机场,完成阿部没有完成的使命。而日海军少将田中,也率领增援瓜岛的日兵,从肖特兰德起航了。

日军这支增援兵力也配备了强大的支援舰队。近藤指挥的舰队为主力舰群,包括重巡洋舰"爱宕"号、"高雄"号、轻巡洋舰"川内"号以及驱逐舰九艘;同时把阿部突击群中没有受伤的战列舰"雾岛"号、轻巡洋舰"长良"号和驱逐舰也编了进

去，一起为田中的增援群开路。空中掩护由轻型航空母舰"隼鹰"号和"飞鹰"号以及战列舰"金刚"号、"榛名"号，重巡洋舰"利根"号担任。

山本的这一手，哈尔西好像早就知道。他让金凯德指挥的第十六特混编队以及李海军少将指挥的第六十四特混编队北上，高速驶向瓜岛海域。

黎明准时的到来了，金凯德行驶在距离瓜岛几百海里的时候，命令"企业"号上的部分鱼雷机，战斗机转移到"亨德森"机场去。快到中午的时候，这批舰载机飞临萨沃岛以北海面上方，忽然发现了身负重伤的"比睿"号及其护航的日驱逐舰，立即就对日舰展开围剿。美舰载机从掩护它们的云层中呼啸而出，从"比睿"号的前方两侧发射了鱼雷，命中目标，"比睿"号舵机炸毁。攻击完毕后，这批飞机迅速飞到"亨德森"机场，重新挂满炸弹，略作休整，在下午的时候，与"仙人掌航空队"的飞机合兵一处，对"比睿"号进行了第二次攻击。

这时的"比睿"号如同一条死鱼，正在水面随波逐流，漂浮打转。这正成为美机极好的靶子。美机发射的鱼雷，接二连三地向"比睿"号冲去，"比睿"号被鱼雷震得摇晃不止。从圣埃斯皮里图岛起飞的"飞行堡垒"式轰炸机也把几十枚重磅炸弹向"比睿"号发射去，可惜只有一枚命中。

攻击进行了一个下午，到了黄昏时候，已经分不出是落山的太阳把海面映的通红，还是"比睿"号上燃烧的烈火把海面映的通红。"比睿"号巨舰开始逐渐下沉了，这艘被日军夸为"永不沉没的战列舰"，在经历了一次又一次的攻击之后，终于在"铁底湾"长眠了。这是太平洋战争中被击沉的第一艘日本战列舰。

"比睿"号被美机击沉了，但是日本人进攻瓜岛的锋芒依然咄咄逼人。为了躲开美军侦察，三川率领的炮击队绕道希瓦泽尔岛和圣伊萨贝尔岛之北，向瓜岛海域急驶。

"亨德森"机场面临着一场严峻考验。日军的炮击分队与瓜达卡纳尔岛海岸平行航行，在隆加角附近海域射击。雾时，海面上炮声隆隆，机场上火光闪闪。日舰炮击持续半个钟头，几乎把"亨德森"机场彻底"耕犁"了一遍。这次炮击让美军损失惨重，有十多架飞机被炸毁，还有三十多架飞机被炸伤。转眼之间，形势逆转，瓜岛的美军处于岌岌可危的境地了。

但是，事情还没有结束，日本人还没有来得及得意。黎明的时候，美侦察机传来报告：方位西偏北，距离一百四十海里，发现正在撤退的日本炮击舰队。"仙人掌航空队"的勇士们大喜，报仇的时刻到了。一百余架美机从弹坑遍地的"亨德森"机场艰难地起飞，飞行几个钟头，来到正在凯旋而归的三川编队上空，没有多余的考虑，立刻对日本舰队展开了攻击。日舰发现情势不妙，加速企图逃脱美机的追炸，可惜没有成功。美机是一路追着它炸，日重巡洋舰"衣笠"号和轻巡洋舰"五十铃"号中弹多枚。

"企业"号航母上也起飞了战斗机和轰炸机支援"仙人掌航空队"，三川编队又遭到攻击。遍体伤痕的"衣笠"号此时中弹起火，没有过多的在海面上停留，仅数分钟就沉没了。重巡洋舰"鸟海"号、"摩耶"号，轻巡洋舰"五十铃"号和一艘驱逐舰都遭美机轮番轰炸，伤势很重。凯旋而归的三川转眼之间又变成了大败而逃，角色变换之快令他措手不及，他艰难地率队从美机的轰炸下逃回了肖特兰德基地。

"仙人掌航空队"的侦察机在上午的时候，又发现了大群日本战斗舰艇和运输舰船，这支舰队正是在"亨德森"机场西北方向，沿"狭口"海峡向东南航行的田中增援群。"企业"号上的两架侦察机也发现了田中的这支增援群。山本五十六的巨大赌注，派往瓜岛增援部队和大批补给品已经到了生死存亡的关头。

山本五十六

太阳还没有散发出最热的热度，在战斗机掩护下，"亨德森"机场起飞了鱼雷机、轰炸机，他们的任务是对田中的增援群进行第一次轰炸。第一轮鱼雷机、轰炸机刚刚后退，没等田中的支援群缓过神，"仙人掌航空队"的勇士们又走马灯似的对田中增援群进行了轰炸；正午，几十架轰炸机在战斗机掩护下，又对日军运输船进行了第二次攻击；下午，几十架美轰炸机又分两批对日军运输船进行了第三次攻击。

第三次攻击刚刚结束，第四次攻击就紧跟而来，这次执行攻击任务的是从圣埃斯皮里图岛起飞的"飞行堡垒"式轰炸机。而从"企业"号上起飞的轰炸机和战斗机在萨沃岛西北六十海里处对日军运输船进行了第五次攻击。

美军的攻击是一轮接着一轮，日军运输船上的战斗机也飞向空中，试图拦截美机。日舰上炮火也相当猛烈，但是也招架不住美机的攻击。黄昏，田中的增援群被美机炸得溃不成军，几艘运输船摇摇欲沉。田中马上命令完好的驱逐舰靠拢那些欲沉的运输船，接应船上的人员和给养，然后重整残兵，继续顽强地向瓜岛挺进。

三川和田中遭到美军的攻击的时候，美海军少将李正在瓜岛西南方向的洋面上游弋巡航。他在与金凯德编队分手后，兼程赶赴瓜岛海域，但还是没能阻止三川炮击"亨德森"机场的行动。

下午，李少将接到美空中侦察机的急电："在昂汤——贾伐群岛附近发现日军战列舰，一大型战斗舰艇编队正在向南航行，位于瓜达卡纳尔岛以北约一百五十海里。"

南下的日军舰队是近藤指挥的突击群和主力群，他的阵容也不容小看，包括了战列舰"雾岛"号，重巡洋舰"爱宕"号、"高雄"号，轻巡洋舰"川内"号、"长良"号和八艘驱逐舰。他的任务是：继续炮击瓜岛机场，掩护田中残余的增援舰群。李少将马上挥戈北上，一场残酷厮杀就要开始了。

傍晚，李少将在离瓜岛约九海里的西侧水域率两艘战列舰和四艘驱逐舰成单纵队航行，这片海域很狭小。将装大口径大炮的战列舰派遣到如此狭窄的海区作战，正是"蛮牛"哈尔西的决策。他认为：在决定性的战斗中，必须投入一切兵力。他授权李少将在瓜岛水域机断行事的权利。

晚上，日轻巡洋舰"川内"号担任远距离警戒任务，它首先发现了李少将编队，马上就向近腾报告：发现敌巡洋舰两艘和驱逐舰四艘，在萨沃岛以北向瓜岛航进。近藤接到报告，立即命令做好战斗准备。他把拥有的舰只分成四路，散布在十平方海里的海区内，采用分散配置的战斗队形，迅速向美舰接近。

此时的李少将还不知道日舰已经发现了他们，并做好了战斗准备。直到深夜，美战列舰"华盛顿"号的雷达才报告："距离九海里，方位北偏西，发现目标！"

这个被首先发现的目标就是近藤的先头警戒舰"川内"号及三艘日驱逐舰。美战列舰"华盛顿"号和"南达科他"号立即把黑洞洞的炮口对准了日舰编队。李少将下令："开炮！"美舰巨炮轰鸣，"川内"号情知不是美舰的对手，立即施放烟幕，掉头高速向北逃走。

几分钟后，夜战正式拉开了帷幕。

美舰编队最前面的"沃尔克"号、"木哈姆"号、"普林斯顿"号和"格温"号驱逐舰迅速反应，向日军舰队的前卫群包括驱逐舰"凌波"号、"浦波"号以及以轻巡洋舰"长良"号展开了攻击。可是狡猾的日舰利用萨沃岛上山脉的阴影作掩蔽，向美舰猛烈开火。美舰看不清日舰的具体位置，即便是先反应的，也处于劣势。火光把夜幕映的通亮，爆炸声在海面上久久回荡。

不一会儿，处于劣势的美舰"沃尔克"号和"本哈姆"号便被日舰的炮火打得遍体鳞伤，不幸的"沃尔克"号又被日军

发射的鱼雷击中，在海面上没有过多的停留就沉没了。

日军猛烈的炮火也没有放过"普林斯顿"号，它的锅炉舱被击毁，烟囱倒塌，没等缓过神，侧后方又来了一通炮火，该舰立即失去了战斗力。"格温"号也被日舰发射的炮弹击中，主机舱爆炸了，舰尾也被击中了，该舰燃起了冲天大火。美军的驱逐舰虽然奋力抵抗，但是在双方交战的几十分钟里，仅重创了日驱逐舰"凌波"号。李少将见己方驱逐舰已溃不成军，于是在深夜的时候，选择适当的时机，命令它们撤退。

日舰的神威已经在美驱逐舰上展现了，美战列舰攻击的时刻到了，可以为他们的驱逐舰报仇了。"华盛顿"号、"南达科他"号接到命令，迅猛向北冲去。"南达科他"号在急驶中为了躲避燃烧的驱逐舰，冲劲太大，差一点闯入正在撤退的日前卫舰群中。日舰没有放弃这个好机会，向"南达科他"发射了几十条鱼雷，但是没有命中。

可狡猾的隐蔽在萨沃岛西北，由近藤亲自率领的战列舰"雾岛"号、重巡洋舰"爱宕"号、"高雄"号在向东南航行中，发现了"南达科他"号。在双方相当接近的距离时，日舰突然打开探照灯，把"南达科他"号照得雪亮，日舰上的炮弹雨点般地打来。"南达科他"被日舰大口径炮弹炸的舰身剧烈抖动，没有办法再向日舰反击，只好带着周身大火向西南方向撤退。

"南达科他"号被日军轰炸的满身是伤，它的姐妹舰"华盛顿"号为它报了仇。原来"华盛顿"号一直在跟踪一个"大型目标"，但是它担心这是自己的伙伴"南达科他"号，所以不敢轻举妄动。天赐良机，这个"大型目标"打开了探照灯，原来"大型目标"是想捕捉"南达科他"号，这就给了"华盛顿"机会。"华盛顿"号的疑云消失了。

"华盛顿"号把重型炮弹向正北方向的"雾岛"招呼去，暴

风骤雨般地炮弹在战舰上炸响，钢铁的碎片和血肉模糊的肢体随着震耳欲聋的巨爆声飞向天空，又溅落到波涛汹涌的海面上。几分钟的时间，万吨级的"雾岛"号失去了战斗力，舵机被击毁，舰面烈焰翻滚。与此同时，日重巡洋舰"爱宕"号、"高雄"号也被击中数弹，日舰阵脚大乱。

零点刚过，近藤被美军轰炸的晕头转向，他放弃了炮击"亨德森"机场的企图，抛弃了田中增援群，向东北方向逃跑了。

遍体鳞伤的"雾岛"号被近藤抛弃了，海面上飘荡的他们惧怕天亮后再次遭美机轰炸，绝望之中打开了海底门，自沉在萨沃岛西北海域。日驱逐舰"朝云"号、"凌波"号也在重伤后沉没了。

美舰队取得了决定性的胜利，李少将见大局已定，就在零时下令南撤。"华盛顿"号与"南达科他"号会合，驶往努美阿。

田中的增援群幸存下来的舰只在日美舰队各自撤离后，凌晨的时候也在瓜岛靠泊，有千人登陆成功。日驱逐舰怕天亮后再被美军攻击，没等完全登陆成功就趁天黑撤走了。日军对瓜岛孤注一掷的增援行动彻底失败了。

这场持续了几个昼夜的海战，最终以美舰队获得胜利而告终。瓜岛之战，经过四个多月的不分昼夜的争夺与煎熬，美海军终于成功地夺取了制空权和制海权，日军败局已定，美军实质上赢得了胜利。

1942 年 12 月 8 日，太平洋战争已进行了整整一年。战争的形势对日军越来越不利。作为日本帝国联合舰队的司令长官，山本五十六自然寝食难安，白发悄悄地爬上了他的头顶，仅仅一年他已经是满头白发了。看上去，他明显地苍老了。他甚至在内心深处萌生了退意。

瓜岛日军焦头烂额，气力难支，走投无路。但是那些陆军中

的战争狂人对失败不甘心，声嘶力竭地叫嚷着，要和美军拼死一战，夺回瓜岛。

针对瓜岛的困境，日军第八方面军司令官今村均大将曾由横滨飞抵拉包尔。他下达了"以主力首先歼灭瓜达卡纳尔岛之敌，确保该岛的重要地区，以准备以后的攻势。"并制定了作战方案。

同时，今村还训示说："在所罗门群岛及东部新几内亚方面作战的属下全体官兵，自作战开始以来，在敌机狂轰滥炸之下，长期忍受炎热、饥饿的折磨，克服重重艰难险阻，屡经激战苦斗，挫败美澳军反攻锋芒，令其寒心丧胆。官兵之忠诚勇敢足以泣鬼神。……决定皇国兴亡的大东亚战争的胜败，惟系于皇军的双肩，余将与官兵共同以炽烈强韧的斗志，决心冲破万难，击溃顽敌……"

这不过是冠冕堂皇的话，此时瓜岛上的日军是补给中断，弹尽粮绝。岛上的士兵伤员，因为断粮都是羸弱不堪，瓜岛在他们眼里成了名副其实的"饥饿之岛"。岛上疟疾盛行，疾病蔓延，药品奇缺，死尸相枕，瓜岛成了他们的"死亡之岛"。

联合舰队在瓜岛海战中屡遭挫败，元气大伤。山本五十六作为司令官，实际上已经放弃了夺取瓜岛海域制海权的努力，也不再积极地大规模地向瓜岛运兵了，他开始主张放弃瓜岛。他把所有的航空母舰都调派回国修理，主要舰只也调离了瓜岛海区，"东京快车"也不在夜间去炮击"亨德森"机场了。

种种的困境，让日本大本营也不得不承认："争夺瓜岛的海空战如今已呈现消耗战的状态。日本海军缺乏军工生产的后盾，海空战力与美国相比每况愈下，其烦恼日甚一日。"

1942 年的最后一天，日本御前会议作出最后决断："在所罗门群岛方面停止夺回瓜岛的作战，大约在 1 月下旬至 2 月上旬期间撤回在瓜岛的部队。"

1943 年 1 月初，大本营向联合舰队司令长官和第八方面军司令官下达了上述方针，并以"K 号作战"的名义指示了有关瓜岛撤退作战的陆海军中央协定，指出："现正在进行的、结合再次进攻瓜岛所做的进攻作战准备应迅速做好，借以促进撤退作战的准备工作，以便隐蔽撤离企图……"

当初还在叫嚣要对瓜岛大举反攻的今村均大将如今也不得不面对现实，奉命部署大撤退。

伪装也是一门学问，日军把从瓜岛大撤退视为高级机密，对岛上日军发布的命令是，要他们继续战斗，好像胜利就在眼前一样。

令人感到遗憾的是，美军的情报机关没有取得日军要撤离瓜岛的情报，他们反而权利部署，准备向瓜岛上的日军阵地发动大规模进攻。

也是在这一年的 1 月末，哈尔西陪同美海军部长诺克斯与美太平洋舰队司令尼米兹抵达瓜岛视察，但他们没有一个人看出日军在做撤退的准备。

实际上，日本人正在导演一场太平洋上的"敦刻尔克"式的大撤退，大撤退由三百多架飞机掩护，二十余艘驱逐舰接应。

2 月初的几天，日军分三次从瓜岛撤出陆军约九千多人，海军约八百多人。后来，美太平洋舰队司令尼米兹上将认为：日军伪装巧妙，行动果敢，因而能够顺利完成撤退任务。

1943 年 2 月 9 日下午，美军全部占领瓜岛，正式宣称取得了瓜岛战役的彻底胜利。

第二十三章 "海军之花"的凋谢

联合舰队司令部已经移往"大和"号一年了,在同一天,又在特鲁克锚地转至"武藏"号上。

就在联合舰队司令部转移的前几天,日军已经完全的从瓜岛撤离了,最终放弃了对瓜达卡纳尔岛的海空权。

瓜达卡纳尔岛自从美军在该岛登陆以来,日美双方就对它进行了激烈的争夺战。但是具体的实际战况却没有人知道。那里究竟变成变成了什么样,也不被人了解。

日军这次能顺利的从瓜岛撤军,一个重要的原因就是日本海军通信谍报队发出的一纸假电报发挥了作用。美军有过规定,在紧急情况下可以使用明码电报,而狡猾的日本人正是利用这个空子。在美军的卡塔利纳警戒飞机与瓜达卡纳尔岛基地联络不上时,日军驻拉包尔那克那基地的第一联合队,以卡塔利纳警戒飞机的名义,呼叫瓜达卡纳尔的美军电台,美军电台根本不知对方是日本人,接受了回答。

这边的日本人等收到美军的回答后,就发现糊了一份假电报,电报上称:发现日军航空母舰两艘、战列舰两艘、驱逐舰十艘,航向东南偏东,并编造了这支舰队的经纬度。这份不辨真伪的电报立即被美军转发到努美阿和檀香山,紧接着,美太平洋舰

队就收到了檀香山的美国海军电台通报。瓜达卡纳尔基地的美国轰炸机全都处于待机状态，等到他们发觉上当时，日军已经撤退完毕。

山本对于这次成功的撤退很满意，他在负责接送撤退部队的第三水雷战队和第十战队司令官回到特鲁克时，对他们说："真是谢天谢地，你们完成了一件伟业。我原以为一半驱逐舰会报销掉。"

由山本直接或间接一手培育起来的海军航空队，因为种种原因，使许多精锐的陆基飞机和舰载飞机都集中至拉包尔的陆地基地上。而随着山本将旗舰移到设施更完备更豪华的"武藏"号，他似乎又有了击败美军的信心。为了粉碎美军的反攻意图，防止南太平洋防线一举崩溃，山本打算靠着他现在的精良装备，在南太平洋发起一次大规模的反击，作最后的挣扎努力，这就是"伊号作战"。

"伊号作战"就是使用第三舰队航空母舰上的舰载飞机，再加上第十一航空舰队的岸基飞机，两处合一，共同打击自所罗门至新几内亚一带的美舰和航空基地，打击力度要连续而彻底。攻击要领是，对陆上基地和舰船的攻击由配备直接援护的战斗机反攻队负责，而对于前来迎击的美机则由战斗制空队捕捉歼灭。

攻击时间预定为 4 月 5 日。所罗门方面的攻击称为 X 攻击，新几内亚方面的攻击则称为 Y 攻击。对于这次反击，山本很重视，为此他决定亲自到拉包尔前线去协调指挥这次作战。

山本的这次协调指挥作战表面上是对拉包尔的海军航空队给以阵前勉励，可实际上是由于前线指挥官的要求，他才出行，他本人是否有这样的念头，外人根本无从得知。

在作战开始的前两天，山本在一系列人员的陪同下，走下"武藏"号的右侧舷梯，登上司令长官的快艇，在留守司令部人员和舰上的官兵挥手告别下，快艇驶离了"武藏"号。

二战人物

　　快艇载着山本一行人来到了夏岛，他们在夏岛的水上飞机基地分乘两架水上飞机出发，飞机升空后又飞回到"武藏"号的上空，盘旋一周以示告别，然后向南飞去。飞机在当天的下午就到了达拉包尔，东南方面舰队司令草鹿任一中将、接替南云出任第三舰队司令的小泽治三郎中将、第八舰队司令三川军一中将等日军高级将领早已等候在机场，迎接山本。山本下了飞机，没有多说什么，就直接来到东南舰队司令部。不久陆军第八方面军司令今村均中将也赶来拜见山本，由此可见山本在日本军人中的威望。

　　夜里，山本被安排在一座离草鹿任一的司令部不远的小山上休息，山上的住所是当初德国占领该地时存留下来的。虽然是远行到拉包尔，但是吃的方面并不成问题。拉包尔有丰富的水果，还有从日本本土送来的食品，种类也很齐全。

　　无巧不成书，山本到达拉包尔的第二天就是他的五十九岁生日。本来是很高兴的事，但是似乎有什么恶兆一般，第二天的一早就狂风大作，暴雨倾盆。山本看到这样的天气也没有过生日的兴致，况且这风雨不知道什么时候能停止，看这样子，作战计划只好推迟了。山本叹了口气，下令将"伊号作战"推迟到 7 日实施。

　　作战的时间很快就到来了。黎明，山本穿着洁白、一尘不染的海军服在随行人员的陪同下，来到拉包尔机场，为参加作战的他的"空中骄子"送行。飞机从拉包尔简易机场起飞了，他们飞向瓜达尔卡纳尔，开始了自珍珠港事件以来最大的空袭行动。飞行员们对山本亲自来送行感到无比的激动，他们在心里暗暗发誓，这次行动一定要成功，不让山本失望。

　　日军几十架舰载轰炸机、一百多架"零"式战斗机扑向瓜岛和图拉吉港内的盟国舰船。日机在逐渐地逼近，美军侦察机已经把消息传回了总部，"亨德森"机场的各型战斗机紧急升空迎敌。双方在罗塞尔岛和瓜岛之间的上空碰面了，激战开始了，双方在这空域打的难解难分。有些日本俯冲轰炸机突破了美国战斗机的拦截，轰炸了停在图拉吉港的舰船。

日军的轰炸机编队见空袭不可能成功，就返航了。当他们飞抵到起飞的机场时，发现山本仍向为他们送行的那样，站立在机场等候他们的归来。飞行员从飞机上向下望去，山本正挥动着军帽，向他们招手致意。

带队的飞行队长为了不让山本的失望，就向山本汇报了假的情况：美国人只有大约十架飞机升空拦截，他们对美军图拉吉港内的舰船进行了成功的轰炸，大部分被击沉。可事实的情况是这次空袭只击沉了一艘驱逐舰、一艘油船和一艘护卫舰，而日本方面的损失却是高于美国。精明的山本被他信任的飞行员愚弄了。

对于飞行队长的报告，山本深信不疑，认为"伊号作战"已是旗开得胜，他把注意力转移到了新几内亚方向。日军连续三次在奥罗湾、莫尔兹比港和米尔恩湾发动的空袭，胜利的报告不断地传回第十一航空舰队的命令下达室。不知情的日军官兵在欢呼着胜利，可实际情况却是日军损失惨重。

日军方面夸大了的战果统计，"伊号作战"计划的实施已接近尾声。在不知情的人看来，作战基本达到了预期的目的。按计划，山本在拉包尔的日程安排也剩一天了，可能是胜利的报告鼓舞了山本，他要用这剩下一天时间去靠近瓜岛前线的肖特兰等岛上的各基地视察，鼓舞那里官兵的作战士气，看望经历了瓜达尔卡纳尔苦难后正在休养的仙台师团的武士们。巡视计划是山本本人亲自决定的，并向各基地部队、各航空战队及守备队发出了电报。但是他没有想到，美军会破译他的出行电报，在他的必经之地设下了天罗地网，等着他钻进去。

新不列颠岛的拉包尔、拉包尔西南方向的布干维尔岛，布干维尔岛南端的布因基地。而从布因乘飞机南行只须几分钟即可飞

抵肖特兰岛，在其正东就是几乎只有一个飞机场那么大小的巴拉尔岛，接着就到了瓜达尔卡纳尔岛。这些岛屿组成了所罗门群岛。

珍珠港，1943年4月14日早上的八点，美国太平洋舰队司令部的情报处参谋埃德温·莱顿海军中校，神色焦急，脚步匆匆地拿着一份文件向美国太平洋战区总司令兼太平洋舰队司令尼米兹海军上将的办公室走去。莱顿手上的文件是太平洋舰队无线电情报分队在凌晨截获，并刚刚破译完的日军机密电报。

美太平洋舰队无线电情报分队是在夏威夷海军情报中心站的基础上组建的，这个情报分队曾在中途岛海战中破译了日军的作战计划，可说是功臣。现在的情报处由威廉·戈金斯海军上校负责，专门负责截收日本海军的无线电通讯。情报处的工作人员将截获的日军通讯做破译、翻译以及分析，然后整理上报给上级。这时的分队密码专家已经掌握了日军个作战单位的战时无线电呼号，摸索出了日军密码变化规律，并破译出了日军的部分密码。而正是这些准确的情报，为美军的作战部队的胜利提供了便利。

今天，情报处的工作人员从截获的日军密电中，破译出了下列内容：

"联合舰队司令长官定于4月18日视察巴拉尔、肖特兰和布因的日程安排如下：

8时，乘坐一式陆上攻击机由六架战斗机护航，从拉包尔起飞：

10时，到达巴拉尔，换乘猎潜艇前往肖特兰；

11时30分，到达肖特兰；

12时30分，乘坐猎潜艇离升肖特兰返回巴拉尔；13时30分，到达巴拉尔；

14时，乘坐一式陆上攻击机离开巴拉尔；

14时30分，抵达布因，在第一基地司令部午餐；

16 时，从布因起飞返回拉包尔；

17 时 40 分，回到拉包尔；

如遇天气不佳，本视察日程向后顺延一天。"

情报处的人员看到破译出的内容，认为关系重大，马上就上报上级。莱顿把电报交给了尼米兹，尼米兹看着电报，简直不敢相信自己的眼睛。他以为是自己眼花了呢，心跳开始加速。再三的确定，原来没有看错，他的眼睛开始放射出一种锐利的光芒，就像一个猎人终于等到了猎物的出现一样。

尼米兹手上的这份电报正是山本前往肖特兰岛视察的日程安排，是山本的副官渡边海军中佐草拟的。由日军东南舰队司令和第八舰队司令联名发给巴拉尔、肖特兰和布因的基地、航空队和守备队主官的。当时渡边为防止消息走漏，要求第八方面军派专人送交，但通讯军官表示电报的密码是刚刚启用的，又是极难破译的五位乱码，美国人根本不可能破译，绝对安全，因此最后还是用无线电发出了。他们没有想到，正是这一疏忽，使这份电报成了山本的催命符！

尼米兹看完电报，抬头对莱顿微笑："你的意见，干掉山本？"

莱顿没有多说什么，也是微笑地点头。根据电报内容，看整个局势，按照山本的路程，他将进入瓜岛机场起飞的战斗机作战半径，而这正是干掉他的绝佳机会。

尼米兹从统筹全局的观点考虑，并没因为可以干掉山本得意忘形。他在考虑，如果山本死了，那日军是否有比山本更出色的将领代替他呢？如果有，那可就是弄巧成拙了！尼米兹马上针对这一点对莱顿提出了疑问，莱顿是太平洋舰队的情报处参谋，他对日本海军大将级别的将领情况都十分了然。对于尼米兹的疑问，他给出了答案，他把日本海军将领每个人的资历、经验、能力和胆识都汇报了一边，最后总结说："在日本海军，山本是最

出类拔萃的佼佼者，而且由于他在偷袭珍珠港中的高超指挥，使他成为除了天皇之外，最受军民崇拜的人物，如果干掉他，将给日本军民士气民心以沉重打击！"

也的确就向莱顿说的那样，由于山本在偷袭珍珠港作战的出色战略指挥，使他在日本政界和军界成为第三号人物，仅次于天皇和东条英机。他被日本海军称为"军神"，深受崇拜。但他也被美军仇恨着，他被视为偷袭珍珠港的罪魁祸首，美军一心要他为珍珠港事件赎罪。

莱顿在分析完后，又对尼米兹说："山本对于日本海军，就像您对于美国海军那样重要！"这话说得尼米兹直笑。

山本是如此重要的人物，干掉山本不仅仅是军事上的行动，还牵扯到政治上的诸多因素。尼米兹不敢轻易地做出决定，最后他决定请示华盛顿。

罗斯福总统正与海军部长诺克斯和海军作战部长金海军上将一起共进午餐时，尼米兹的请示报告由威廉·莫特海军少将送到了总统面前。听了汇报的罗斯福并没有表态，因为在西方有一条不成文的惯例，那就是战争中不得暗杀对方的国王和统帅，这样能表示骑士风度。但事实上，二战期间，只有美国人还在坚持这一惯例，其他各国都暗杀过敌对国的首脑和统帅。

罗斯福的犹豫被在场的人看了出来，他们知道总统在顾虑什么。金海军上将指出，山本要去的地方是前线，是在作战的区域内，在作战的区域内，没有什么大将，只有普通的士兵，是合法的射击目标。何况山本还是不讲信用，发动偷袭珍珠港的元凶，即便是他能活到战争的结束，也是要接受军事法庭的审判！

为了使总统能够下定决心，干掉山本！海军部长诺克斯征求了随军主教的意见，看截杀敌方统帅是否道德。随军主教也表示同意后，罗斯福才下定了决心。并为此次行动取了最恰当的名字——"复仇行动"！

山本五十六

　　总统的指示传达给了尼米兹，他立即制定行动计划。为了能有绝对的把握干掉山本，尼米兹找了了战斗机专家，咨询战斗机的性能，最后选定 P－38"闪电"战斗机为参战机型，这是美军第一种双引擎战斗机，是洛克希德公司研制的，这种战斗机的各项综合指标都胜过日军现役主力"零"式战斗机，日军对性能优异的 P－38 望而生畏，满怀惧意地称之为"双发恶魔"！而凑巧的是，在瓜岛的亨德森机场正好驻有此种飞机的第三三九战斗机中队！正好派上用场。

　　美军第三三九中队隶属于南太平洋，司令官是哈尔西。因此，尼米兹在 15 日给哈尔西下达了命令，如果能把山本及其参谋人员打下来，就可以开始执行伏击计划，最后特别指示为了防止日军发现美军已经破译他们的密码，以后凡是向战斗机中队发布敌情的通报，一律用澳大利亚海岸监视哨的名义。

　　哈尔西接到命令，立即把山本的日程安排通报给了向所罗门群岛航空部队司令马克·米切尔海军少将。命令要求出动 P－38 战斗机想尽一切方法将山本击毙！最后特别指出"罗斯福总统非常重视此次战斗，战斗结束速报华盛顿，此份电报不得转抄和保存，立即销毁！"

　　米切尔海军少将曾出任过"大黄蜂"号航空母舰的舰长，运送过杜立特尔空袭东京的飞机，还参加过中途岛海战，他的战斗经验丰富，可以说是美国海军航空兵的一员骁将。接到命令后，米切尔少将立即召集有关的人员研究、讨论和制定作战计划，在场的人员包括第三三九战斗机中队中队长约翰·米歇尔少校和小队长托马斯·兰菲尔中尉等。

　　米歇尔和兰菲尔是最后进入房间的，他们一走进房间就觉得房间里充满着紧张的气氛，再仔细看，发现岛上所有的高级军官几乎都在。没有过多的交谈，一名海军少校递给米歇尔一份电报，上面写着：最高机密，第三三九中队的 P－38 战斗机务必全

山本五十六

力以赴，及时赶到并击落山本座机，总统特别重视这次行动！落款是海军部长诺克斯。

大家讨论了几种方案，最先是有人提出，在山本从拉包尔乘坐猎潜艇到肖特兰途中实施攻击，但是这种方案遭到了否决。因为当地日军拥有不少的猎潜艇，如果在这期间实施攻击，根本无法确定山本乘坐是哪一艘，退一步说即使是确定山本坐的哪一艘，并击沉了山本乘坐的猎潜艇也难保证是否将其击毙。

讨论来，讨论去，最后可行的方案只能是采取空中截击座机，但是这也不是一项简单的事。这就对截击空域、时间以及双方飞行速度要求极高，如果稍有差错就会失去这一千载难逢的机会，并打草惊蛇。好在山本在日本海军中向来以守时著称，这为截击行动增添了几分成功的把握。

大的会议结束了，米歇尔回到自己的帐篷和自己的情报参谋乔·麦奎甘上尉挑灯工作，开小会议，研究绘制截击航线。瓜岛第三百四十七战斗机大队大队长维克塞洛上校随后也来到米歇尔的帐篷，看他们的具体作战计划。米歇尔指着航线图向维克塞洛汇报："明天天气预报是晴天无风，山本从拉包尔到布干维尔岛的卡希利机场航程约五百六十三千米，一式陆上攻击机巡航时速二百九十千米，如果不是顶风，他会提前十至五分钟到达，我们在他降落前十分钟飞过海岸，如果一切顺利，我们飞入布干维尔岛时就能很快发现山本，我估计山本的飞行高度不会超过三千米，因为这样的高度飞行比较舒适。此时我断定山本将从西而飞来，正降低高度准备降落……"

麦奎甘打断米歇尔的话："你凭什么肯定他从西而飞来？"

米歇尔分析道："经过近两小时的长途飞行，飞行员肯定希望尽快着陆，这样肯定选择最近的航线从西而飞来。再说要是他不是从西面过来，我就直接插到岛东，在东面搜索。要是也没有发现，就干脆直扑机场，在他着陆时将其击落！"

"好!"维克塞洛同意了米歇尔的计划。

米歇尔把制定好的计划报告给米切尔,米切尔仔细研究后表示同意。但是他对米歇尔重点强调,无论付出多大代价也必须干掉山本!米歇尔领命而去,米切尔之后将作战计划电告哈尔西和尼米兹,尼米兹复电:"完全同意!并以个人名义预祝好运和取得胜利!"

午夜,飞行员们在机场集合了。日军在卡希利机场驻有数百架飞机,所以担任截击任务的飞机不能太多,否则就容易被日军发现。因此,米歇尔在这些飞行员中挑选了技术过硬,业务熟练的十多人,真是优中选优。参战的飞行员聚集在一起,先是举行了保密宣誓,然后听取了作战计划。

米歇尔亲自指挥十二人为掩护组,在高空飞行,牵制日军的护航战斗机,掩护攻击组截击山本;而兰菲尔带领六人为攻击组,低空飞行,不惜一切代价击落山本。米歇尔最后总结说,这次的截击任务很重要,没有后备队,如果兰菲尔遇到麻烦,无法完成攻击任务,那掩护组中的霍姆斯和海因两人立即接替攻击任务。

4月18日,星期日。天还没有亮,但是能看出是一个好天气。瓜岛的"亨德森"机场一片忙碌,十八架P-38飞机为了能飞完整个航程,全部都加装了大容量的副油箱。飞行员们集合了,米歇尔站在前面对飞行员们下达了出击的命令,并强调飞行途中必须严格保持无线电静默。米切尔也来到机场,专程为执行任务的勇士们送行,他望着待命出发的飞行员最后重申:"无论付出多大代价也必须完成任务!"

七点三十分,P-38引擎隆隆作响,飞行员们依次登机。飞机满载着燃料和弹药,是超负荷运载了,飞行员们为了使飞机顺利起飞,只得使用襟翼增加升力,但是即便是这样,飞机还是在滑行到跑道的尽头才离地升空!

最先起飞的是米歇尔驾驶的飞机，飞机在低空盘旋，等后续的飞机都起飞后，编队，与计划完全一致。飞机编队完毕，可是攻击组的麦克拉纳汉的飞机起飞时供油管阀门松脱，飞机无法控制而未能起飞；穆尔的飞机起飞后发现副油箱无法供油，这样就不可能飞到目的地，只得返航，这样攻击组只剩下两架飞机了。米歇尔见状，在机上用手势通知霍姆斯和海因加入攻击组，霍姆斯和海因点头表示收到。为了不被日军的雷达发现，机群保持着严格的无线电静默，只使用罗盘和空速表导航，一直保持着十米左右的超低空飞行。

西南太平洋的太阳升起来了，日军拉包尔基地的东机场跑道上，两架日本海军三菱一式双发陆基轰炸机马达轰鸣，待发升空。山本身穿草绿色陆军大将制服，手戴白色手套，一尘不染。联合舰队参谋长宇垣将军等八名幕僚陪同山本，准时登上飞机。山本没有穿耀眼的白色海军将服是幕僚们的建议，他们认为穿着陆军将服能躲过美军谍报人员的侦察。他们不知道的是，山本的这趟死亡之旅和穿什么衣服已经没有关系了。

山本乘坐一号机，跟随他的是联合舰队军医长高田六郎海军少将、秘书福崎升海军中佐和航空参谋栖端久利雄海军中佐，驾驶飞机的是王牌飞行员小谷武男和林信一二等兵曹。宇垣等五人乘二号机。

早上，飞机正点起飞。两架轰炸机呼啸升空，六架"零"式战斗机紧随其后，阵型是三三制，两队。山本的座机被护卫在中间，飞机向东南飞去。

这是一段紧张的飞行路程，日本战斗机群严密护航的山本座机，高度在两千米左右，已经飞抵布干维尔岛西海岸。岛就在眼前，飞行员已经能看到岛上的热带丛林了，他暗暗松了口气，给山本写了一张纸条：照这样，可望于七点四十五分飞抵布因机场。

369

没高兴太久，忽然，一架担任护航任务的日本"零"式战斗机偏离了航线，从机群中飞出，加速向前飞去。这架飞机的飞行员摆动机翼，抬手指向侧方，给山本座机的飞行员示警。山本座机的飞行员接到信号，意识到情况不妙，回首向右侧后望去，大惊失色。

右侧后的空中，正向日本机群猛扑过来的是八架美制 P - 38 型闪电式战斗机。这正是米歇尔的掩护组，六架"零"式战斗机急速爬升，与美机缠斗起来。兰菲尔的攻击组趁这个机会，朝两架攻击机猛扑过去，两架攻击机见势不妙，急剧下滑，企图以超低空摆脱攻击，兰菲尔的攻击组哪肯放过，紧盯不放。

高空中的"零"式战斗机反应过来，上当了。当即，就有三架"零"式不顾一切俯冲下来，但是为时已晚，山本的座机已经被击中了，化成一团火球坠入布干维尔岛茂密的丛林。

宇垣透过机舱的舷窗看到了这一幕，他如同坠入了无底深渊，一只手拉着航空参谋室井的手，另一只手颤抖着指着那架飞机。他什么话也说不出来，只是眼看着黄中透白的火焰笼罩了山本座机的机翼和机身，飞机拖着浓烟向下坠落。

美机也没有放过宇垣座机，炮弹呼啸着从宇垣座机的旁边掠过，飞行员驾机拼命地曲折飞行。宇垣根本就呆住了，他眼睛直直的盯着山本座机坠落的地方，冲天的黑烟从丛林中升腾而起。这时，又一架 P - 38 冲了过来，炮弹准确的击中了宇垣座机。

"一"式攻击机在美机的猛烈射击下，机尾和机翼全被打断。机舱里，室井和几名机组人员浑身是血地倒在地上。飞行员企图让飞机在海上迫降，他试图控制已经失去控制的飞机，但没能控制住。飞机一头栽进海里，除了重伤的宇垣、北村和飞行员三人获救，其余机上人员全部毙命。

短短的几分钟，两架"一"式攻击机全被美机击落，米歇尔从空中看见，卡希利机场上尘土飞扬，这是日军飞机在起飞，他马上下令返航，不得恋战。米歇尔发现"零"式紧咬着一架负伤的 P-38，P-38 有危险。米歇尔和僚机雅各布森立即上前支援，赶跑了零式，但是没能挽救负伤的 P-38，它拖着浓烟坠入了大海。这架坠毁飞机的飞行员是攻击组的海因，他是这次战斗中美军唯一的损失。日军两架"一"式陆上攻击机和三架"零"式战斗机被击落。

还没有到达基地，兰菲尔就迫不及待地向瓜岛报告："我打下了山本！"米切尔还在基地里等候，当机群回到基地，他再三确认，无误后，立即向哈尔西报告：米歇尔率领的 P-38 机群于九点三十分到达卡希利上空，击落有零式严密掩护的两架攻击机及三架"零"式机，一架 P-38 没有返航。4 月 18 日似乎是我们的节日！

4 月 18 日好像注定是美国的节日，一年前的 1942 年 4 月 18 日，杜立特尔率领的 B-25 轰炸机轰炸了东京，一年后的 1943 年 4 月 18 日，日本海军最出色的统帅山本被击毙。可对日本来说，4 月 18 日却是倒霉日！

同天中午，山本遭到不测的消息就传到了拉包尔驻地，但山本司令官是否还活着就不清楚了。下午两点三十分，拉包尔方面向海军大臣和下令部总长发出一份电报。

电报送到海军省时已经是下班后了，空荡荡的官邸里没有几个人。军务局的浅田昌彦中佐，面带异常紧张的神色，脚步匆匆，在走廊里带来了回声。他进入值班室，把这份机密电报交给了值班的首席副官柳泽藏之助大佐。柳泽副官打开了电报，看着看着，脸上流露出了惊恐的神色，双眉紧锁。电报给海军省带来了一种紧张气氛。

渡边和东南方面舰队军医长大久保信大佐一起乘坐轰炸机来到了布因。宇垣和林浩都被救到这里。他们匆匆地走下飞机，没有和接机的人过多交谈，直接来到椰子林中的军官宿舍。

371

宇垣见到渡边时就流下了热泪，他断断续续地对渡边说："长官，在距卡……莫……角……四、五英里的地方。快……去……快……去……快！"

宇垣没有意识到，他在迷糊中说错了话，把"莫依拉角"说成是"卡莫角"了。

渡边参谋亲自乘坐水上侦察机飞到山本遇难现场的上空。他认为，如果一号机在这坠落，那必然起火燃烧在密林中留下明显的痕迹，这样在空中应该是比较容易辨认的。为了便于空中和地面之间的联络，他用了"报告球"。就是打开事先已准备好了的数个橡皮球，将写有"渡边参谋来接，请向空中挥动手帕"字样的多张纸条，分别放在每个球里，然后将球合上，放入长形网袋里。接着，他从飞机上将这些球分别投放到十五六处他认为像现场的地方。

地面上一片平静，没有任何的反应。渡边不甘心，为了能对地面详细观察，又命令飞机降低飞行高度，尽可能接近密林飞行。

反复的搜寻毫无结果，渡边很失望。于是命令飞机飞回海上，降落在等候多时的扫雷艇附近。为了能使搜寻有结果，他们又重新制定了搜寻计划，计划是从扫雷艇上派出六十名士兵，组成搜寻队，从小河河口上陆。

搜寻士兵们出发了，当他们在河口上陆时，已经是很晚的时候了，太阳就要落山了。蜿蜒曲折的小河伸向布干维尔岛海岸的密林深处。搜寻士兵将提前准备好的粮食、衣物、药品等应用品放在了小船上，溯流而上。越往上游，河水越浅，有些地方还有枯树倒在河流中，挡住了小船的去路。最后，他们只好弃船上岸，分成两队沿小河两岸步行前进。有的河段岸边陡峭，行人很难通过，他们就涉水越过。

渡边搜寻队离开小河后，一直向东前进，走了几公里后，来

二战人物

山本五十六

到一块开阔地。这时，他们发现走错了方向。已经是深夜了，如果放回走可能会再次偏离方向，再加上一路上，行走艰难，蚊虫不断叮咬，他们已经筋疲力尽了。于是，便席地而卧，和衣睡下了。

另一支陆上搜寻队是从布因出发的，他们在山本遇难的那天就出发了，连续搜寻两天了，但是没有发现山本的座机。

山本的尸体被发现了，是被一个陆军搜寻队发现的。这支陆军搜寻队是陆军第十七军的下属部队，即"明9019"部队，此即京师步兵第二十三团。发现山本座机的是这个连队的炮兵中队（连）第一小队（排）队长浜砂盈荣，陆军搜寻队的队长。

浜砂盈荣带领的部队驻在布因以西，一个叫"阿库"的土族部落一带，他们在这里修筑能从这里通往特罗基纳角的一条军用公路。18日这一天是星期天，浜砂所领导的第一小队并未施工。早晨的时候，他们在营区就听见战斗机从他们头上呼啸而过的声音，紧接着爆炸声和机枪声响成一片。他们在惊慌中向天上看去，原来是数架美国P－38战斗机和日本海军的零式战斗机正在低空中追来逐去，进行着一场激烈的空战。

几个小时之后，他们就接到了上面下达的口头命令：我海军要人的座机坠落了。令你们马上组织搜寻队前往搜寻。找到后，要立即向上汇报，说明飞机坠落地点的方位。

接到命令的浜砂盈荣没有耽误，马上就挑选了下官久木下曹和九名士兵组成了搜寻队，自己任队长，带上指南针向密林深处进发。两天了，他们什么都没有发现，就在他们打算往回返的时候，发现了一个像土堤一样的东西。

他们走到跟前细看，发现是一架摔毁的一式陆基轰炸机的尾翼，因为是竖着所以看成了土堤。旁边还有已经看不出原来面目的主翼和螺旋桨。飞机的机身在印有太阳旗处稍前一点的地方折断了，飞机的前身部分，已经烧成了灰烬。机体的周围散落着数

375

具尸体。

这时他们发现，机外的数具遗体中，还有一个人依然保持着原来在机内坐席上的姿势。他们以为这个人还活着，就走近看，只见这个人身穿草绿色军服，胸前佩带着绶带，手上戴着白色手套，左手紧握军刀，右手搭在上面，像是在轻轻地抚摩着。他的腰间系着机内坐席上的安全带，像是悠闲地坐在林中养神一样，只是头部略向前低垂着。

仔细观察，这位将军左手上的白手套的食指和中指，是用细线精细地缝合地一起的。他的肩上依然佩戴着象征军阶的肩章，上面嵌有三颗金质樱花，看来是一位将军。

看到这里，浜砂突然想起了他过去曾在报纸上读到过的一篇报道。这篇报道中说："联合舰队司令长官山本五十六大将，早在日俄战争的时候，曾在一次作战中负伤，失去了两个手指头。他获得了第一号伤残军人徽章。"

想到这里，浜砂很自然地意识到，上面让寻找的要人就是这位左手只有三个指头的海军大将，山本五十六。为了确认，他们从遗体的上衣小兜里掏出一本很漂亮的笔记本，果然上面的署名是"山本五十六"。

山本的遗体在飞机机体的左侧，飞行靴还整齐地穿在脚上，只是帽子不知飘落到什么地方去了。在他旁边不远处是一具穿着白色服装呈"大"字形仰面躺着的年迈军医的遗体，是舰队军医长高田六郎少将。在军医长右前方不远处，还有一具尸体，是一位中佐参谋的遗体。除了上述三具尸体之外，还有几具被烧得很厉害的遗体。应该是机上的飞行员了。

浜砂搜寻队把现场周围的树木砍倒了，弄出一块开阔的场地，然后把山本等人的遗骸暂放到那里。为了祭奠死者，他们把折来芭蕉叶盖在每个尸体上，并用海军的食具从林中打来清泉水作为供品，祭奠在死者的头顶。从山本的遗体看，没有任何自残

的痕迹。

　　在简单的安置了山本等人的遗体后，又收拾了一下现场，他们不打算在这里过夜，趁着天还没黑，准备立即返回。至于飞机的残骸、山本等人的遗体和大部分遗物，只得留到第二天向上汇报后来处理。回去的路线和来时的一样，只是他们走出密林时，发现有一小股筋疲力尽的海军在那里休息。他们推断：这很可能是布因基地的佐世保第六特别陆战队派出来的海军搜寻队。

　　两队碰头了，海军搜寻队队长从浜砂这里知道了山本座机的下落。他十分高兴，为了不出差错，他要求浜砂的队员们不要返回阿库，就地露宿，在第二天一早带他们到山本遇难的现场。浜砂同意了，两个搜寻队胡乱的凑合了一夜。第二天，浜砂及其队员们带着海军搜寻队进入了密林中。

　　几乎在同一时刻，渡边参谋一行在密林的上空收到了联络机给他们的信号，"山本的座机已经找到，遗体收容完毕。"

　　20日下午四点，山本等人的遗体在瓦马伊河口被布因的佐世保第六特别陆战队的搜寻队转交给了渡边。前来接迎山本遗体的第十五号扫雷艇的前甲板上搭起了临时帐篷，遗体停放在里面。在经莫依拉角返回布因的途中，渡边和大久保军医大佐走进帐篷验尸。

　　通过验尸他们发现，山本的下颌和太阳穴有子弹穿过的痕迹。山本手表的指针停在七点四十五分上。很明显，山本是在飞机坠入密林之前在机内中弹身亡的。

　　这天夜里，殓入棺材的遗体停放在布因第一基地部队办公楼前临时搭起的帐篷中，派了专人看守。第二天，除了山本的棺材外，所有棺材都被送到了佐世保第六特别陆战队的农场，并在那里进行了火化。

　　山本战死的消息对拉包尔的各部队是绝对保密的。日本海军省在4月20日正是收到了山本遇难身亡的电报，当然对于这样

二战人物

的消息海军省也是要对外保密的，只有古贺峰一和堀悌吉等少数人知道。山本的家人一点都不知道山本已经遇难的消息。

山本的尸体是在海军省收到消息后火化的，火化地点还是在一个农场。火化后的骨灰装进了骨灰匣，放在拉包尔基地司令部的地下室里，司令部派人通宵守灵，严禁他人入内。地下室，昏黄的电灯光下点着两支蜡烛，灯光烛光交织在一起，两个汽水瓶子里插着当地的鲜花摆在山本的灵前。

4月23日，山本的骨灰由专人乘水上飞机从拉包尔送往停泊地特鲁克的联合舰队的旗舰"武藏"舰上。

山本五十六

第二十四章　日落太平洋

　　在日军的军令部，山本的死也是保密的，只有少数高级官员知道。只是在山本五十六死后的几天，日军联合舰队司令的职位，由副司令近藤信竹海军中将代理。之后不久，山本生前的至交古贺峰一大将奉命接替山本就任联合舰队司令长官，他的就职仪式是在"武藏"舰上举行的。古贺峰一是山本生前指定的联合舰队司令一职的继承人，但是他的能力和胆识却远远无法和山本相比。他在司令长官的位子只坐了十个月就追随山本，魂归西天了。

　　日本军方针对山本的死因展开了调查，在调查开始时，日军把重点放在了密码被破译上。为了验证密码是否被美军破译，日军故意拍发草鹿任一中将前往前线视察的电文。美军识破了日军的伎俩，在电文提到的视察时间和航线上，没有派出美机。因此日军认为不是密码泄露的原因，又向别的方向调查去了，最后的调查结果就是山本的死纯属偶然。就这样，日本海军损失了最优秀的战略家和海军舰队统帅，却依然没有发现密码被破译！

　　载着山本骨灰的"武藏"号战列舰由特鲁克基地起航了。起航后，泽木次官从山本任海军次官时的次官室里取出一个袋子。袋子里放有百元钞票、一本山本任海军次官时的一份"述志"、任夏威夷作战及联合舰队司令长官的"觉书"一份，以及在 1941 年宣战离国赴前线的"述志"一份。

书信中的内容无非是表示死心塌地地向天皇效忠，以及他穷凶极恶地战争决心。除了这些书信材料，在特鲁克"武藏"号舰长官室的抽屉中，还有一篇文字。这篇文字是山本在太平洋战场上连遭失败后写下的。从这篇文字可以看出山本为了战争可以献出生命，以及继续为天皇的侵略政策卖命的决心。内容是这样的：

"开战以来，有数万忠勇将士奋战沙场，抛头颅，洒热血，已成护国之神。悲哉！吾以何颜去晋见圣上？又何言以告慰牺牲之战友和将士们的父老兄弟？虽身非铁石，但欲表忠心之坚，可铤而走险，冲入敌阵，以示日本男儿之满腔热血。吾虽不能如同血气方刚之青年那样与敌决一死战，或肝脑涂地，曝尸荒野，或血染战舰，葬身大海，但随将士英灵而去之日，亦不远矣。

山本五十六
1942 年 9 月末述怀。"

"武藏"舰载着山本和其他遇难人员的骨灰及遗物经过几天的海上航行，到达了东京湾，停泊在木更津港港外海面上。山本的骨灰放在长官室，骨灰盒旁还祭祀有一个将棋棋盘。

绝大部分人在"武藏"舰开往东京时还不知道山本的死，有关山本死的消息都是保密的。虽然舰上大部分官兵并不知道战舰为何前去东京，但是舰上长官室附近的通道被禁止通行；有人无意中还看到了身上缠着绷带的宇垣参谋长；也有人看到了白色的骨灰盒；还有一些人在长官室周围嗅到了烧香的味儿，这使得相当一部分人开始产生了怀疑，消息在士兵之间流传。

"武藏"舰起航的第二天，海军省才正式通知给山本家属关于山本遇难身亡的消息。海军大帛岛田繁太郎把堀悌吉召进海军省，让他把山本死的消息告诉山本家属，为了不刺激到山本的家属，说时还要婉转一些。

380 日军大本营在"武藏"舰抵达东京湾的下午，向国民公布

了山本遇难身亡的消息。同时，日本情报机关发布公告称：

追授山本大勋位、功一级、正三位、元帅称号（勋：日本授予为国建立功勋者的称号，分一至八位并有正、从，共十六等；功：日本授予陆海军军人的金质勋章等级，最高者为功一级，最低者为功七级。位：对建立功勋和功绩者授予的荣誉官阶，从一位至八位，并有下、从之分，共十六等），按国葬规格进行安葬。

公告发布后的第二天，"武藏"舰上的所有官兵一大早就都行动起来，把舰的里外清扫了一遍，然后又在舰上举行了告别仪式。快到正午的时候，驱逐舰"夕云"驶到"武藏"舰旁边，"秋云"号驱逐舰跟随在后，山本的骨灰渡边安次捧着移到"夕云"号驱逐舰上，由"秋云"号护航送往横须贺。"夕云"号驱逐舰起航了，联合舰队旗舰"武藏"上的全体官兵列队甲板，目送山本离开了"武藏"舰。

与此同时，横须贺港码头上，山本的嗣子义正和堀悌吉等人，在等候山本骨灰的到来。"夕云"舰到达后，他们接过骨灰盒，来到横须贺火车站，乘坐火车回东京。这趟开往东京的列车是专列，上车后，轮机参谋矶部太郎大佐交给堀悌吉一个纸包。堀悌吉打开，里面是山本的一绺遗发和他亲笔写的一首诗："立下忠君保国志，疆场粉身心亦甘。"

山本的死讯在这时已经传遍了日军高层，在列车向东京驶去的途中，有很多闻讯赶来的人们恭候在铁路两旁。每当这时，义正总要打开车窗，举起山本的骨灰盒，向恭候那里的人们致意。

列车在下午的时候抵达了东京车站，除了山本的遗孀礼子等家属在站台迎候外，还有奉命赶来的诚英一郎侍从武官、各宫室代表，以及政府和军界的要人。包括东条岛田、永野等。近卫文膺也特意赶来迎候。义正从车上捧下山本的骨灰盒，山本的次女正子，见到父亲的骨灰盒，忍不住地用手帕掩面哭泣起来。

381

山本五十六

骨灰盒先是放在车站的贵宾接待室内，前来迎候的人在贵宾室里一一参拜。之后所有人都上了汽车，义正捧着父亲的骨灰盒也上了汽车，在海军省首席副官柳泽大佐所乘坐的汽车为先导下，车队整齐地离开了车站，经过一段路程，来到了达芝区的水交社。骨灰盒被安放在山本非常熟悉的水交社侧馆中预先设置好的祭坛上。

山本的死，让日本海军官兵们，感到极度的悲痛。即便是普通的国民也感到忧虑和不安，他们是为战争的前途，他们把尽早结束战争和收拾战后残局的希望寄托在山本的身上。山本的死，使他们的希望成了泡影。

有一件事就可以证明日本高层对山本死的惋惜。那天米内光政和后来在小矶米内内阁中任海军政务次官的政友会成员绫部健太郎谈话，就在这时，海军省传来"山本已战死在战场上"的通知。米内光政听到后，眼泪刷地流了下来，他顾不得去擦，痛苦地闭着双眼对绫部说：

"作为山本本人来说，也许他愿意这样死去，他或许感到满足了。然而，不论是日本还是海军，却失去了一个不该失去的栋梁。"

这是对日本而言，对于美国而言，山本座机被击落的价值，不仅仅在于使日本失去了一个高级指挥官。更重要的是，给日本国民，特别是日本海军全体官兵的心理上以巨大打击，这种打击比取得一场战役的胜利都重要很多。

山本的国葬仪式在发布山本战死消息的十五天以后举行，山本骨灰在国葬前被分成了两份，一份要收放在多磨墓地，另一份送回了山本的老家——长冈。举行国葬前日子里，山本的遗孀礼子和几个孩子，还有他的亲朋故友们，一直轮流着守候在水交社山本的灵前。

山本的四个孩子，只有这次守灵才长时间地呆在父亲身旁。

383

山本的长子义正已是成溪高等学校理科二年级的学生，长女澄子在女高就读，次女正子在女子科专就读，最小的儿子是青南国民小学五年级的学生。

举行国葬仪式的日子到了，这天是和九年前东乡平八郎大将的国葬仪式是同一天，这是特意安排的。举行地点是在东京日比谷公园的殡仪场。

上午，安放在水交社祭坛上，覆盖着白布的山本骨灰盒，由"武藏"舰上的水兵捧着送上了等候在水交社门前的黑色炮车。

走在灵车队的前头海军的军乐队，他们吹奏着肖邦的"送葬"曲。灵车从水交社门前的坡道向右拐，经神谷町，过虎门，向内幸町的方向驶去。山本的亲属、生前友好及对山本有着深厚感情的人们，早已等候在沿途的两侧。

在日比谷公园的殡仪场上，已经临时搭起了简易棚。简易棚的主体是由未着任何颜色的木料构成的，上面和周围覆以黑白相间的帷幕，虽然素朴简单，但却透着庄严肃穆的气氛。

参加国葬仪式的全体官兵的总指挥由陆军大将土肥原贤二担任，内阁总理大臣东条英机也参加了仪式。在国葬仪式开始后，天皇、皇后和皇太后都派命臣到灵前吊唁，各族有关人士或他们所派来的代表也都来到灵前吊唁，之后是脚穿草鞋，戴着眼镜，手持玉串的义正。他缓步来到灵前时，军乐队奏起海军仪礼曲《舍生》的前八段乐曲，同时鸣枪三响，以示哀悼。

上午是日本高层吊唁，下午是普通市民参谒、吊唁。吊唁结束后，分好的山本的骨灰盒，一部分被用车送往小金井的多磨墓地，安葬在东乡平八郎墓的旁边。

送回长冈的山本的骨灰，被安葬在名为长兴寺的禅寺内。墓碑上，刻有桥本禅师特意为山本题写的赫然醒目的两行大字：

大义院殿诚忠长陵大居士

昭和十八（1943 年）癸未年四月战死于南太平洋

其中，"大义院殿诚忠长陵大居士"是桥本禅师为山本取的戒名。

山本五十六的墓和其养祖父山本带刀的墓在一起，埋葬在家族的坟茔地。

1943 年 11 月，盟军在尼米兹和麦克阿瑟的指挥下开始大反攻，从中太平洋和西南太平洋向日军的占领区进攻。到了第二年的春夏时节，美国已经先后夺取了由日本委任统治的马绍尔、加罗林和马里亚纳群岛。之后爆发的莱特湾海战使日本海军和空军的力量丧失殆尽。

从 1945 年的年初开始，美军的攻势越渐增强，接连占领了日军的占领地。英、美、苏三国在 2 月份的时候背着中国签订了《雅尔塔协定》，规定在欧洲战争结束后三个月内，苏联应对日宣战。由于美英是以牺牲中国的主权，来换取苏联对日出兵的条件，也被称为"远东慕尼黑"阴谋。

到了这一年的夏季，美军已经攻到硫磺岛和冲绳，这样近的距离可以让美军随时对日本本土发动攻击。在盟军凌厉的攻势下，德国无条件投降。日本为了保住本土和朝鲜，进行了空前的战争动员，叫嚷着"本土决战"。

同年 7 月 26 日，美、英、中三国共同发表波茨坦公告，敦促日本无条件投降，否则将予以日本"最后之打击"。此时美国的原子弹已经试验成功，美国新总统杜鲁门对于苏联是否参战并不抱太大兴趣，所以没有邀请苏联协商或署名，苏联颇为不满。

如果采取登陆战的话，日本本土的军人会顽强抵抗，这样会造成大量的伤亡。因此，美国在 8 月 6 日的时候，在日本广岛投下第一枚原子弹，三天后又在长崎投下第二枚原子弹。这时的苏联红军也根据协定，在 8 月 8 日宣布对日宣战，并立刻出兵中国东北。

此时的中国东北和朝鲜半岛上，日本关东军有几十万人，苏

山本五十六

联红军投入的兵力多大一百多万人，可以说苏联红军在中国东北横扫日本关东军。

1945 年 8 月 15 日，日本裕仁天皇通过广播发表《终战诏书》，宣布无条件投降。但是第二天，苏联总参部就针对这份投降诏书发表声明，在声明中苏联指出："日本天皇在 8 月 15 日所发表的投降声明，仅仅是无条件投降的一般宣言，并未向武装部队发布停止敌对行动的命令，而且日本军阀仍在继续抵抗，因此，日本尚未实际投降……远东苏军将继续对日攻势作战。"

也正是向苏联发表的声明那样，即便是天皇已经宣布了投降诏书，但是不甘心失败的日本军又派出了敢死队。苏联红军被敢死队攻击，伤亡颇为惨重。直到苏联红军占领旅顺港口，战争才真正结束。

9 月 2 日，日本外相重光葵在美国军舰"密苏里"号上，正式签署投降书。日本帝国主义历时十五年的侵略战争，以彻底失败而告终。第二次世界大战也以全世界人民的伟大胜利而结束。

二战人物

山本五十六大事年表

　　1884 年　4 月 4 日生于新县长冈，为旧日本武士高野贞吉之第六子。

　　1890 年　3 月入阪上小学，开始学校生活。

　　1896 年　4 月小学毕业，升入长岗中学。

　　1901 年　11 月进入江田岛海军军官学校。

　　1901 年　以优异的成绩从长冈中学毕业。

　　1901 年　11 月进入江田岛海军军官学校。

　　1904 年　11 月 4 日毕业于海军军官学校，以海军少尉候补生身份参加日俄战争。

　　1905 年　5 月 27 日在"日进"号战舰参与日本海海战时负伤，左手手指被炸掉两根。

　　1905 年　8 月 31 日授海军少尉衔。

　　1906 年　4 月 1 日根据日本海海战中的表现，被授予六等功勋单光旭日勋章、明治三十七～八年战役从军纪念章。

　　1907 年　8 月 5 日入海军炮术学校。

　　1907 年　9 月 28 日授海军中尉衔。

　　1907 年　12 月 16 日海军炮术学校结业，转入海军水雷学校。

1908 年　4 月 20 日海军水雷学校结业。

1909 年　10 月 11 日授海军大尉衔，任训练舰队宗谷分队长。

1910 年　12 月 1 日被录取为海军大学乙种学生。

1911 年　5 月 22 日海军大学乙种学生教程毕业，入海军炮术学校高等科。

1911 年　12 月 1 日海军炮术学校高等科毕业，任海军炮术学校教官兼分队长、海军经理学校教官。

1912 年　12 月 1 日任佐世保预备舰队参谋。

1914 年　5 月 27 日任横须贺镇守府副官兼参谋。

1914 年　12 月 1 日入海军大学学习甲种课程。

1915 年　11 月 7 日因在大正三～四年战役（第一次世界大战）中的表现，被授予四等瑞宝勋章、大正三～四年战役从军纪念章。

1915 年　12 月 13 日晋升海军少佐。

1916 年　登记为山本带刀之养孙，改姓山本。

1916 年　12 月 1 日海军大学毕业，任第二舰队参谋。

1917 年　7 月在海军省军务局任职，并兼海军教育本部部员、海军技术本部技术会议委员。

1918 年　8 月与三桥礼子结婚（婚后育有二子二女）。

1919 年—1921 年　以外交官身份赴美国留学。

1919 年　12 月 1 日授海军中佐。

1921 年　12 月 1 日任海军大学教官。

1923 年—1924 年　出使欧美各国。

1923 年　12 月 1 日晋升海军大佐。

1924 年　9 月 1 日调霞浦海军航空队任职。

1925 年　1 月 7 日任霞浦海军航空队副队长兼教育长。

1925—1928 年　出任日本驻美大使馆海军武官。

1928 年　8 月出任巡洋舰"五十铃"舰长。

1928 年　12 月 10 日调任航空母舰"赤城"号舰长。

1929 年　11 月参加伦敦海军裁军会议。授海军少将军衔。

1930 年　12 月任海军航空本部技术处处长。

1931 年　10 月授予二等瑞宝勋章。

1933 年　10 月任第一航空战队司令官（以"赤城"号为旗舰）。

1934—1935 年　担任伦敦海军裁军预备会议代表，出使英国。

1934 年　11 月 15 日授海军中将衔。

1935 年　12 月任海军航空本部部长。

1936 年　12 月 1 日出任海军省次官。

1938 年　4 月 15 日兼海军航空本部部长。

1939 年　3 月 23 日被授予一等瑞宝勋章。

1939 年　8 月 30 日任日本联合舰队司令长官兼第 1 舰队司令长官。

1940 年　11 月 15 日授予海军大将军衔。

1941 年　12 月 10 日英舰"威尔士亲王"号和"反击"号被日本海军航空队击沉。日军攻占关岛。山本受到明治天皇嘉许。

1942 年　2 月 12 日山本将刚下水的超级战列舰"大和"号作为联合舰队的旗舰。

1942 年　8 月 17 日山本亲率"大和"号南下特鲁克。

1943 年　2 月 21 日山本将旗舰移到新下水的"武藏"号上。

1943 年　4 月 3 日山本乘飞机到达腊包尔指挥"伊号作战"。

390

1943 年　4 月 18 日山本乘飞机在从腊包尔飞往布干维尔岛

的途中遭到美军飞机伏击战死。

1943 年 5 月 21 日载着山本骨灰的"武藏"号驶入东京湾，大本营正式发布山本死讯，并追授山本大勋位、功一级、正三位和元帅称号。

1943 年 6 月 5 日日本政府为山本举行国葬。

二战人物